KB040956

비판적 사고와 논리

비판적 사고와 논리

한상기 지음

펴낸이 | 이숙
펴낸곳 | 도서출판 서광사
출판등록일 | 1977. 6. 30.
출판등록번호 | 제 406-2006-000010호

(10881) 경기도 파주시 회동길 77-12 (문발동)
Tel : (031) 955-4331 | Fax : (031) 955-4336
E-mail : phil6060@naver.com
http://www.seokwangsa.co.kr | http://www.seokwangsa.kr

제1판 제1쇄 펴낸날 · 2007년 8월 30일
제1판 제13쇄 펴낸날 · 2024년 9월 10일

ISBN 978-89-306-2414-5   93170

비판적 사고와 논리

Critical Thinking
& Logic

한상기 지음

서광사

머리말

　오늘날 많은 대학이 학생들의 비판적 사고력 개발을 목표로 삼는 기초소양 과목들을 경쟁적으로 개설하고 있다. 전통적으로 개설되어 온 "논리학개론"이나 "논리학의 이해" 외에도 최근 "논리와 비판적 사고", "비판적 사고와 논술", "사고와 표현", "글쓰기" 등의 과목이 속속 개설되고 있다. 학생들의 비판적 사고력 개발을 최우선으로 삼는 이러한 현상은 비단 대학만의 일이 아니다. 최근 입시제도로 도입된 통합형 논술고사 시행을 둘러싼 대학입시 환경의 변화는 초중고 교육 현장에도 근본적 변화를 요구하고 있다. 어쩌면 대학보다도 초중고에서 느끼는 변화의 바람이 더 절박하고 실감난다고 할 수 있을 것이다.

　왜 비판적 사고가 중요한가? 그것은 한 마디로 현대 사회에서 생존하기 위해서다. 현대 사회는 정보화 사회 또는 지식 기반 사회 등으로 특징지어진다. 현대 과학기술의 급격한 발전과 정치 · 사회 · 문화 패러다임의 급속한 변화는 그에 따른 지식 기반의 내용과 중요성을 변화시키고 있다. 인터넷을 위시한 전자 매체의 보급으로 인해 우리는 세계 각국의 정보를 실시간에 접할 수 있을 뿐만 아니라 우리가 필요로 하는 정보를 과거에 비해 비교도 안 될 정도로 빠르고 편리하게 획득할 수 있게 되었다. 그러나 빠르고 신속한 정보의 획득이 능사는 아니다. 정보를 빠르고 편리하게 획득할 수 있게 되면서 오히려 우리의 사고 능력은 떨어지는 경우가 많다. 게다가 그렇게 해서 획득한 정보의 유효기간도 과거에 비해 현저하게 짧다. 어렵게 획득한 정보나 지식이 급변하는 상황 속에서 몇 년, 아니 몇 달이 못가 쓰레기 취급받는 경우도 많다. 이런 상황에서 우리에게는 새로운 변화에 적응하고 직면한 문제들을 해결할 수 있는 합리적 문제 해결 능력이 절실하게 필요하다. 단순히 정보를 소유하는 것이 아니라 그 정보를 검색하고, 논리적·비판적으로 재구성한 다음 증거에 입각해 올바른 판단을 내리는 능력이야말로 합리적 문제 해결의 필수 요소이다. 이러한 비판적 사고 능력은 주변에 도사리고 있는 각종 위험으로부터 우리를 보호해주고, 현실 상황에 대해 정확하고 예리하게 판단할 수 있게 해준다. 요컨대 비판적 사고 능력은 현대와 같이 복잡하게 급변하는 사회에서 우리를 성공적으로 생존하게 해주는 능력이다.

이 책은 학생들의 비판적 사고 능력 향상을 목표로 하되 과거의 사고력 향상을 목표로 하는 책들과는 약간 성격을 달리한다. 전통적으로 학생들의 사고력 향상과 관련해서는 형식논리학, 또는 오류 등의 비형식논리학을 다루는 책들이 주종을 이루었다. 이 논리학 책들은 올바른 논증과 그릇된 논증의 엄정한 표준을 제시함으로써 우리가 지향해야 할 사고의 모델을 보여준다는 점에서 의미가 있다. 특히 우리의 생각을 증거와 결론을 갖춘 언어적 형태의 논증으로 표현하고, 논증을 엄정한 표준에 비추어 평가한 다음, 올바른 논증의 결론을 받아들이도록 장려해온 것이 그동안 논리학 교육이 해온 일이라 할 수 있다. 그렇지만 논증 이전에 우리가 생각을 어떻게 전개해야 하는가, 즉 훌륭한 생각에 도달하기 위해 어떻게 생각해야 하는가에 대해 주목할 필요가 있다. 어떤 의미에서는 이 부분이 학생들에게 훨씬 더 절실하게 필요하다. 사고를 언어로 표현하기 이전에 먼저 명료하고, 정확하고, 근거 있는 훌륭한 생각에 이르기 위한 노력과 훈련이 필요한 것이다. 이 책은 비판적 사고 훈련이 바로 그런 기능을 담당할 수 있다는 믿음에서 썼다. 따라서 학생들은 먼저 비판적 사고 훈련을 통해 훌륭한 사고를 전개하는 방법을 익히고, 논리학 공부를 통해 사고를 논증으로 표현해 평가하는 방법을 공부할 수 있을 것이다.

전체적으로 이 책은 3부로 구성된다. "제1부 비판적 사고란 무엇인가"에서는 주로 비판적 사고 개념을 소개한다. 앞부분에서는 사고의 요소와 비판적 사고의 표준들에 의거해 비판적 사고가 무엇인지 쉽게 이해할 수 있도록 한 다음, 비판적 사고를 통해 우리의 생각을 분석하고, 평가하고, 개선하는 방법을 익힐 수 있도록 하였다. 뒷부분에서는 우리 삶에서 중요한 기능을 하는 두 영역, 즉 결정내리기와 문제 해결하기에서 비판적 사고가 어떻게 응용될 수 있는지 설명한다. 그리고 마지막으로 비판적 사고를 표현하는 일과 관련하여 대학 내외에서 사회적 이슈가 되다시피 한 논리적 글쓰기, 즉 논술에 대해 다루었다. 그 동안 논술에 대해 갈피를 잡지 못해 당황하거나 혼란스러웠던 사람들에게는 제1부 마지막 장 "비판적 사고와 논술"이 얼마간의 지침 역할을 해줄 수 있을 것으로 기대된다.

"제2부 비판적 사고 기초다지기"에서는 사고의 요소들을 좀더 구체적으로 검토한다. 우리의 사고를 이루는 요소들, 특히 정보를 획득하는 수단으로서의 지각 과정, 믿음과 앎의 과정을 검토하면서 비판적 사고의 기능을 설명한다. 나아가 언어의 본성, 그리고 언어와 사고의 상호작용을 설명하고, 개념 형성하기와 적용하기, 자료 관계 맺기와 조직하기, 보고·추리·판단하기 등의 과정에 대해 집중적으로 검토한다. 제2부를 통해 우리는 별 생각 없이 지나쳤던 이런 일상적 과정들에서도 비판적 사고가 진행되어야 하며, 그렇게 했을 때 우리의 사고 능력이 현저하게 개선될 수 있다는 것을 알 수 있을 것이다.

"제3부 비판적 사고와 논리"는 훌륭한 논증을 구성하고 비판적으로 추론하는 데 도움을 주기 위한 부분이다. 비판적 사고의 핵심은 누가 뭐라고 해도 훌륭한 논증(또는 추리)을 구성하는 데 있다. 흔히 논술을 "논증적 글쓰기"라 부르는 것은 바로 비판적 사고에서 논증이 차지하는 이런 역할을 지칭한 것에 다름 아니다. 제3부를 통해 우리는 비판적 사고의 꽃이 논증이며, 그래서 바로 이 점에서 비판적 사고가 논리와 직접적인 관계가 있다는 것을 알 수 있게 될 것이다. 논리에 대한 간략한 소개 차원을 넘어서서 좀더 심층적으로 공부하고 싶은 학생들에게는 본격적으로 논리학 강좌를 수강하거나 논리학 책들을 읽기를 권한다.

논술이나 대학에서의 학술적 글쓰기와 관련하여 비판적 사고의 중요성이 강조되면서도 정작 본격적인 비판적 사고 소개서가 별로 눈에 띄지 않는 상황에서 이 책이 얼마나 비판적 사고와 논리를 폭넓고 정확하게 다루었는지에 대해서는 우려되는 바가 없지 않다. 자칫 의욕이 지나쳐 잘못된 부분이나 부적절한 부분도 있을 것으로 생각된다. 독자 여러분의 정확한 지적과 질책을 바란다.

미리 밝혀둘 것은 집필 과정에서 비판적 사고 전문가들의 자료로부터 많은 도움을 받았는데, 리처드 폴(Richard Paul)과 린다 엘더(Linda Elder)의 *Critical Thinking: Tools for Taking Charge of Your Learning and Your Life*(Prentice Hall, 2nd ed., 2006), 제럴드 M. 노시치(Gerald M. Nosich)의 *Learning to Think Things Through: A Guide to Critical Thinking Across the Curriculum*(Prentice-Hall, Inc., 2001), 존 채피(John Chaffee)의 *Thinking Critically*(Houghton Mifflin, 8th ed., 2006)로부터 많은 도움을 받았다. 특히 시각적 효과를 살리기 위해 마련한 이 책의 도표나 그림 등은 이 자료들에서 따서 약간의 변형을 가해 만든 것이 많다.

그 외에도 논문이나 저서와 같은 연구실적물, 또는 회의나 대화 등을 통해 지은이에게 직간접으로 자극과 격려가 된 국내 학자도 많았는데, 특히 서울대학교 철학과 김영정 교수, 성균관대학교 학부대학 손동현, 박정하 교수, 가톨릭대학교 교양학부 하병학 교수, 영남대학교 철학과 이종왕 교수 등이 그런 분들이다. 비판적 사고 전문가이자 전도사 역할을 담당하고 있는 이들 국내외 학자들에게 매우 감사한다.

마지막으로 책의 전체 틀을 세울 수 있도록 조언하면서 거칠고 다듬어지지 않은 부분을 날카롭고 예리하게 지적해준 전북대학교 철학과 이명숙 선생님, 그 동안의 학교생활을 마감하고 퇴직하시면서 정확한 용어 사용과 구분 그리고 꼭 들어가야 할 내용을 세세하게 말씀해주신 곽강제 선생님, 관심과 애정을 갖고 지켜보아준 최영찬, 정대환, 백훈승, 김요한, 박준호 교수님, 원고를 읽고 사소한 부분까지 꼼꼼하게 검토해준 대학원생 최용호, 박의연, 든든한 후원자 겸 술친구로 집필을 독려한 후배 김인광, 이영관, 그 외에도 많은 건지산 동료들께 감사드린다. 흔쾌히 출판을 맡아준 서광사 여러분께도 감사드린다.

2007년 8월
건지산 자락에서 지은이

차 례

제1부

비판적 사고란 무엇인가

1부는 주로 비판적 사고 개념에 대해 다룬다. 사고, 감정, 욕구라는 인간 정신의 세 가지 기능을 설명하고, 그 중에서 사고의 중요성에 대해 설명한다. 우리의 사고를 이루는 8요소에 대해 설명하고, 비판적 사고의 9표준을 소개한 다음, 그 표준들에 입각해 사고를 개선하는 방법을 설명한다. 이 과정은 전체적으로 사고에 대한 분석, 평가, 개선의 3단계로 이루어지며, 질문하기가 무척 중요한 역할을 한다. 1부 뒷부분은 우리 삶에서 비판적 사고가 밀접한 관계를 맺고 있는 활동들에 초점을 맞추었는데, 의사 결정하기와 문제 해결하기가 바로 그런 활동들이다. 그리고 마지막으로 사회적 이슈가 되다시피 한 논리적 글쓰기, 즉 논술에 대해 다룬다.

제 1 장

생각하기

세계와 사람들
이해하기

**Making Sense
of the World and
People**

문제 해결하기

**Solving
Problems**

생각하기

Thinking

의사 결정하기

**Making
Decisions**

목적을 이루기 위해
노력하기

**Working
toward Goals**

1. 생각하기

우리는 깨어 있는 동안 항상 생각을 하게 마련이다. 아침에 일어나서 다시 저녁에 잠자리에 들기까지 우리는 끊임없이 생각하고, 생각하고, 또 생각한다. 주변의 간단하고 사소한 문제에서부터 결혼이나 대학 입학 같은 인생의 아주 중요한 일에 이르기까지 우리는 생각을 하지 않고 행동하지 않는 경우가 거의 없다. 어떤 상황에 처해 있고, 어떤 목표를 가지고 있고, 어떤 문제에 직면하든 우리는 생각을 통해 상황을 타개하고, 목표를 달성하며, 문제를 해결하려 한다.

생각의 일반적 목표는 어떤 상황을 가늠하거나, 문제를 해결하거나, 물음에 답하거나, 이슈를 해소하는 것이다. 이런저런 상황에서 실제로 어떤 일이 일어나고 있는가? 아무개가 나에게 정말로 관심이 있는가? 내가 이러저러한 일을 하기로 결정할 때 그 결정의 귀결은 무엇인가? 만일 내가 이러저러한 것을 하고 싶어 한다면, 그것을 준비하는 최선의 방법은 무엇인가? 내가 직면한 이 문제를 어떻게 하면 해결할 수 있을까? 이것이 나에게 주어진 가장 큰 문제인가, 아니면 내가 모르는 다른 문제가 있는가? 이런 물음들에 답하려 할 때 일차적으로 중요한 것은 상황, 문제, 물음, 결정, 쟁점에 대한 우리의 이해다. 이 이해는 세계 그리고 그 속에서 일어나는 일들에 대한 우리의 지도나 마찬가지다. 잘 모르는 낯선 곳을 여행할 때 지도가 아주 중요한 안내 기능을 하는 것처럼 세계에 대한 우리의 이해는 우리를 목적지로 안내하는 기능을 한다. 생각이란 이런 의미에서 일차적으로 세계에 대한 우리의 지도인 셈이다. 더 나아가 생각을 통해 우리는 정보나 자료를 설명하고, 조직하고, 발견하고, 예증하고, 분석한다. 또 생각을 통해 정보를 습득하고, 적용하고, 종합하고, 평가하고, 개조한다.

일반적으로 말하면, 생각이란 깨어 있는 매 순간 우리가 세계와 우리의 삶을 이해하기 위해 사용하는 비상한 인지 과정이다. 올바르고 훌륭한 생각을 통해 우리는 우리 주변의 세계와 사람들을 이해하고, 끊임없이 맞닥뜨리는 문제를 해결하고, 분별 있는 결정을 내리고, 우리 삶에 목표와 성취동기를 부여하는 목적들을 이룰 수 있다. 반면에 잘못된 생각이나 형편없는 생각은 세계와 사람들을 잘못 이해하게 하고, 문제를 일으키고, 시간과 정력을 낭비하게 만들고, 좌절과 고통을 야기한다. 따라서 훌륭하고 올바른 생각이야말로 우리가 보람 있고 의미 있는 삶을 사는 데 없어서는 안 될 매우 중요한 활동이다. 생각이야말로 우리 인생의 성패를 가름하고, 경우에 따라서는 우리의 생존 여부를 결정짓는 가장 중요한 요인인 것이다. 그리고 이런 의미에서 우리 인생에서 올바르고 훌륭한 생각보다 더 유익하고 실용적인 것은 없다.

그런데도 정작 생각에 관해 생각하면서 우리의 생각하는 능력, 즉 사고력을 신장시키는 일에 관심을 기울이는 사람은 많지 않다. 주변을 둘러보라. 생각에 대해 연구하는 사람, 즉 생각에 관해 진지하게 생각하는 사람은 우리 주변에서 찾아보기 힘들다. 이 일은 대부분의 학교에서도 주제로 삼고 있지 않다. 그렇다고 집에서 가르치는 것도 아니다. 국어, 영어, 수학, 논술 등을 비롯한 각종 입시과목이나 기타 예체능 과목의 교육에 막대한 사교육비를 들이면서도 정작 자녀의 생각하는 능력에 신경을 쏟는 부모는 거의 없다. 이상하지 않은가!

당연한 말이겠지만 우리가 생각을 잘 하고 싶다고 해서 곧바로 생각을 잘 하게 되는 것은 물론 아니다. 생각을 잘 하려면 그만큼의 노력을 해야 한다. 자라면서 우리는 대체로 나쁜 사고습관이 몸에 배게 되었다. 예컨대 우리는 뒷받침하는 증거가 없는데도 일반진술을 만들고, 고정관념으로 하여금 우리의 생각과 행동에 영향을 미치게 하며, 그른 신념을 형성하고, 세상을 단순한 하나의 관점에서 보는 경향이 있으며, 우리와 반대되거나 상충하는 관점을 무시하거나 공격하며, 옳은 것 대신 환상이나 신화를 꾸며내며, 우리 경험의 많은 측면에 관해 편의대로 생각한다. 우리가 이와 같은 나쁜 사고습관을 피하는 것을 배울 수 있을까? 훌륭한 사고습관을 배우는 일이 가능할까? 내가 높은 수준, 적어도 지금보다 더 높은 수준으로 생각하는 일이 가능할까?

대학은 다른 무엇보다도 우리의 생각하는 능력을 개발할 훌륭한 기회를 제공한다. 대학에 입학하는 것은 우리가 배움에 전념하는 사람들의 공동체에 입문하는 것이며, 각각의 전공 학문이나 주제 영역에는 인간 경험의 중요한 어떤 차원을 이해하기 위해 조직적이고 체계적으로 노력하는 사람들이 모여 있다. 다양한 전공 학문에 입문함에 따라 우리는 세계를 이해하는 새로운 방식을 배우며, 그 결과로 우리의 의식 수준을 높이게 된다. 이 책은 대학생활, 더 나아가 우리 인생에서 생각하기의 중요성을 인식하고, 우리의 생각 능력을 개발할 목적에서 씌어진 책이다. 대학에서 경험하는 다른 과목들과 함께 이 책을 통해 이제 각자 훌륭하게 "생각하는 사람"이 되도록 노력해보자.

2. 자기중심주의

훌륭한 사고자가 되기 위해서는 먼저 인간 정신의 본성에 대해 이해하는 것이 중요하다. 정신이 작동하는 방식에 대한 실제적 통찰을 통해서만 우리는 우리 자신을 이해하고 변화시킬 수 있을 것이기 때문이다.

대부분의 사람이 배우는 과정에서 직면하는 문제는 우리의 삶이 자기중심적으로 생각하고 느끼는 경향에 의해 지배된다는 것이다. 다시 말해 우리는 저마다 자기를 중심으로 생각하고 느낀다는 것이다. 나는 나 자신의 직접적인 욕구, 고통, 사고, 감정에 사로잡혀 있다. 나는 본질적으로 이기적 관점에 기초하여 직접적 만족이나 장기적 만족을 추구한다. 나는 나의 지각이나 의미가 정확한지에 대해 별로 관심을 기울이지 않는다. 나는 나의 지적 성장, 나 자신에 대한 통찰, 궁극적 완성에 별 관심을 기울이지 않는다. 나는 나 자신의 약점, 편견, 자기기만을 발견하려는 깊은 동기가 없다. 그보다는 나는 내가 원하는 것을 얻고, 다른 사람들에게서 인정을 받고 싶어 하며, 나 자신의 마음속에서 스스로를 합리화하려고 노력한다. 내가 과속하면 급한 일이 있어서이지만 다른 사람이 과속하면 운전 습관이 잘못되어 있다거나, 내가 하면 로맨스지만 남이 하면 불륜이라는 항간의 말들은 바로 이러한 경향을 나타내는 것이다. 인간 정신의 이러한 경향을 보통 자기중심주의(egocentrism)라 한다. 성장하는 과정에서 나쁜 사고습관이 몸에 배게 된 것 역시 바로 이 자기중심주의와 밀접한 관련이 있다.

　인간이 자기중심적으로 생각하는 경향이 있다는 사실은 대체로 우리가 우리 자신의 사고와 감정의 본성에 대해 거의 통찰하지 못하고 있다는 것을 의미한다. 예컨대 우리 가운데 많은 사람이 별로 생각하지 않고도 지식을 얻는 일이 가능하고, 지적 에너지를 사용하지 않고도 글을 읽는 일이 가능하며, 훌륭한 글쓰기 능력이 연습과 힘든 노력의 산물이 아니라 타고난 재능이라고 무의식적으로 믿는다. 우리는 새로운 사고방식을 배우려 하지 않는다. 생각하는 것 중 많은 부분이 극히 단순화된 고정관념이지만, 우리는 자기중심주의 때문에 이 사실을 깨닫지 못하고 있다. 우리는 스스로 우리를 옭아매는 내부 사슬을 만들고 있는 것이다.

　이 내부 사슬은 우리의 관계, 성장, 성공, 행복에 부정적 영향을 미친다. 우리는 자신이 꽤 괜찮은 사람이라고 생각하고 있기 때문에 이 자기중심주의를 극복하는 데 어려움을 겪는다. 따라서 자기중심주의를 극복하기 위해서는 암묵적으로가 아니라 명시적으로 훌륭한 습관을 개발해야만 한다. 자기중심적인 정서적 반응을 넘어서려면 우리가 그러한 방식으로 반응한다는 사실을 부정할 것이 아니라 그러한 반응이 나타날 때 그러한 정서를 키운 사고를 개조해야 한다. 예컨대 수업 시간에 질문을 하고 싶은데 우습거나 멍청하게 보일지 모른다는 자기중심적 두려움에 사로잡힌다면, 우리는 그 두려움을 키운 자기중심적 사고, 즉 "내가 이 질문을 하면 다른 사람들이 나를 멍청하거나 어리석다고 생각할 것이다."를 개조의 명시적 목표로 삼아야 한다. 이런 경우 "내가 던지는 질문은 아마 다른 학생들에게도 도움이 될 것이다. 게다가 어떤 학생들이 내 질문을 어리석거나 멍청하다고 생각한다면 그것은 그들에게 문제가 있는 셈이다. 그들은 배움의 수단으로 질문이 얼마나 중요한지 모르고 있다. 나는 질문에 대한 그들의 부족한 이해 때문에 방해를 받고 싶지 않다."로 내 생각을 바꾸는 것이 중요하다.

우리는 모두 어떤 문화, 국가, 지역, 가족 속에서 태어난다. 우리의 부모는 우리에게 가족, 인간관계, 결혼, 유아기, 종교, 정치, 학교생활 등에 관한 특수한 신념들을 되풀이하여 가르친다. 우리는 장려되거나 기대되거나 우리가 승인해온 어떤 신념들을 가진 사람들과 교제하려는 경향이 있다. 우리는 우선 무엇보다도 이런 영향들의 산물이다. 그러나 우리가 배운 것을 무비판적으로 믿는다면, 이런 신념들은 우리의 자기중심적 정체성의 일부가 될 가능성이 높다. 그렇게 무비판적으로 믿을 때 그것은 우리가 믿는 방식에 영향을 미친다. 다음은 우리가 자기중심주의로 인해 암암리에 잘못을 범하는 것들이다.

① "그것은 내가 믿기 때문에 옳다."

큰 소리로 말하지는 않지만 우리는 종종 다른 사람들이 우리와 일치할 때는 그들이 옳지만 일치하지 않을 때는 옳지 않다고 가정한다. 사람들에게 그런 식으로 반응하는 것은 우리가 진리에 대해 유일한 통찰을 하고 있다고 자기중심적으로 가정하고 있음을 가리킨다.

② "그것은 우리가 믿기 때문에 옳다."

이러한 반응은 우리가 속한 집단이 진리에 대해 유일한 통찰을 하고 있다고 우리가 자기중심적으로 가정하고 있음을 가리킨다. 이러한 사고방식에서는 우리의 종교, 우리나라, 우리 지역, 우리의 친구들이 특별하며, 다른 종교, 다른 나라, 다른 친구들보다 더 나은 것이다.

③ "그것은 내가 믿고 싶어 하기 때문에 옳다."

이러한 반응은 불합리한 점에 대해서조차 우리가 믿고 싶어 하는 것을 좀 더 쉽게 믿는다는 사실을 가리킨다. 흔히 일이 그렇게 되었으면 하고 간절히 바라다가 실제로 그렇게 되었다고 믿는 소망적 사고(wishful thinking)가 바로 그 예다.

④ "그것은 내가 언제나 믿어왔기 때문에 옳다."

이러한 반응은 우리가 오랫동안 지녀왔던 신념들에 일치하는 것을 좀 더 쉽게 믿는다는 사실을 가리킨다.

⑤ "그것은 믿는 것이 나의 이기적 이익이 되기 때문에 옳다."
이러한 반응은 우리의 부, 권력, 지위에 기여하는 신념과 일치하는 것을 좀 더 쉽게 믿는다는 사실을 가리킨다.

따라서 우리의 정신에 깃든 이 자기중심주의를 명확히 이해하고, 가능한 한 이러한 경향을 의식적으로 파악하고 공정하게 생각함으로써 계획적으로 그리고 체계적으로 이 경향을 극복하려고 노력하는 것이 중요하다.

3. 사고, 감정, 욕구

자기중심주의를 극복하기 위해서는 우리는 정신의 세 가지 기본 기능을 알아둘 필요가 있다. 정신의 세 가지 기본 기능은 사고, 감정, 욕구다.

1) 사고
생각하는 기능, 즉 사고 기능은 우리 삶의 사건들에 대해 의미를 부여하고 사건들을 이름 있는 범주들로 분류한다. 이 기능은 다음을 말해준다. 즉 이것이 일어나고 있는 일이다. 이것이 진행되고 있는 일이다. 이것과 저것을 주목하라. 사태를 가늠하는 것이야말로 바로 이 사고 기능의 역할이다.

2) 감정
감정 또는 느낌 기능은 생각이 창조한 의미를 모니터하거나 평가하는 것이다. 다시 말해 우리가 만든 의미가 주어졌을 때 우리 인생의 사건들이 얼마나 긍정적이고 얼마나 부정적인지 평가하는 것이다. 감정 기능은 다음을 말해준다. 즉 이것이 바로 일어나고 있는 일에 관해 느끼는 방식이다.

3) 욕구

욕구는 바람직한 것에 대해 우리의 에너지가 작용하도록 한다. 욕구 기능은 다음을 말해준다. 이것이 획득할 만한 가치가 있다. 그것을 얻기 위해 노력하라. 또는 이것은 획득할 만한 가치가 없다. 괜히 신경 쓰지 마라.

표 1.1	생각은 일어나고 있는 일을 말해준다. 감정이나 느낌은 사태가 우리에게 잘 되어가고 있는지 잘못 되어가고 있는지를 말해준다. 욕구는 행동을 하도록 몰아대거나 행동으로부터 멀어지게 한다.

정신의 세 가지 기능		
사고	감정	욕구
세계를 이해한다.	우리가 어떻게 하고 있는가를 말해준다.	우리가 하는 대로 행동하도록 몰아댄다.
• 판단하기	• 행복하다	• 목표
• 지각하기	• 슬프다	• 욕구
• 분석하기	• 우울하다	• 목적
• 명료화하기	• 화가 난다	• 일정
• 결정하기	• 스트레스를 받는다	• 가치
• 비교하기	• 조용하다	• 동기
• 종합하기	• 걱정하다	
	• 흥분하다	

우리의 정신은 이 세 기능, 즉 (1) 우리 삶에서 일어나고 있는 일, (2) 그러한 사건들에 관한 긍정적이거나 부정적인 느낌, (3) 우리의 에너지를 쏟아 부으면서 추구해야 할 것을 통해 우리와 끊임없이 소통하고 있다. 사고, 감정, 욕구 이 세 가지는 서로 밀접한 관계를 맺고 있으면서 상호간에 끊임없이 영향을 미치고 있다. 예컨대 위협받는다고 생각할 때 우리는 두려움을 느끼고, 위협하는 것으로부터 도망치거나 공격하고 싶어 한다.

우리가 어떤 것에 대해 긍정적으로 생각하고 있으면, 그 생각은 긍정적 감정을 산출하는 경향이 있다. 역으로 부정적으로 생각하면 그 생각은 부정적 감정을 산출하는 경향이 있다. 그리고 긍정적이거나 부정적인 이 감정은 또 바람직하거나 바람직하지 않은 욕구를 불러일으킨다. 물론 사고, 감정, 욕구의 이 관계가 한 방향으로만 작용하는 것은 아니다. 사고가 감정과 욕구에 영향을 주기도 하지만, 거꾸로 감정이나 욕구가 사고에 영향을 줄 수도 있다. 이를테면 바람직하지 않은 욕구는 부정적 감정을 일으키고, 부정적 감정이 부정적 사고를 일으킬 수도 있다. 하지만 여기서 주목해야 할 것은 서로 끊임없이 영향을 주고받는 가운데서도 사고가 하는 역할이다.

예를 들어 수학에 대해 생각해보자. 어떤 학생은 수학에 대해 어려움, 혼란, 좌절을 경험하다가 궁극적으로 포기할 수 있다. 이 학생은 수학을 배우는 일에 대해 자신은 틀렸다고 규정하고 부정적 의미를 부여한다. 그는 수학을 배우는 일이 쉬워야 한다고 생각하기 때문에 어려우면 좌절을 느끼게 된다. 또 한 학생은 같은 상황에서 어려운 수학 문제를 풀면서 이 일이 자극적이고 도전해볼 만한 일이라고 느끼는데, 이는 그가 그 일에 대해 앞의 학생과는 달리 생각하고 있기 때문에 그렇다. 그는 수학이 어려워야 하고, 많은 시간과 노력을 들여야 하며, 수학을 잘하려면 풀고, 풀고, 또 풀어야 한다고 생각한다. 결국 두 사람의 생각의 차이가 감정의 차이를 만들어내고 있다. 또한 수학에 대한 감정의 차이는 결국 수학을 배우고 싶다거나 기피하고 싶다는 욕구의 차이를 만들어낸다. 사정이 이런데도 수학에 대한 학생의 정서적 반응을 무시하고 강제로 주입하려 할 때 학생은 "수학 혐오증"이나 "수학 공포증"을 갖게 된다. 그런 학생은 수학이라면 일단 피하려 하고, 수학을 그저 이해불능 과목이나 공식 다발로 생각하게 되는 것이다. 이를 극

표 1.2　부정적 감정과 바람직하지 않은 욕구는 생각이 바뀌어야만 바뀐다.

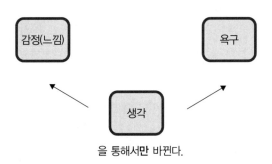

을 통해서**만** 바뀐다.

복하려면 근본적으로 수학에 대한 학생의 정서를 키웠던 사고 자체를 바꾸도록 도와야 한다. 생각이 바뀌어야만 수학에 대한 학생의 정서가 바뀌고, 정서가 바뀌어야만 수학에 대한 욕구가 바뀔 것이기 때문이다.

우리의 인생이란 알고 보면 우리가 하는 행동들의 연속이다. 그래서 우리의 인생은 우리가 하는 행동 가운데 의미 있고 보람 있는 행동이 많으면 많을수록 그만큼 의미 있고 보람 있다고 할 수 있다. 그런데 이 행동의 배후에는 바로 정신의 세가지 기능, 즉 사고, 감정, 욕구가 동기로 작용하고 있다. 우리는 살아가면서 어떤 사람이나 사물에 대해 어떤 생각을 갖게 된다. 그리고 그 생각에 맞추어 긍정적이거나 부정적인 감정을 갖게 된다. 긍정적이거나 부정적인 이 감정은 우리로 하여금 어떤 행동을 하도록 몰아대는 욕구를 갖게 만든다. 이를테면 소진이가 어떤 남학생에 대해 가진 어떤 생각은 소진이로 하여금 그 남학생에 대한 좋거나 싫은 감정을 갖게 만들고, 그 감정은 다시 그 남학생과 가까이 지내고 싶거나 멀리하고 싶은 욕구를 만들어낸다. 이 욕구에 따라 그 남학생에 대한 소진이의 행동이 정해질 것이다. 사고, 감정, 욕구, 행동 사이의 이 밀접한 연관 관계를 파악하고 나면, 궁극적으로 우리 인생에서 생각이 얼마나 중요한 역할을 담당하는지 이해할 수 있을 것이다.

연습문제

다음 글을 읽고 생각하기의 중요성에 대해 생각해보자.

북극해 미사일 기지의 한 하사관이 레이더 화면을 열심히 지켜보다가 대위에게 조용하지만 긴장된 목소리로 전화를 걸었다. "북쪽으로부터 이쪽으로 몇 대의 미사일이 날아오고 있는 것처럼 보입니다."

대위는 허둥지둥 달려와 흘낏 레이더 화면을 쳐다보고는 전화기를 들어 사령관에게 전화를 연결했다. 그러는 동안에 그 기지의 고급 장교들이 속속 화면 주위로 모여들었다.

누군가가 본국 워싱턴 사령부에 전화를 연결하고자 했다. 하지만 "전화 연결이 안 됩니다"라고 보고하면서 그의 얼굴이 이내 창백해졌다.

워싱턴에 이미 핵폭탄이 투하되었기 때문에 전화 연결이 안 되는 것 아닌가? 화면의 움직이는 점들은 더 많은 핵폭탄이 이 기지와 다른 미사일 기지들을 파괴하기 위해 날아오고 있다는 것을 의미하는 것인가?

멀리 떨어진 기지의 이 소수 몇 사람이 소련의 미사일 기지와 도시들을 향해 미국의 핵탄두가 날아가도록 버튼을 누르는 가공할 책임을 질 수 있었을까?

그들이 잘못 추측해서 버튼을 눌렀다고 가정해보라. 그들은 제3차 세계대전을 촉발시키고, 그로 인해 수백만의 사람이 죽게 되었을 것이다. 잠시긴 하지만 세계의 운명은 이들 몇 사람이 명료하게 생각할 능력이 있느냐 없느냐에 달려 있었다.

갑자기 사령관 입에서 세 단어가 튀어나왔는데, 이 세 단어로 인해 그들은 자신들이 놓쳤던 사실을 알게 되고 딜레마를 해결할 수 있었다.

사령관은 "흐루시초프가 어디 있지?"라고 물었다.

그러자 "UN 모임에 참석차 뉴욕에 있습니다."라는 답변이 되돌아왔다.

이 한 가지 새로운 사실로 인해 그날 급박한 상황에 처했던 사람들이 구원을 받았고, 어쩌면 세계가 구원을 받은 것이다. 러시아인들은 자신들의 서기장이 미국 국경 안에 있는 동안 미국에 핵미사일을 보내려 하지는 않을 것이 확실했기 때문이다.

—하이 럭클리스 · 샌드라 오도, 『명료한 사고』

제2장

사고의 요소

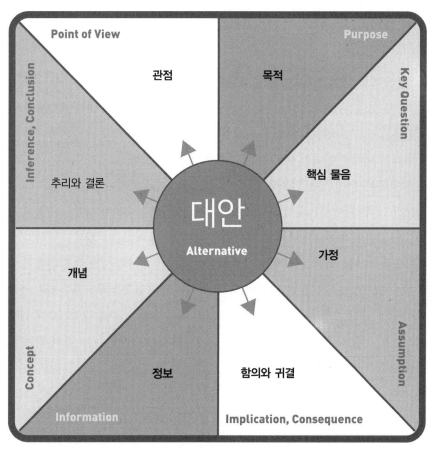

맥락

1. 사고는 무엇으로 이루어지는가

1장에서 우리는 생각하기의 중요성을 알아보았다. 이제 어떻게 하면 생각을 잘 할 수 있을까? 무엇보다도 사고의 과정을 이루는 요소들에 대해 올바르게 이해하는 것이 중요하다. 그렇다면 사고의 요소들은 무엇인가?

우리는 아침에 잠에서 깨는 순간부터 생각하기 시작한다. 우리는 아침으로 무엇을 먹을지, 어떤 옷을 입을지, 학교 가는 길에 가게에 들를지, 이 친구와 점심을 먹으러 갈지 다른 친구와 점심을 먹으러 갈지 생각한다. 이러한 생각 과정을 통해 우리는 어떤 결론을 끌어내는데, 이 결론은 **추론**(reasoning)의 결과다. 추론이란 이유들을 기초로 결론을 끌어내는 일이다. 그래서 이유들을 기초로 결론을 끌어낼 때마다 우리는 추론을 하는 셈이다. 이런 의미에서 생각할 때마다 우리는 언제나 추론을 한다고 할 수 있다. 예컨대 우리는 문을 긁는 소리를 듣고 "개다"라고 생각하고, 하늘의 먹구름을 보고 "비가 올 것 같다"고 생각한다. 이때 우리는 암암리에 우리가 가진 정보나 경험을 토대로 추론을 하고 있다. 이런 의미에서 사고와 **추론**은 사실상 동의어로 사용된다.[1] 추론이 좀 더 형식적인 느낌을 주긴 하지만 이는 추론이 사고의 지적 차원을 강조하기 때문에 그렇다. 그렇다면 사고의 요소는 결국은 추론의 요소다. 겉보기에 추론은 성분 요소들이 없는 것처럼 단순해 보인다. 하지만 좀 더 면밀히 살펴보면 추론은 상호 관계된 일련의 요소들이 복합적으로 작용하고 있음을 알 수 있다.

어떤 것에 대해 생각(추론)을 할 때마다 우리는 어떤 관점에서 어떤 목적을 위해 어떤 물음에 답하려고 하면서(또는 어떤 문제를 해결하려고 하면서) 어떤 개념이나 관념을 사용하여 어떤 이유나 정보(그리고 가정들)를 기초로(어떤 함의와 귀결을 갖는) 어떤 추리를 한다. 이 말은 다음과 같이 풀어 말할 수 있다.

생각할 때마다 우리는

개념이나 관념들을 사용하여

어떤 관점에서

어떤 목적을 달성하려고 하고 있다.

우리는 가정들에 기초를 두고

결론에 이르기 위해

정보를 이용하여

어떤 물음이나 문제에 초점을 두는데,

이 모든 것은 함의나 귀결을 갖는다.

위 문장의 고딕체 낱말들은 추론이 있는 사고의 요소들, 즉 추론이 있는 사고의 부분들을 나타낸다. 이 요소는 목적, 핵심 물음, 가정, 함의와 귀결, 정보, 개념, 추리와 결론, 관점 모두 8가지이며, 그래서 사고의 8요소라 불린다. 사고의 8요소는 우리가 어떤 것에 대해 추론이 있는 사고를 할 때마다 언제나 나타난다. 일상의 예를 생각해보자.

용준: 뭐 집적거린다고? 난 집적거리지 않았어!

지우: 그럼 네 행동을 뭐라고 해?

---

1) 물론 "사고"나 "생각"이라는 말이 "추론"이라는 말보다는 좀 더 넓고 막연하게 사용되는 경우가 있다. 무심결에 떠오르는 단편적 느낌이나 감상, 저절로 떠오르는 단순한 생각 등도 보통 "생각"이라 불리기 때문이다. 하지만 여기서의 "생각"이나 "사고"는 의식적이든 무의식적이든 "추론이 진행된 사고"를 의미한다. 그리고 실제로 우리가 생각할 때는 이처럼 추론이 진행되는 경우가 대부분이다.

용준: 친절하게 대한 거지. 난 친절하게 대했을 뿐이야.

지우: 남자가 저녁 내내 한 여자에게 시선을 두고서는 그 여자 옆에 바싹 달라붙어 계속 해서 말을 걸면, 그 남자가 집적거린다고밖에 말할 수 없는 짓을 하고 있는 거지.

용준: 그럼 넌 뭐 잘 한 줄 알아? 너처럼 자기 남자친구가 하는 모든 일을 저녁 내내 감시하면서 시간을 보내면 남자 입장에서는 그 여자가 질투에 빠져 집착하고 있다고밖에 할 수 없는 거지.

지우: 집착이라고! 어떻게 그런 말을 할 수 있니!

용준: 글쎄, 그럼 내가 네 행동을 뭐라고 할 수 있겠니? 너는 의심이 많고 불안한 게 분명해. 이유 없이 날 비난하고 있잖아!

지우: 여자들에게 집적거린 것이 이번이 처음이 아니라는 거 다 알아. 우리가 만나기 전부터 네가 상대를 바꿔가며 만난다는 말을 들었단 말이야.

용준: 그래 나도 네 친구들에게서 너의 질투심에 대해 들었어. 날 공격하기 전에 네 자신의 문제부터 처리할 필요가 있는 것 같아. 이런 말은 하고 싶지 않지만 너는 상담을 받을 필요가 있는 것 같아.

지우: 누가 남자 아니랄까봐. 너도 전형적인 수컷에 불과하구나. 너는 얼마나 많은 여자를 정복할 수 있는가 하는 것을 네 남자다움의 척도로 삼지. 그 알량한 수컷 자존심 때문에 네가 무슨 짓을 하고 있는지 안 보이는 모양이지? 정 그렇게 나오면 우리 관계에 대해 다시 생각해야 할 것 같아.

용준: 나도 우리 관계를 어떻게 생각해야 할지 모르겠단 말이야. 이건 네 책임이야. 내가 불충실해서가 아니라 네가 집착하기 때문이지. 그리고 사과를 하지 않으면 여기서 나가 버릴 거야!

사고의 8요소를 이용해 이 언쟁을 분석해보면 다음과 같다.

목적: 용준과 지우는 아마도 둘 다 성공적인 연애 관계를 추구한다. 그것이 그들이 암암리에 공유하고 있는 목적이다.

핵심 물음: 그들은 문제나 쟁점을 서로 훼방을 놓으면서 본다. 즉 문제를 달리 개념화한다. 용준의 문제는 "지우가 언제 집착에서 벗어날까?" 하는 것이

다. 지우의 문제는 "용준이가 언제 집적거리는 행위에 대해 책임을 지려 할까?"하는 것이다.

결론: 그 상황에 관한 용준과 지우의 추리는 같은 상황에서 같은 행위로부터 도출되지만, 그들은 분명히 그 행위를 달리 본다. 용준에게는 그의 행위가 단지 "친절하게" 대한 것으로 이해된다. 지우에게는 용준의 행위가 "집적거림"으로만 이해될 수 있다.

정보: 그 상황에 대한 사실적 정보에는 용준이가 모임에서 실제로 말하고 행했던 모든 것이 포함된다. 다른 관련 정보에는 과거에 다른 여자들에 대한 용준의 행위가 포함된다. 추가 정보에는 이전 남자친구들에 대한 지우의 행위, 그리고 그녀가 "집착"에서 행동하고 있는지와 관계가 있는 다른 어떤 사실들이 포함된다.

가정: 용준은 다른 여자들과 관련한 자신의 동기에서 자기를 기만하지 않는다고 가정하고 있다. 용준은 또한 자신이 다른 사람의 행위에서 집착을 확인할 능력이 있다고 가정하고 있다. 게다가 그는 집착이 없이는 지우가 행동했던 방식으로 행동하지 못했을 것이라고 가정하고 있다. 지우는 용준의 행위가 일상적인 친절함과 양립 가능하지 않다고 가정하고 있다. 두 사람 모두 자신들이 상대방에 대해 들었던 말들이 정확하다고 가정한다. 두 사람 모두 그 상황에서 자신들의 행동이 정당화된다고 가정한다.

개념: 추론에는 네 가지 핵심 개념이 들어 있다. 즉 집적거림, 친절함, 집착, 수컷 자존심.

함의: 용준과 지우는 둘 다 그들의 추론을 통해 모임에서의 용준의 행동에 관한 그들 사이의 어떠한 차이에 대해서도 상대방이 전적으로 비난을 받아야 한다는 것을 함의한다. 둘 다 두 사람 사이의 관계가 가망 없다는 것을 함의하는 것처럼 보인다.

관점: 용준과 지우는 둘 다 성에 기초한 편향된 관점을 통해 상대방을 보고 있다. 둘 다 자신을 상대방의 피해자라고 본다. 둘 다 자신을 비난받을 점이 없다고 본다.

표 2.1   사고의 8요소

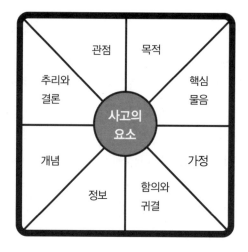

2. 사고의 요소

중요한 것은 이 8요소가 사소한 일상적 사고든 고도의 학술적 사고든 간에 우리가 어떤 것에 대해 생각하는 경우에는 언제나 빠짐없이 나타난다는 것이다. 여기서 "언제나"라는 말이 중요한데, 그것은 추론이 있는 생각을 할 때마다 우리가 언제나 이 8요소를 지니고 있고, 또 다른 사람의 사고에서도 언제나 이 8요소를 찾아낼 수 있기 때문이다. 게다가 이 요소들은 별도로 존재하는 것이 아니라 서로 밀접한 관계를 맺으면서 존재한다. 이 사고의 요소들은 인간 신체의 부분들이 상호의존적인 방식으로 기능하는 것처럼 상호의존적인 방식으로 기능한다. 우리의 목적은 물음을 던지는 방식에 영향을 미친다. 물음을 던지는 방식은 우리가 수집하는 정보에 영향을 미친다. 우리가 수집하는 정보는 그 정보를 해석하는 방식에 영향을 미친다. 정보를 해석하는 방식은 그 정보를 개념화하는 방식에 영향을 미친다. 정보를 개념화하는 방식은 우리의 가정에 영향을 미친다. 우리의 가정은 우리의 사고로부터 따라 나오는 함의에 영향을 미친다. 우리의 사고로부터 따라 나오는 함의는 우리가 사물을 보는 방식, 즉 우리의 관점에 영향을 미친다.

이제 이 사고의 요소들 각각에 대해 좀 더 자세히 살펴보기로 하자.

1) 목적(purpose)

추론이 있는 모든 사고는 목적을 추구한다. 우리는 성취하려고 하는 것 없이, 고려중인 목표 없이, 원하는 것 없이 생각하지 않는다. 어떤 것에 대해 생각할 때 우리는 되는대로 아무렇게나 생각하는 것이 아니라 우리의 목표, 욕구, 필요, 가치, 바라는 결과에 따라 그렇게 생각하고 있다. 따라서 나 자신이나 다른 사람의 사고를 이해하기 위해서는 그 사고가 하는 기능, 사고가 움직이고 있는 방향, 그 사고를 의미 있게 만드는 목표를 이해해야 한다.

하지만 우리가 추구하는 목표가 항상 우리에게 명백하게 드러나는 것은 아니다. 다시 말해 생각을 할 때는 언제나 목적이 있다 해도 우리가 그 목적을 언제나 충분히 의식하는 것은 아니다. 따라서 사고의 목적이나 목표를 발견하려면 우리가 생각하고 있는 것에 대해 왜 물음(why-question)을 던지는 것이 중요하다. 비단 사고뿐만 아니라 우리가 하는 모든 행위에 대해서도 왜 물음을 던지는 것이 중요한데, 이는 사고와 행위 모두 우리 인생의 더 큰 목표들과 연결되어 있기 때문이다. 다음 물음에 답해보라.

오늘 학교에 왜 왔는가?
① 이 과목의 학점을 받고 싶기 때문에.
② 내가 낸 수업료를 헛되이 하고 싶지 않기 때문에.
③ 이 수업에서 다루는 주제에 지적 호기심이 있기 때문에.

어떤 답을 선택하든 이 답들은 또 다시 왜 물음을 불러일으킬 수 있고, 계속 꼬리를 잇는 왜 물음을 따라가다 보면 궁극적으로 우리 인생의 궁극 목표와 연결된 물음에까지 이르게 된다.

우리의 사고나 행위의 목적은 우리의 관점, 즉 우리가 세상을 보는 방식에 영향을 미치고 영향을 받는다. 우리의 목적은 우리가 사물을 보는 방식을 구체화하고, 우리가 사물을 보는 방식은 우리가 추구하는 것을 구체화한다. 각 사람은 그 자신의 관점에서 그의 목적을 표현한다. 예컨대 미용사는 그의 관점 때문에 다른 사람보다 개인적 외모, 특히 머리 모양에 더 관심이 있을 수 있다. 치과의사는 다른 사람보다 이와 이 모양에 대해 더 많이 생각할 것이다. 가지런한 치열을 갖는 것이 프로 운동선수보다 그에게 훨씬 더 중요한 일이 되기 쉽다. 다시 말해 가지런한 치열을 갖도록 돌보겠다는 치과의사의 목적은 그의 관점에서 생긴다.

2) 핵심 물음(key question, question at issue, problem)

어떤 것에 대해 생각을 할 때마다 우리에게는 답해야 할 물음이나 해결해야 할 문제가 있게 된다. 그래서 어떤 생각에 대해서든 "핵심 물음이 무엇인가?"나 "중점을 두고 다루어야 할 문제가 무엇인가?"라고 묻는 것은 의미가 있다.

목적이 우리가 달성하려 하는 것이라면, 핵심 물음은 그 목적을 달성하기 위해 우리가 답해야 할 좀 더 구체적인 물음이다. 예컨대 이 책의 목적이 학생들로 하여금 비판적으로 생각하는 방법을 개발하도록 돕는 것이라 하자. 그러면 그 목적으로부터 따라 나오는 핵심 물음은 "학생들이 그것을 달성하는 데 도움이 되는 최선의 방법은 무엇인가?"가 될 것이다. 모든 추론은 어떤 물음과 관련되어 있기 때문에 중점을 두어 다루어야 할 핵심 물음이 무엇인지 묻는 일은 언제나 적절한 일이다. 그래서 우리는 다음과 같이 물을 수 있다. 이 문예 비평에서 중점을 둔 문제는 무엇인가? 이 실험의 현안 물음은 무엇인가? 이 수학 문제에서 주로 문제가 되는 것은 무엇인가? 내가 '비판적 사고와 논리' 보고서를 작성하면서 다루고 있는 핵심 물음은 무엇인가?

3) 가정(assumption, presupposition)

어떤 것에 대해 생각할 때마다 우리는 언제나 어딘가에서 시작해야 한다. 우리는 "시작에서 시작"할 수는 없는데, 이는 시작이란 것이 먼저 어떤 지점이 있고, 거기서부터 시작을 하는 것이기 때문이다. 가정은 바로 우리가 생각을 시작하는 지점이다. 가정이란 우리가 어떤 것에 대해 생각할 때 미리 당연한 것으로 받아들이거나 전제하는 것이다. 가정은 때로 명백하게 진술되는 수도 있지만, 대부분 명시적으로 진술되지 않은 채로 남아 있다. 따라서 화자나 필자의 가정을 확인하는 것이 매우 중요하다.

가정을 확인하는 일은 그 자체로도 중요하지만, 나와 다른 사람의 가정을 비교하거나, 증거에 비추어 그 가정들을 평가하기 위해서도 중요하다. 가정을 파악하다 보면 우리는 더 큰 맥락, 즉 이 가정들이 길러진 환경이나 문화적 배경을 파악할 수 있다.

4) 정보(information)

생각을 할 때마다 우리는 정보를 사용한다. 다시 말해 우리는 어떤 사실, 자료, 경험 집합을 이용하지 않고서는 추론을 할 수 없다. 그래서 "이 문제와 관련이 있는 정보는 무엇인가?"라고 묻는 것은 언제나 적절하다. "내가 가진 정보는 무엇이고 갖지 못한 정보는 무엇인가?" "이 논문의 저자는 어떤 정보를 제공하는가?" "이 저자가 빠뜨린 정보는 무엇인가?"와 같은 물음은 모두 사고의 이 정보 요소를 확인하는 일과 관련이 있다.

우리는 어떤 문제에 대해 잘못 추론할 때에도 정보를 사용한다. 이를테면 편향된 결론을 끌어내는 사람들은 종종 불완전하거나 올바르지 못한 정보에 기초하여 추론을 하고 있다. 그래서 사고의 요소로서 정보를 확인하는 일 외에도 우리는 그 정보를 평가하기도 해야 한다. 그래서 정보 자체와 정보에 대한 해석이나 함의를 구별하는 것이 중요하다. 정보는 추론의 필수 요소이지만 정보 그 자체만으로 중요한 문제에 대해 결정을 내리기에 충분한 경우는 거의 없다. 정보와 함께 다른 요소들이 작용해야 한다. 우리가 어떤 정보를 알지만 그 정보의 함의를 모른다면, 우리는 정보를 가지고도 심각하게 잘못 생각할 수 있다. 또 어떤 정보를 알지만 그 정보와 관련된 핵심 물음을 모른다면, 그 정보는 우리 머릿속에서 떠돌고 있을 뿐 별 가치가 없게 될 것이다. 따라서 정보를 확인하고 평가하는 과정을 통해 우리는 신뢰할 만한 정보의 원천을 발견하고 우리의 경험을 비판적으로 다듬어야 한다.

5) 개념(concept)

생각을 할 때마다 우리는 어떤 개념들을 사용한다. 개념은 우리가 숨을 쉬는 공기와 같다. 개념은 어디에나 있다. 만일 우리가 민주주의에 관해 생각을 하고 있다면, 우리의 생각 속에는 민주주의 개념이 작동하고 있는 셈이다. 따라서 "나의 민주주의 개념은 무엇인가?"나 "나는 민주주의라는 용어를 어떻게 이해하고 있는가?"와 같은 물음은 민주주의 개념을 확인하는 일과 관련이 있다.

사실상 우리는 우리 경험의 모든 것을 개념화하고, 그 개념화를 기초로 추리를 한다. 다시 말해 경험한 것에 대해 우리는 개념을 형성하고 그 개념을 적용한다. 우리는 이 일을 일상적으로 그리고 자동적으로 하기 때문에 보통은 우리 자신이 이런 일을 하고 있다는 것을 인식하지 못한다. 가정을 당연시한 것처럼 개념 또한 당연시하는 경우가 많다. 하지만 우리가 명확히 자각하지 못한다고 해서 개념을 사용하고 있지 않은 것은 아니다. 따라서 개념을 사용하고 있는지 여부가 문제가 아니라 우리가 사용하고 있는 개념이 무엇인지를 명확히 파악하는 일이 중요하다. 특히 어떤 주제에 대해 생각할 때 우리가 사용하고 있는 핵심 개념을 파악하는 것이 무엇보다도 중요하다.

6) 추리와 해석(inference and interpretation)

어떤 것에 대해 생각하는 것은 그것에 대해 해석을 하는 것이고, 그것에 관해 결론을 끌어내는 것이다. 이처럼 어떤 정보를 기초로 결론을 끌어내는 것을 추리(inference)라 한다. 그래서 "이 상황을 어떻게 해석하고 있는가?", "당신이 끌어낸 결론은 무엇인가?", "이 저자가 끌어낸 결론은 무엇인가?"와 같은 물음들은 바로 이 추리 요소와 관계가 있다.

추리와 가정을 구별하는 것 역시 중요하다. 추리란 어떤 것이 옳다거나 옳은 것 같다는 사실에 기초하여 다른 어떤 것이 옳다고 결론짓는 정신의 작용이다. 기훈이 칼을 들고 나에게 다가오면 나는 아마도 기훈이 나에게 상해를 입히려 한다고 추리할 것이다. 반면에 가정이란 우리가 당연시하거나 미리 전제하는 어떤 것이다. 보통 가정은 우리가 전에 배웠거나 너무 빤한 것이어서 의문시하지 않는 것이다. 가정은 우리 신념 체계의 일부이다. 우리는 우리 신념들이 옳다고 가정하고, 우리 주변의 세계를 해석하는 데 그 가정을 사용한다.

항상 그런 것은 아니지만 보통 가정은 무의식적으로 이루어지는 반면에 추리는 의식적 수준에서 이루어진다. 따라서 생각을 잘 하려면 무의식적인 가정을 의식적 깨달음의 수준으로 바꾸는 노력을 부단히 해야 한다.

7) 함의와 귀결(implication, consequence)

우리의 생각이 어딘가에서 시작되는 것과 마찬가지로 우리의 생각은 어딘가에서 끝나야 한다. 우리의 생각이 끝나는 곳을 넘어선 지점이 바로 우리 추론의 함의와 귀결이 된다. 우리가 추리를 통해 명시적으로 도출해내는 결론과는 달리 함의나 귀결은 보통 그 결론이 암암리에 포함하고 있는 그 이상의 내용을 말한다. 따라서 어떤 추론의 귀결에 대해 묻는 것은 "그것으로부터 무엇이 따라 나오지?"라고 묻는 것이나 마찬가지다.

결론이 함의하는 귀결은 말이나 글 속에 명시적으로 드러나 있지 않은 경우가 많다. 그래서 일차적으로는 어떤 말이나 행위의 함의나 귀결을 확인하는 것이 중요하다. 하지만 단순히 확인하는 데서 그치는 것이 아니라 그것들에 대한 평가 또한 중요하다. 우리가 내리는 결정은 대부분 득이 되는 측면과 실이 되는 측면을 모두 가지고 있기 때문에 다양한 귀결의 득실을 정확히 평가할 필요가 있다.

8) 관점(point of view, frame of reference)

어떤 것에 대해 생각할 때마다 우리는 어떤 관점이나 준거틀(frame of reference) 안에서 그렇게 생각한다. 따라서 "우리는 이 문제를 어떤 관점에서 다루고 있는가?"라고 묻는 것은 이 관점 요소와 관련이 있다. 관점이 사고의 요소라는 말은 모든 사고가 관점 없이 이루어지지 않는다는 뜻이다. 그래서 같은 물음이라도 다른 관점에서 보게 되면 다른 목적, 다른 가정, 다른 결론을 산출할 수 있다.

관점과 관련해서는 많은 잠재적 원천이 있음을 깨닫는 것이 중요하다. 이를테면 우리는 다음과 같은 원천으로부터 세계를 볼 수 있다.

시점(17, 18, 19, 20, 21세기)
문화(서양, 동양문화)
종교(기독교, 불교, 이슬람교, 유대교 등)
성(남자, 여자, 동성애자)
직업(학생, 선생, 법조인, …)
학문(물리학, 화학, 생물학, 사회학, 심리학, 철학, 문학, 역사학, …)

또래집단

경제적 이해

감정 상태

연령 집단

대체로 개인으로서의 우리의 관점은 이런 원천들의 어떤 조합에서 비롯된다.

유감스럽게도 우리는 이 요인들이 우리의 관점을 어느 정도로 형성하고 있는지 의식하지 못한다. 우리는 "이것이 내가 … 의 관점에서 그것을 보는 방식이다."라고 명시적으로 말하지 않는다. 그러다 보니 우리가 사물을 보는 방식이 편파적이라는 사실을 쉽게 깨닫지 못하는 수가 많다. 따라서 다른 요소의 경우와 마찬가지로 우리는 자신의 관점을 공개적으로 명확하게 드러내는 연습을 할 필요가 있다.

9) 기타

지금까지 언급한 8요소 외에 맥락(context)과 대안(alternative)이라는 요소가 있다. 맥락은 문자 그대로 사고의 한 요소라기보다는 그 사고의 배경이다. 그리고 대안은 사고를 할 때 이루어질 수 있는 다른 선택들을 포괄한다. 우리가 무언가에 대해 생각할 때는 언제나 그 생각이 발생하는 맥락이 있으며, 그 생각을 구체화하는 대안들이 있다.

① 맥락(cotntext)

우리는 진공 상태에서 생각하지 않는다. 우리의 생각은 언제나 어떤 맥락이나 상황 속에서 일어나며, 핵심 물음은 언제나 그 맥락이나 상황 속에서 제기된다. 따라서 우리가 어떤 것에 대해 생각을 할 때는 그 생각이 일어나는 맥락을 파악하는 것이 중요하다. 다음은 우리가 생각을 할 때 고려할 필요가 있는 주요 맥락의 예다.

- 역사적
- 과학적
- 경제적

- 사회적
- 문화적
- 언어적

② 대안(alternative)

지금까지 언급한 사고의 요소들 각각에 대해 우리는 언제나 대안을 생각해볼 수 있다. 예컨대 목적과 관련하여 우리는 애초에 세웠던 목적 외에 다른 대안의 목적들이 있는지 살필 수 있고, 핵심 물음과 관련하여 고려해야 할 다른 대안의 물음이 있는지 물을 수 있다. 목적이나 핵심 물음뿐만 아니라 우리는 개념, 가정, 정보 등 다른 모든 요소에 대해 대안을 생각할 수 있다. 그리고 대안을 통해 생각하는 일은 우리로 하여금 사안의 한 측면만을 보던 상태에서 다각적으로 볼 수 있도록 해준다.

지금까지 언급한 사고의 8요소 및 맥락과 대안이라는 요소는 표 2.2에서 보는 것처럼 상호의존적인 방식으로 맞물려 하나의 세트로 작용한다. 따라서 생각을 잘 하기 위해서는 이 사고의 요소들을 하나씩 분석해 명확하게 자각하는 일이 중요하다. 이 일은 이제 비판적 사고와 관계가 있으므로 제3장으로 넘어가기로 하자.

표 2.2 사고의 8요소 + 기타

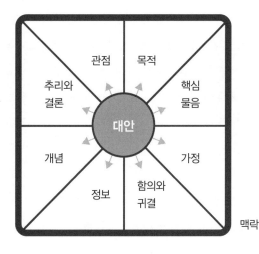

맥락

1. 사고의 8요소를 통해 다음 글을 분석해보라.

텔레비전 시청이 고릴라와 다른 것들에 미치는 효과

우리 4살 된 딸아이는 아직 이해가 완전하진 않지만 최근 들어 농담이나 어려운 말들을 이해하기 시작했다. 그 아이가 요즘에 하는 일은 이런 식으로 진행된다. "고릴라는 어째서 TV를 보았을까요?(웃음을 터뜨리며) 그야 멍해지고 싶었기 때문이죠!" 이 "농담"은 토요일 아침 몇 시간 동안 텔레비전을 시청한 후에 아이가 보통 "멍하게" 된다는 나의 관찰, 즉 맥이 풀리고, 아이 주변에서 일어나는 일에 대해 의식하지 못하며, 시무룩하고, 텔레비전을 더 보는 일 외에는 어떤 것에도 흥미를 보이지 않는다는 나의 관찰에서 비롯되었다. 아이가 어떤 쇼 프로그램을 보고 있는가는 별 문제가 되지 않는다. 중요한 것은 바로 아이가 텔레비전을 보고 있다는 것이다. 발랄하고 원기 왕성하며, 호기심 많은 이 어린애를 불과 몇 시간 만에 최면에 걸린 좀비로 바꾸어버리는 이 전기 상자의 위력은 무엇인가?

우선 첫째로 텔레비전 시청은 거의 전적으로 수동적 경험이다. 우리에게는 영상, 배우, 스토리 등이 제공되고, 우리는 그것을 즐기게 된다. 책을 읽거나 가상의 게임을 하는 것처럼 다른 많은 어린이가 하는 활동은 어린이들로 하여금 그들 자신이 만드는 세계를 산출하는 이미지를 창조할 것을 요구한다. 하지만 텔레비전을 통해서는 우리의 정신을 영상, 배우, 스토리를 창조하는 데 능동적으로 사용하도록 자극 받지 않으며, 심지어는 허용조차 안 되는 것이 보통이다. 텔레비전에 나오는 프로그램의 내용은 제작자가 미리 만든 것이기 때문이다. 우리는 그저 눈을 뜨고 우리가 전혀 통제하지 못하는 경험을 수동적으로 수용하기만 하면 되는 것이다.

둘째로 텔레비전 스크린은 텔레비전 밖의 세계보다 어떤 점에서 좀 더 매혹적이고 시각적으로 좀 더 강렬한 세계를 제공한다. 스크린의 한계 내에서 우리에게는 보통 방 전체 모습, 완전한 조망, 전경이 제시된다. 만일 우리가 이 장면들을 현실에서 관찰하고 있다면, 우리는 그저 그 장면들의 적은 부분을 흘긋 볼 수 있을 뿐이다. 게다가 텔레비전의 움직임은 현실과 달리 중단이 없다. 카메라는 끊임없이 움직이고 있고, 사람과 배우들은 언제나 무언가를 행하거나 말하고 있다. 마지막으로 텔레비전 쇼나 광고의 내용은 우리의 관심을 끌고 유지하기 위해 주의 깊게 구성된 것이다. 이런 요인들 모두는 텔레비전을 현실보다 더 재미있게 만드는 데 기여하며, 그래서 깨뜨리기 어려운 텔레비전 중독증을 유발하는 효과도 있는 것처럼 보인다.

셋째로 텔레비전은 켜거나 끄는 일, 채널을 바꾸는 일을 빼고는 우리가 전혀 통제하지 못하는 어떤 것이다. 우리는 텔레비전의 속도를 빨리 하거나 느리게 할 수 없다. 우리는 질문을 할 수도, 이전 장면으로 되돌아갈 수도, 우리가 경험하고 있는 것에 영향을 미칠 수도 없다. 텔레비전 프로는 움직일 수 없으며, 영화관 좌석처럼 적당한 자리에 위치한 가구에 앉아서 일정한 장소와 일정한 시간에 시청할 수 있을 뿐이다. 그리고 우리 자신이 창조적 표현을 하기 위해 사용할 수 있는 말들로 이루어진 독서와 달리 텔레비전의 동영상은 우리의 제작 능력을 완전히 넘어선 이질적인 것이다. 텔레비전 수상기는 우리의 상상력, 창조적 표현, 우리 정신의 통제력을 포기할 것을 요구하는 지배적인 힘이자 과학 기술의 신이다. 따라서 텔레비전 시청이 고릴라들—그리고 다른 것들—을 작은 멍청이로 만들 수 있다는 것은 놀랄 일이 아니다.

2. 다음은 사고의 요소들 각각에 대한 것이다. 각 물음에 답해 보라.

(1) 목적: 살면서 내가 규칙적으로 하고 있는 3가지 중요한 활동의 목적을 확인해보라.

① _____ : _____

_____.

② _____ : _____

_____

③ _____ : _____

_____.

(2) 핵심 문제: 나는 원룸에서 같이 생활하고 있는 친구와 잘 지내고 싶다.
잘 지내는 일에 장애가 되는 주요 문제가 무엇인지 기술해보라.

_____

_____

_____

(3) 가정: 다음 말에서 가정을 확인해보라.
① 소진이는 너무 예뻐. 그러니 콧대가 높을 거야.
② 우진이는 엄청난 부자다. 그러니 비난받아 마땅해.

(4) 정보: 최근 내가 내렸던 중요한 결정을 진술하고, 그 결정에 필요했던
정보를 기술해보라.

(5) 개념: 형, 누나, 친구, 동업자, 룸메이트, 이성친구 등 내가 누군가와
맺고 있는 관계에 초점을 모으고, 그 관계 개념을 진술해보라. 예컨대
나의 형 개념은?

(6) 추리와 결론, 해석: 월드컵의 중요성에 관해 내가 끌어낼 수 있는 세
가지 결론을 말해보라.

(7) 함의와 귀결: 일반진술은 보통 특수진술과 다른 함의를 갖는다. 다음
진술 쌍에서 함의의 차이를 기술해보라.
① "이 과목은 따분해." 대 "나는 이 과목에서 따분함을 느껴."
② "네 행동은 공격적이야." 대 "네 행동은 나에게는 공격적이야."
③ "나는 이 수업이 싫어." 대 "나는 가끔 이 수업이 싫어."

(8) 관점: 청소년 약물 남용 문제에 대해 경제학적 관점과 정치학적 관점의 원인 차이를 살펴보고, 사회학적 관점과 심리학적 관점에서도 원인을 찾아보라.

　　예) 경제학적 관점: 약물 남용을 뒷받침하는 경제적 힘들.

　　　　정치적 관점: 약물 남용을 제어하기 힘든 정치적 구조.

　　　　사회학적 관점: ＿＿＿＿＿＿＿＿＿＿＿＿＿＿＿ .

　　　　심리학적 관점: ＿＿＿＿＿＿＿＿＿＿＿＿＿＿＿ .

3. 정보, 추리, 가정의 구별은 중요하다. 다음 예를 보고 빈칸을 채워보라.

정보	가능한 추리	추리로 이끄는 가정
(1) 내가 휠체어에 있는 여자를 본다.	그녀는 불행한 인생을 살고 있다.	휠체어에 있는 모든 사람은 불행한 인생을 살고 있다.
(2) 경찰이 도로에서 계속해서 내 차를 쫓고 있다	경찰이 나에게 범칙금을 부과할 것이다.	
(3) 한밤중에 전화벨이 울린다.		
(4) 약속 시간에 남자(여자)친구가 전화를 하지 않는다.		
(5) 친구가 술집이 아니라 도서관에 있겠다고 말한다.		

제 3 장

비판적 사고와 사고의 요소

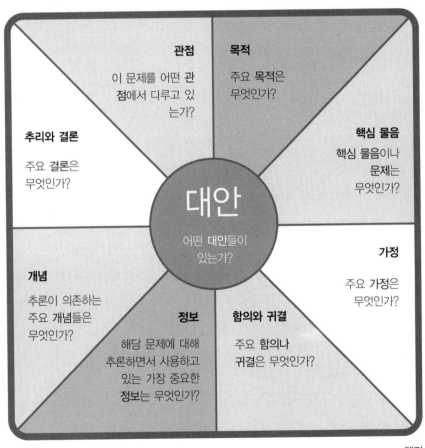

관점
이 문제를 어떤 관점에서 다루고 있는가?

목적
주요 목적은 무엇인가?

추리와 결론
주요 결론은 무엇인가?

핵심 물음
핵심 물음이나 문제는 무엇인가?

대안
어떤 대안들이 있는가?

개념
추론이 의존하는 주요 개념들은 무엇인가?

가정
주요 가정은 무엇인가?

정보
해당 문제에 대해 추론하면서 사용하고 있는 가장 중요한 정보는 무엇인가?

함의와 귀결
주요 함의나 귀결은 무엇인가?

맥락
다루고 있는 문제의 **맥락**은 무엇인가?

1. 비판적 사고에 대한 폴의 정의

1장에서 우리는 생각의 중요성을 공부하였다. 생각을 잘 하기 위해서는 우리의 사고 능력을 최대로 개발할 수 있는 방법을 찾아야 한다. 그 방법이란 바로 비판적으로 생각하는 것이다. 그렇다면 비판적 사고란 무엇인가?

비판적 사고(critical thinking) 개념은 고대 그리스에서 파생된 관념을 반영한다. 비판적(critical)이란 낱말은 그리스어 두 낱말, 즉 *kriticos*와 *kriterion*에서 유래하였다. "분별 있는 판단"을 의미하는 *kriticos*는 "판단할 수 있는", "판단에 능한"을 의미하는 형용사 *kritike*와 연관되어 있고, 이 말은 다시 법관을 의미하는 *krites*에서 온 말이다. "표준이나 기준"을 의미하는 *kriterion*은 "구분하다, 선택하다, 결정하다, 판결하다"를 뜻하는 동사 *krinein*에서 온 말이다. 따라서 어원적으로 이 낱말은 "표준이나 기준에 의거하여 내리는 분별 있는 판단, 또는 그런 능력"을 의미한다.

비판적 사고에 대한 연구 전통은 인간 사고가 그 자체로 놓아두었을 때 종종 편견, 과도한 일반화, 일상적 오류, 자기기만, 생각의 편협함 쪽으로 이끌린다는 우리의 인식, 즉 자기중심주의에 사로잡힌다는 인식을 반영한다. 비판적 사고 전통은 이러한 사고의 "오류", "실책", "왜곡"을 최소화하기 위해 사고의 과정에 대

한 이해와 지성의 훈련을 추구한다. 그 전통은 훌륭한 추론을 할 수 있는 인간의
능력이 곧바로 그 목표를 지향하는 교육 과정에 의해 개발될 수 있다고 가정한다.

오늘날 비판적 사고에 대한 정의는 학자마다 약간씩 다르다. 그리고 각각의 정
의는 나름대로 비판적 사고의 중요한 특징들을 반영하고 있다고 할 수 있다. 그
중에서 폴(Richard Paul)은 비판적 사고 연구 전통의 취지를 살리면서도 일반인
이 쉽게 이해할 수 있도록 다음과 같은 정의를 제시하였다.

> 비판적 사고란 생각을 더 잘 하기 위해서 생각하는 동안 생각에 관해 생각하는 사고이다.
> 비판적 사고는 서로 얽혀 있는 세 국면을 포함한다. 즉 비판적 사고는 생각을 분석하고,
> 평가하며, 개선시킨다.[2]

폴 정의의 앞부분에서 우리는 비판적 사고의 중요한 두 가지 특징을 찾아볼 수
있다. 비판적 사고란 ① 우리가 생각을 더 잘 하기 위한 사고인데, 그러기 위해서
는 ② 우리의 사고에 관해 생각해야 한다는 것이다. 생각을 더 잘 하기 위함이라
는 특징 ①은 비판적 사고의 **표준**과 관련되어 있다. 반면에 특징 ②는 비판적 사
고가 사고에 관한 사고, 즉 메타사고(meta-thinking) 활동임을 지적하고 있다.
다시 말해 비판적 사고는 내가 나의 사고를 되돌아보고 그것에 대해 반성할 때 시
작되는 사고다. 우리의 사고는 대부분 자동적이고 비반성적이기 때문에 사고를
되돌아보고 반성해보는 것이야말로 비판적 사고의 출발점이라 할 수 있다.

비판적 사고는 그냥 사고와 같은 것이 아니다. 사고는 어떤 것에 관해 결론을
끌어내고, 개념을 형성하고, 결정을 내리고, 관점을 지니는 일을 포함하는 과정이
다. 사고는 우리가 우리의 정신을 통해 어떤 것에 대해 진행시키는 활동이다. 다
음을 보자.

① 증거를 주의 깊게 살핀 후 합당한 판단을 내린다.

---

2) Richard Paul & Linda Elder(2006), *Critical Thinking: Tools for Taking Charge of
   Your Learning and Your Life*, xvii.

② 증거를 전혀 고려하지 않고 결론으로 비약한다.

③ 문제의 양면을 비교해보고 편견에 빠지지 않았는지 조심하면서 판단한다.

④ 편견과 고정관념을 완강하게 고집하면서 판단한다.

네 진술 모두 사고의 예이지만, 그 중 비판적 사고의 예는 ①과 ③이다. ②와 ④는 사고의 예이긴 하지만 비판적 사고의 예는 아니다.

이러한 점을 근거로 볼 때 어떤 사고가 비판적 사고가 되기 위해서는 적어도 두 가지 조건이 필요하다. 즉

(1) 비판적 사고는 반성적인 메타사고라야 한다. 즉 사고에 관한 사고라야 한다.

(2) 비판적 사고는 표준을 충족시켜야 한다. 즉 잘 행해진 사고라야 한다.

폴 정의의 뒷부분은 비판적 사고의 이 두 가지 특징을 좀 더 구체적으로 세 가지 국면으로 나누어 지적하고 있다. 생각을 잘 하기 위해서는 우리의 사고에 관해 반성적으로 사고해야 하는데, 그 일은 구체적으로 ① 생각 분석하기, ② 생각 평가하기, ③ 생각 개선하기로 이루어진다는 것이다. 따라서 비판적 사고는 본질적으로 3가지 차원, 즉 분석적, 평가적, 창조적 차원을 갖는다. 이렇게 볼 때 비판적 사고란 결국 향상이나 개선의 목표를 가지고 사고에 대해 체계적으로 검토하는 사고인 셈이다. 그래서 비판적으로 생각할 때 우리는 생각이 액면 그대로 승인되어서는 안 되고 사고의 요소들에 의해 분석되고, 표준들에 의해 평가되며, 그런 다음 그 평가에 입각해 개선되어야 한다는 것을 알 수 있다.

폴의 정의가 시사하는 것처럼 비판적으로 생각하기 위해서는 우리는 우리 자신의 생각을 검토하고 엄격한 시험을 거치도록 해야 한다. 우리는 먼저 부분들로 구성된 우리의 생각을 제대로 보기 위해 우리의 생각을 분석해야 한다. 그리고 나서 우리의 생각을 그 요소들을 통해 장점은 물론이고 약점까지도 정확히 파악해 평가해야 한다. 그런 다음 마지막으로 우리의 생각을 좀 더 낫게 만들기 위해 창조적으로 재구성해야 한다. 이제 이 장의 나머지 부분에서는 비판적 사고의 세 국면 중 첫 번째 국면, 즉 생각 분석하기에 대해 알아보기로 하겠다.

2. 비판적 사고와 사고의 8요소

2장에서 우리는 사고의 8요소, 그리고 기타 요소로 대안과 맥락이라는 요소를 이미 살펴보았다. 생각을 분석하는 일은 바로 이 사고의 요소들과 관련이 있다. 무엇보다도 비판적 사고를 배우는 첫 단계는 이 사고의 요소들을 파악하는 것이다. 왜냐하면 사고의 요소들을 정확히 파악하지 못하면 사고를 정확히 평가할 수도 없을 것이기 때문이다. 따라서 사고를 그 요소들로 분석해 파악하는 일이야말로 비판적 사고에 없어서는 안 될 필수적 단계다.

하지만 이때 사고의 요소들이 곧 비판적 사고의 요소들인 것처럼 혼동해서는 안 된다. 우리의 사고는 자각적이고 의식적인 사고도 있지만 대부분 무의식적이고 자동적으로 이루어진다. 2장에서 "사고의 요소"라고 했을 때 이 말은 의식적 사고든 무의식적 사고든 간에 모든 사고가 언제나 그런 요소들로 이루어진다는 의미를 갖는다. 무의식적 사고와 달리 비판적 사고는 우리의 사고에 관한 사고이기 때문에 의식적 사고다. 물론 이 사고의 요소들을 파악하는 일은 비판적 사고를 하기 위해 없어서는 안 될 중요한 과정이다. 하지만 그렇다고 해서 사고의 요소들이 곧 비판적 사고의 요소가 되는 것은 아니다.[3]

요소들로 사고를 분석하는 일은 무엇보다도 그 사고를 이해하기 위한 것이다. 그런데 우리가 이해하려고 하는 사고나 추론은 사설이나 칼럼, 뉴스 기사, 논문, 책, 소설, 시처럼 글로 씌어질 수 있다. 또는 그런 사고를 하는 사람이 우리에게 말로 그 생각을 표현할 수도 있다. 그런 사람은 우리가 아는 사람일 수도 있고, 모르는 사람일 수도 있다. 경우에 따라서는 그런 생각을 하는 사람이 우리 자신일 수도 있다. 하지만 글로 씌어지든 말로 표현되든, 또는 사고의 당사자가 나 자신이든 다른 사람이든, 중요한 것은 분석의 목적이 사고의 당사자가 말하고 있는 것이 무엇인지, 그가 해당 주제에 대해 어떻게 생각하고 있는지를 정확히 이해하는 것이라는 사실이다.

---

3) 그런데도 사고의 요소들이 곧 비판적 사고의 요소들인 것처럼 혼동하는 경우가 가끔 있다. 예컨대 박은진 · 김희정(2004), 『비판적 사고를 위한 논리』, 아카넷, 24면을 볼 것.

이해는 비판적 사고의 출발점이다. 우리의 생각을 개선하기 위해서는 생각에 대한 평가가 필요하고, 생각을 평가하기 위해서는 먼저 생각을 정확히 이해하는 일이 필요하다. 생각을 제대로 이해하지 못한 상태에서 그 생각을 평가한다는 것은 불가능하고, 생각을 평가하지 않고 그 생각을 개선한다는 것 역시 이루어질 수 없는 일이기 때문이다. 따라서 사고의 요소들을 통해 사고를 분석하는 것은 이해를 목적으로 하고 있는데, 이 이해는 바로 비판적 사고의 출발점인 것이다.

이해를 목적으로 사고를 분석하기 위해서는 2장에서 공부한 사고의 요소를 활용하면 된다. 그래서 다음 물음들을 제기하고 그에 대한 답을 마련하면 된다.

사고에 대한 분석

① 이 생각(글이나 말)에서 그 사람의 주요 목적은 무엇인가?

② 그 사람이 다루고 있는 핵심 물음이나 문제는 무엇인가?

③ 그 사람이 해당 문제에 대해 추론하면서 사용하는 가장 중요한 정보는 무엇인가?

④ 그 사람의 주요 결론은 무엇인가? 그 사람은 이 문제를 어떻게 해석하고 있는가?

⑤ 그 사람의 추론이 의존하고 있는 주요 개념들은 무엇인가? 그는 그런 개념들을 어떻게 이해하고 있는가?

⑥ 이 생각을 전개할 때 그가 하고 있는 주요 가정들은 무엇인가?

⑦ 그 사람의 추론에서 주요 함의나 귀결은 무엇인가?

⑧ 그 사람은 이 문제를 어떤 관점에서 다루고 있는가?

⑨ 그 사람이 다루고 있는 문제의 맥락은 무엇인가?

⑩ 어떤 대안들이 있는가?

이제 이 물음들에 대한 답이 주어졌다고 해보자. 사고의 요소들은 결국은 전체 사고의 부분들이다. 그래서 이 사고의 요소들은 개별적으로 존재할 때도 의미가 있겠지만, 전체 사고 속에서 서로 어떻게 어울리고 어떻게 맞추어져 있는지 생각할 때 훨씬 더 의미가 있다. 다시 말해 사고의 요소들을 그 개별 부분들로 분석하는 것뿐만 아니라 그 개별 부분들을 합쳐서 종합적으로 생각하는 것이 의미가 있다는 말이다. 이 말은 결국 우리의 사고를 사고의 요소들을 통해 분석한 다음 통합된 전체로 파악할 때 비로소 사고에 대한 이해가 완성된다는 뜻이다. 분석은 분석 그 자체로서보다는 종합을 수반하는 분석일 때 의미가 있는 법이다.

표 3.1　사고에 대한 분석

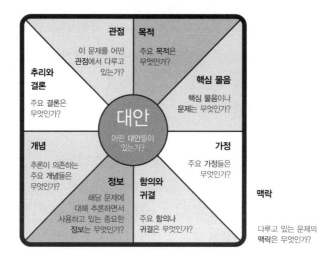

 연습문제

1. 다음은 오랫동안 비판적 사고를 연구해온 학자들의 비판적 사고에 대한 정의이다. 폴의 정의와 비교하면서 각각의 정의에 대해서 생각해보라.

   (1) 비판적 사고란 반성적 사고로서 믿음이나 지식이라고 가정되는 것을 뒷받침하는 근거와 그것이 도달하는 또 다른 결론에 비추어 그 믿음이나 지식이라고 가정되는 것에 대한 능동적이고, 지속적이고, 주의 깊은 고찰이다(존 듀이).[4]

---

4) Dewey, J.(1909), *How We Think*, D. C. Health and Co., 9면.

(2) 비판적 사고란 무엇을 믿고 무엇을 해야 할지를 결정하는 일에 초점을 둔 합리적이고 반성적인 사고다(로버트 에니스).[5]

(3) 비판적 사고란 맥락에 민감하고, 기준에 의존하고, 자기 교정적이기 때문에 훌륭한 판단에 기여하는 숙련되고 책임 있는 사고다(매튜 리프먼).[6]

(4) 비판적 사고란 우리의 이해를 명료하게 하고 향상시키기 위해 우리 자신의 생각 및 다른 사람들의 생각을 주의 깊게 검토함으로써 세상을 이치에 닿게 이해하려는 우리의 능동적이고, 목적적이며, 조직적인 노력이다(존 채피).[7]

2. 영상과 한나는 서로 사랑하는 사이이며 결혼을 앞두고 있다. 다음은 영상이 결혼을 진지하게 생각하면서 자신의 생각을 사고의 요소를 통해 분석한 것이다. 내가 누군가와 결혼한다고 생각하고 영상의 답에 대해 생각해보라. 결혼의 목적과 관련해서 영상의 답에 대한 괄호 안의 의견을 참고해 다른 요소들에 대해서도 나의 의견을 제시해보라.

(1) 결혼의 목적은 무엇인가?

- 한나와 나 우리 두 사람이 함께 가능한 한 행복하고 만족스러운 삶을 사는 것

  (결혼하는 모든 사람이 이런 목적을 갖고 있는 것은 아니다. 예컨대 두 사람만의 행복이 아니라 아이를 낳아 잘 길러보자는 것도 결혼의 목적일 수 있다. 게다가 영상은 결혼의 목적을 한 가지만 제시하

5) Norris, S. & Ennis, R.(1989), *Evaluating Critical Thinking*, Pacific Grove, CA: Critical Thinking Press and Software.

6) Lipman, M.(1988), "Critical Thinking and the Use of Criteria", *Inquiry: Newsletter of the Institute for Critical Thinking*. Upper Montclair, NJ: Montclair State College.

7) Chaffee, J.(1988), *Thinking Critically*, 2nd ed., Houghton Mifflin Co., 28면.

고 있는데, 그것 외에 다른 목적들도 있을 수 있다).

(2) 핵심 물음은 무엇인가?

- 내가 한나와 결혼해야 하는가?
- 내가 지금 한나와 결혼해야 하는가?

(나의 의견: _____

_____

_____

_____.)

(3) 내가 결혼에 관해 하고 있는 주요 가정들은 무엇인가?

- 결혼은 일부일처제라는 것.
- 결혼은 평생의 혼약이라는 것.

(나의 의견: _____

_____

_____

_____.)

(4) 결혼하는 일의 주요 함의나 귀결은 무엇인가?

- 많은 법적 귀결.
- 아이를 낳는다. 또는 낳지 않는다.

(나의 의견: _____

_____

_____

_____.)

(5) 한나와 결혼하는 일에 관해 내가 가진 정보가 무엇인가?

나는 나 자신에 관한 많은 정보를 가지고 있다. 예컨대 내가 좋아하는
것과 싫어하는 것, 나의 장기적 목표, 나의 종교적 신념 등.

한나에 관해서도 나 자신만큼은 아니지만 많은 정보를 가지고 있다.

(나의 의견: _____

_____

_____

_____.)

(6) 결혼에 대해 생각할 때 내가 사용하는 주요 개념은 무엇인가?

- 우선 결혼이라는 개념.
- 누군가를 사랑한다는 개념.

(나의 의견: _____

_____

_____

_____.)

(7) 어떤 결론을 끌어내야 하는가? 결혼에 대해 어떻게 해석하고 있는가?

- 한나와 결혼을 해야 할지 말아야 할지가 주된 결론은 아니다. 그보다는 좀 더 구체적인 결론과 해석이 많이 있다.
- 한나는 사랑스럽고 정이 많은 여자다.
- 우리는 관심사와 성격, 그리고 가치관이 서로 잘 맞는다.

(나의 의견: _____

_____

_____

_____.)

(8) 나는 어떤 관점을 고려해야 하는가?

- 물론 나 자신의 관점이다. 나는 시골의 대가족 집안에서 태어나 가족 간의 우애를 소중히 여긴다.
- 한나의 관점.

• 우리 가족의 관점.

(나의 의견: _____

_____

_____

_____.)

(9) 어떤 대안들이 있는가?

• 결혼을 하지 않고 지금 지내는 방식대로 지낸다.

• 결혼은 우리가 선택할 길이 아니라고 결정하고 갈라선다.

(나의 의견: _____

_____

_____

_____.)

(10) 이 문제가 어떤 맥락에서 제기되고 있는가?

• 나에게는 무척 현실적인 맥락이다. 답을 잘 쓰면 점수를 잘 받는 수업시간의 맥락이 아니다.

• 우리가 관계를 맺어온 시간, 우리의 나이와 배경, 친구나 가족의 영향 등의 맥락이 있다.

(나의 의견: _____

_____

_____

_____.)

제**4**장

비판적 사고의 표준

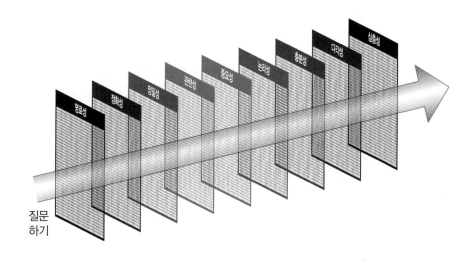

1. 비판적 사고의 9표준

비판적 사고에는 두 가지 조건이 요구된다. 첫 번째 조건은 비판적 사고가 반성적 사고, 즉 우리의 사고에 관한 사고라야 한다는 것이다. 이 조건을 충족시키기 위해서는 우리의 사고를 그 요소들로 분석해 파악해야 하는데, 이 일은 3장에서 이미 공부하였다. 두 번째 조건은 비판적 사고가 생각을 더 잘하기 위한 사고라야 한다는 것이다. 생각을 잘한 경우와 못한 경우를 가리려면 일정한 표준이나 기준이 필요하다. 마치 진짜 금과 가짜 금을 가리기 위해 금의 표준이 필요한 것처럼, 잘한 생각과 못한 생각을 가리는 데에도 일정한 표준이 필요한 것이다. 그래서 우리의 사고가 이 표준에 맞으면 생각을 잘한 것이지만 표준에 맞지 않으면 생각을 잘 못한 것이라고 할 수 있다. 결론적으로 비판적 사고는 **훌륭한 사고의 표준을 충족시키는 사고**라야 한다. 이 표준 충족 문제는 근본적으로 우리의 사고에 대한 **평가**와 관련되어 있고, 더 나아가 사고를 개선하는 일과 관련되어 있다.

어떤 것에 대해 비판적으로 생각할 때 우리는 마음속에 떠오르는 생각을 그냥 무비판적으로 수용하지 않는다. 우리는 우리의 사고가 명료한지, 정확한지, 정밀한지, 적절한 관련이 있는지, 중요한지, 논리적인지, 폭이 넓은지, 충분한지, 깊이가 있는지 등을 곰곰이 되짚어 생각하게 된다. 이런 요인들은 우리의 사고가 충족

표 4.1 　비판적 사고의 표준: 이 표준들은 우리의 사고를 거르는 일종의 여과장치다.

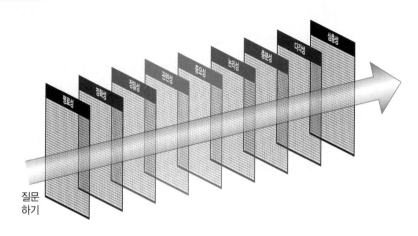

질문
하기

시켜야 할 표준들이다. 이 표준은 대략 9가지로 명료성, 정확성, 정밀성, 관련성, 중요성, 논리성, 다각성, 충분성, 심층성이다. 비판적 사고의 9가지 표준은 우리의 사고를 걸러내는 일종의 여과장치로 생각할 수 있다. 그래서 이 표준 장치는 해당 표준들을 충족시키는 사고를 통과시키고 충족시키지 못하는 사고를 걸러내는 여과장치로 작용한다. 이제 비판적 사고의 이 9가지 표준에 대해 살펴보기로 하자.

1) 명료성(clarity, clearness)

　명료성은 비판적 사고의 표준들 중에서도 출입문에 해당하는 표준이다. 어떤 생각을 표현한 진술이 불명료하면 우리는 그 진술의 의미를 이해할 수 없고, 나아가 그 진술이 정확하거나 적절한지 결정할 수 없으며, 그 진술이 중요한지, 깊이가 있는지도 결정할 수 없기 때문이다. 우리의 사고는 쉽게 이해되거나, 오해 가능성이 없거나, 그 사고로부터 무엇이 따라 나오는지 명백할 때 명료하다고 한다. 따라서 사고가 모호하거나, 애매하거나, 혼란스럽거나, 오해하기 쉽거나, 또는 그 사고로부터 무엇이 따라 나오는지 알 수 없을 때 그 사고는 불명료하다고 한다.

　명료성에는 두 측면이 있다. 하나는 내가 의미하는 것에 대해 나 자신이 마음속에서 명료한지의 측면이다. 다른 하나는 내가 의미하는 것을 다른 사람이 알 수 있도록 명료하게 표현하고 있는지의 측면이다. 만일 내가 생각하고 있는 것을 내가 자세히 설명하거나, 나 자신의 말로 표현하거나, 그것의 함의를 꿰뚫어볼 수 있으면, 그 생각은 나 자신의 마음속에서 명료하다. 반면에 다른 사람이 알 수 있도록 명료하게 표현하는 측면은 맥락이나 상황에 따라 다르다. 내가 말을 하는 상대가 누구인지에 따라 명료성의 정도가 달라질 것이기 때문이다. 예컨대 광합성이 무엇인지에 대해 초등학생에게 설명할 때와 생물학 교수에게 설명할 때 내가 선택할 낱말들은 달라져야 할 것이다.

명료하지 않은 진술의 예로 누군가가 "복지 정책은 부정이다!"라고 말한다고 해보자. 이 진술이 무엇을 의미하는가? 이 진술은 다음 셋 중 어느 것을 의미하는지 불명료하다.

① "사람들에게 그들이 벌지 않은 재화와 서비스를 제공한다는 생각은 벌어들인 사람에게서 돈을 도둑질하는 것과 같다."(윤리적 주장)
② "복지법은 그 법안이 처음 공식적으로 제출되었을 때 상상하지 못했던 뒷구멍이 너무 많아서 사람들이 공짜로 돈과 서비스를 받게 된다."(법적 주장)
③ "복지 혜택을 받는 사람들은 종종 서류를 위조하고 거짓말을 한다."(수혜자의 윤리적 성품에 관한 주장)

따라서 이런 의미 중 어느 것을 의미하는지 명료하게 하지 않는 한 이 진술에 대해 이해했다고 할 수 없다.

명료성에 초점을 둔 물음은 다음과 같다.

- 이 생각이 명료한가?
- 이 생각이 나의 마음속에서 명료한가?
- 내가 이 생각을 상대방에게 명료하게 말하고 있는가?

2) 정확성(accuracy)

"한국인 남성 대부분은 100kg 이상 나간다"의 경우처럼 진술은 명료하지만 사실과 일치하지 않아 정확하지 않을 수 있다. 정확하다는 어떤 것을 실제로 존재하는 대로 나타낸다는 것을 의미한다. 우리는 종종 사물이나 사건을 사실과 불일치하게 제시하거나 기술한다. 따라서 나의 생각이나 말은 사실과 일치하게 기술하면 정확하다. 그리고 사실과 부합하지 않게 기술하면 부정확하다. 이때 "정확하다"는 말은 경우에 따라서는 "옳다"나 "사실이다"로 바꾸어 써도 무방하다. 따라서 정확성 표준은 진리, 또는 사실과 관련된 표준이다.

훌륭한 사고자는 진술을 주의 깊게 경청하고, 자신이 들은 것이 정확하고 옳은지 묻는다. 우리는 자기중심적 경향으로 인해 자연스럽게 우리의 사고가 그저 우리 것이라는 이유로 정확하다고 믿기 쉬우며, 우리와 불일치하는 사람들의 사고가 부정확하다고 생각하기 쉽다. 그러나 우리는 다른 사람의 견해는 물론이고 우리 자신의 견해도 정확하게 평가해야 한다.

"한국인은 대부분 100세 이상 산다."는 진술은 그 뜻을 충분히 이해할 수 있을 정도로 명료하긴 하지만 정확하다고 할 수는 없다. 아무리 의술이 발달한 시대지만 아직 한국인의 평균 수명이 100세에는 미치지 못하기 때문이다.

정확성에 초점을 둔 물음은 다음과 같다.

- 이 생각이 정확한가?
- 이 진술이 정확하고 옳은가?

3) 정밀성(precision)

정밀성은 모호성(vagueness)의 반대 개념으로 정밀하다는 어떤 진술의 의미를 확실하게 이해하는 데 필요한 세부 사항을 구체적으로 제시하고 있음을 의미한다. 그래서 우리가 말하고 있는 것의 의미를 파악하기에 충분할 정도의 세부 사항을 제시하지 못하거나, 구체적 사항을 언급하지 않은 채 일반론을 말하게 되면 정밀하지 못하다고 한다.

정밀성과 명료성은 관계가 있기는 하지만 서로 다른 측면에 초점이 맞추어져 있다. 예컨대 "아기에게 열이 있다."는 말은 무슨 뜻인지 이해할 수 있기 때문에 명료하다고 할 수 있다. 그 말은 대략 아기의 체온이 36도 이상 된다는 말일 것이다. 하지만 이 말이 정밀하다고 할 수는 없는데, 아기의 체온이 36도 이상이면서 정확히 몇 도인지 말하고 있지 않기 때문이다. 반면에 "아기의 체온이 40도다." 라는 말은 명료하면서 정밀한 말이다.

물론 사고에 요구되는 정밀성의 정도는 진술을 하는 맥락이나 목적에 따라 달라진다. 예컨대 "키가 얼마인가?"라는 질문을 받고 우진이 "175.33345cm입니다."라고 대답한다면, 우진의 대답은 지나치게 정밀한 것일 수 있다. 그런 질문을 던질 때 우리가 보통은 그 정도까지 구체적인 답을 원하는 것이 아니기 때문이다.

정밀성에 초점을 둔 물음은 다음과 같다.

- 이 생각이 정밀한가?
- 생각을 충분히 상세하게 진술했는가?

4) 관련성, 적절성(relevance)

사고는 명료하고 정확하고 정밀하지만 해당 물음이나 문제와 관련이 없을 수 있다. 어떤 사고가 관련이 있다는 말은 그 사고가 현재 논의 중인 문제와 관련해서 잘 맞아떨어진다는 것을 말한다. 모든 사고는 어떤 의미에서 다른 어떤 사고와 어떻게든 관련이 있다고 할 수 있다. 하지만 그렇다고 해서 그 사고가 다른 사고와 직접적으로 적절한 관련이 있다고는 할 수 없다.

예컨대 학생들은 종종 성적이 공개된 후 많은 시간을 들여 공부한 과목의 점수가 낮기 때문에 불만을 토로한다. 학생들은 어떤 과목에 들인 노력의 양과 그 과목의 성적 사이에 직접적 관계가 있어야 한다고 생각한다. 그렇지만 노력이 곧 학생의 학습의 질의 척도가 되지 못하고, 그래서 성적과 무관한 경우가 종종 있다. 많은 시간을 들여 공부했지만 핵심 내용을 파악하지 못한다든가, 대단히 비효율적인 방식으로 공부한다든가 하는 일이 있을 수 있기 때문이다.

관련성에 초점을 둔 물음은 다음과 같다.

- 이 생각이 해당 물음이나 문제와 어떻게 관련이 있는가?
- 이 생각이 다른 생각과 어떻게 관계가 있는가?

5) 중요성, 의의(importance, significance)

어떤 주제에 대해 생각할 때 우리는 가장 중요한 사항에 초점을 두어야 한다. 우리가 어떤 문제에 대해 생각하고 있을 때 그 생각이 그 문제를 결정하는 일에 상관이 있으면 그 생각은 중요한 생각이다. 생각은 문제를 처리하는 일에 직접 관련이 있을 때 중요한 것이기 때문이다. 많은 사고가 해당 쟁점이나 문제와 관련이 있지만 모든 사고가 똑같이 중요한 것은 아니다. 그런데도 우리는 종종 가장 중요한 물음을 제기하지 못하고 중요성이 별로 없는 피상적 물음에 사로잡히는 수가 많다.

중요성에 초점을 둔 물음은 다음과 같다.

- 이 생각이 가장 중요한 것에 초점을 두고 있는가?
- 이 생각이 맥락상 어떻게 중요한가?
- 이 개념들 중 어떤 것이 가장 중요한가?

6) 논리성(logicalness)

생각을 할 때 우리는 다양한 사고를 어떤 순서에 따라 결합한다. 결합된 사고들이 상호 뒷받침하면서 이치에 닿거나 사리에 맞을 때 그 생각을 논리적이라고 한다. 그 결합이 상호 뒷받침하는 것이 아니고, 어떤 의미에서 모순적일 때, 즉 이치에 닿거나 사리에 맞지 않을 때 그렇게 결합된 생각은 비논리적이다. 논리성 표준은 우리의 사고들이 서로 모순되지 않고 일관성을 지니고 있는가 하는 문제와 관련이 있다. 더 나아가 추론을 통한 우리의 사고가 다른 사고로부터 도출되는지를 살피기 때문에 논리적 정당화가능성 문제와 연관되어 있다.

논리성에 초점을 둔 물음은 다음과 같다.

- 이 모든 것이 논리적으로 서로 맞는가?
- 그 생각이 당신이 말한 것으로부터 따라 나오는가?

7) 충분성(sufficiency)

어떤 문제에 대해 생각할 때 우리는 필요한 사항들이 목적이나 요구에 맞게 충분히 고려되었는가를 생각해보아야 한다. 충분하다는 말은 해당 목적에 맞게 충분히 추론했다거나, 필요한 것에 적합했다거나, 필요한 모든 요인을 고려했다는 것이다. 따라서 결정적 요인을 빠뜨리거나, 상황에 요구되는 필요를 충족시킬 수 있을 만큼 추론하지 못하거나, 해당 문제에 대해 결론을 내리기 전에 다루어야 할 필수 요인들이 남아 있으면 우리의 사고는 불충분하다.

비판적 사고의 표준으로서 충분성은 정확성이나 관련성보다는 훨씬 덜 익숙하다. 그렇지만 우리의 이유가 정확하고 관련이 있다는 사실만 가지고서는 비판적 사고가 되기에 충분하지 못하다. 이유들은 결론을 끌어내기에 충분해야 하기 때문이다.

충분성에 초점을 둔 물음은 다음과 같다.

- 이 생각이 충분히 철저하게 추론된 것인가?
- 이 생각이 해당 문제에 대해 합리적으로 결론을 내릴 수 있을 만큼 충분하게 추론된 것인가?

8) 폭넓음, 다각성(breadth)

우리의 사고는 명료하고 정확하고 정밀하고 관련이 있지만 폭이 넓지 않을 수 있다. 우리가 관련 있는 모든 관점에서 문제를 살필 때 우리는 그 문제를 폭넓게 (다각적으로) 생각한다고 할 수 있다. 다양한 관점이나 측면에서 해당 문제를 볼 수 있는데도 그런 관점이나 측면들을 고려하지 못하면 우리는 근시안적으로, 또는 편협하게 생각하는 것이다.

우리는 여러 가지 이유, 즉 제한된 교육, 타고난 자기중심주의, 자기기만, 지적 오만 때문에 편협성에 빠질 수 있다. 우리는 우리와 다른 관점을 고려하기보다는 무시하기 쉬운데, 이는 다른 관점을 고려하는 것이 우리 자신의 관점을 재고하도록 요구하기 때문이다.

사고의 폭넓음에 초점을 둔 물음은 다음과 같다.

- 또 다른 관점을 고려할 필요가 있는가?

- 이 물음을 살필 다른 방식이 있는가?

9) 깊이, 심층성(depth)

우리의 사고는 어떤 문제의 표면적 요소를 살피고, 심층의 복잡성을 확인한 다음, 그러한 복잡성을 고려하여 문제를 다룰 때 깊이가 있다고 한다. 반면에 사태를 지나치게 단순화하거나, 복잡하고 다양한 답을 요구하는 문제에서 그 복잡성을 보지 못할 때 우리의 사고는 피상적일 수 있다.

우리의 사고는 명료하고 정확하고 정밀하고 관련이 있지만 깊이가 없이 피상적일 수 있다. 예컨대 청소년 약물 사용 문제와 관련하여 어떻게 해야 할지 질문을 받았다 하자. "청소년의 약물 사용은 무조건 금지하면 된다."라고 답했다고 해 보라. 이 답은 명료하고 정확하고 정밀하고 관련이 있을 수 있다. 하지만 이 답은 문제의 본질을 다루지 못하고 지나치게 피상적인 답을 제시하고 있다. 청소년 약물 사용의 역사, 그 문제의 정치적 배경, 경제적 요인, 중독의 심리 등을 고려하고 있지 않기 때문이다.

깊이에 초점을 둔 물음은 다음과 같다.

- 나의 답이 문제의 복잡성을 어떻게 다루는가? 피상적인가 심층적인가?
- 내가 그 문제의 중요한 요인들을 어떻게 다루는가? 피상적인가 심층적인가?

2. 표준을 통해 사고 평가하기

비판적 사고의 표준에 대해 어느 정도 이해가 되었으면 이제 이 표준들에 의거해 우리의 사고를 평가하는 것이 중요하다. 이러한 평가 작업은 궁극적으로 우리의 사고를 개선하기 위한 것이다. 생각을 평가한다는 것은 우리의 생각이 얼마나 합리적인지에 대해 판단을 내린다는 것이다. 그리고 이 일은 우리의 생각이 비판적 사고의 표준들에 얼마나 잘 맞는지 평가하는 일로 이루어진다. 물론 평가를 하기 위해서는 그 전에 사고에 대한 분석이 먼저 이루어져야 한다. 그래서 일차적으로 사고의 8요소를 활용해 사고자가 어떻게 생각했는지 분석하는 일이 먼저 이루어져야 한다. 이 일은 3장 "사고에 대한 분석"에서 이미 설명한 바 있다.

사고에 대한 분석을 통해 목적, 핵심 물음, 정보, 결론, 주요 개념, 가정, 함의나 귀결, 관점, 맥락, 대안의 요소들로 분석하고, 이 요소들을 전체적으로 종합하여 사고자의 생각을 확인했으면, 이제 평가 단계로 넘어가면 된다. 평가를 할 때는 지금까지 이 장에서 다루었던 표준들을 활용해 대략 다음과 같은 물음들을 제기하고 답을 찾으면 된다.

사고에 대한 평가

① 그 사람의 사고의 목적이 명료한가? 그가 추론 과정에서 목적을 달성하는가?

② 그 사람이 핵심 물음에 대해 적합하게 답하고 있는가?

③ 그 사람이 제공하는 주요 정보를 살펴보라. 그 정보들이 합리적인가? 그 정보들이 전체적으로 옳은가? 핵심 물음에 답하는 데 더 많은 정보가 필요하지는 않은가?

④ 그의 추리로부터 그 사람의 결론이 따라 나오는가? 그 사람이 해당 문제를 정확하게 해석하고 있는가?

⑤ 추론의 결과에 영향을 미치면서 핵심 개념들을 달리 해석할 수 있는 다른 대안의 방식들이 있는가?

⑥ 그 사람의 주요 가정들이 충분히 합리적인가?

⑦ 그 사람의 추론에서 주요 함의나 귀결이 승인할 만한 것인가? 그 사람의 추론이 그의 추론에 유리하거나 불리한 다른 귀결들로 이끌지는 않는가?

⑧ 그 사람이 이 문제에 대한 다른 합리적 관점들을 의식하고 있는가? 그가 그런 관점들을 적절하게 고려했는가?

⑨ 그 사람이 해당 맥락을 충분히 고려하는 방식으로 문제를 다루고 있는가?

⑩ 그 사람이 이런 생각을 추론해낸 방식 이외에 더 나은 대안들이 있는가?

위 물음들에 대한 나의 답은 그 자체로 사고자의 생각에 대한 나의 평가가 될 것이다. 하지만 이 개별 물음들에 대해 답을 제시하는 데서 그치지 말고, 내가 내놓은 답에 대해 증거나 이유를 가지고 뒷받침하는 노력이 중요하다. 개별 물음들에 대한 각각의 답에 대해 그저 찬반 의견을 내놓는 것이 중요한 것이 아니라 그 찬반 의견의 충분한 근거나 이유를 델 때 나의 답 역시 합리적인 의견이 될 것이기 때문이다. 이렇게 해서 사고의 요소들을 통해 사고에 대해 분석하기, 비판적 사고의 표준들을 통해 사고 평가하기, 평가에 대해 나의 이유로 뒷받침하기가 이루어지면, 이제 마지막으로 사고자의 생각에 대해 앞의 과정들을 종합하여 나의 전체적 의견을 제시하면 된다. 그리고 이 마지막의 전체적 의견이 바로 사고에 대한 나의 전체적이고 종합적인 평가가 되는 셈이다.

연습문제

1. 다음은 비판적 읽기(critical reading)에 대해 설명하고 있는 글이다. 글이란 기본적으로 어떤 사람의 생각을 표현한 것이다. 이 글을 읽고 나서 이 장에서 논의한 비판적 사고의 세 국면, 즉 ① 생각 분석하기, ② 생각 평가하기, ③ 생각 개선하기와 연관해서 비판적 읽기에 대해 생각해보라.

비판적 사고 과정으로서의 읽기

비판적 읽기의 토대는 합리적이고 반성적인 분석과 종합이다. 그 일은 우리가 어떤 글을 읽으면서 우리가 읽은 것을 사고의 8요소에 따라 분석하여 그 글의 사고 과정을 파악하고, 비판적 사고의 9표준에 따라 우리가 읽은 것을 검사하는 일로 이루어진다. 물론 이 일은 처음에는 매우 더디게 진행될 것이며, 분석과 종합은 대부분 우리가 글을 읽은 후에나 이루어질 것이다. 우리는 일단 글을 읽는다. 그리고 사후에 반성적으로 글쓴이의 목적, 다루어지고 있는 핵심 물음, 제시된 정보 등 사고의 요소들에 대해 생각해보게 되는 것이다.

하지만 비판적 읽기에 능숙해짐에 따라 우리는 글을 읽고 난 뒤가 아니라 글을 읽으면서 이런 물음들에 답하게 될 것이다. 우리는 글쓴이의 주요 가정, 결론, 개념, 관점 등을 그 글을 읽으면서 주목하게 되고, 그런 요소들을 함께 맞추면서 생각하게 될 것이다. 그렇지만 우리가 그런 수준의 능력에 도달한다 해도 사후 반성은 여전히 읽기의 중요한 부분으로 남는다. 어떤 의미에서 진정한 읽기, 즉 이해와 평가를 곁들인 읽기는 우리가 글을 손에서 내려놓을 때에만 완료되는 것이며, 때로는 이보다 훨씬 더 오래 걸릴 수도 있다. 어떤 사람의 글을 읽은 후에도 그 글의 의미들이 우리의 내면에서 계속해서 서로 연결될 수 있기 때문이다.

분석과 종합 외에 우리는 또한 평가를 위해 글을 읽을 수 있다. 그런 경우에 우리는 그저 글에 대한 우리의 이해가 아니라 글 자체에 대해 비판적 사고의 표준들을 적용할 것이다. 우리는 최선을 다해 글쓴이가 그 글을 어디에서 썼는지, 글쓴이의 생각이 정확한지 부정확한지, 글쓴이가 정곡을 찔렀는지, 충분한 사례를 제시했는지, 충분히 깊이 있게 논의했는지 등에 주목할 것이다.

모든 비판적 사고가 그런 것처럼, 이런 과정이 우리에게 느닷없이 요구되는 새로운 과정이 아님을 깨닫는 것이 중요하다. 비판적 읽기와 무비판적 읽기의 차이는 우리가 글을 분석하고, 종합하고, 평가하는지 아닌지의 차이가 아니다. 그 차이는 그런 과정에 종사할 때 그 과정에 대해 우리가 얼마나 의식하고 있는지의 차이(반성적 사고의 정도 차이)며, 정확성, 중요성, 충분성, 그리고 다른 표준들에 관해 얼마나 올바른 판단을 내리고 있는지의 차이(합리적 사고의 정도 차이)다.

글을 읽을 때 우리는 계속해서 사고의 요소들에 집중하게 되겠지만, 중요성 표준을 일종의 여과 장치로 사용하게 될 것이다. 다시 말해 우리는 답이 중요할 때만 사고의 요소에 집중하게 될 것이다. 따라서 글을 읽으면서 글 속에 포함된 모든 가정이나 모든 함의나 모든 정보를 써 내려가는 것은 별 의미가 없다.

2. 다음은 비판적 사고의 표준을 이용한 검사 문항이다. 오늘자 일간지 신문 사설이나 칼럼을 하나 택해서 주의 깊게 읽고 이 검사 문항에 따라 □에 ✔ 표시를 해보라.

(1) 명료성

    ☐ 글쓴이의 추론이 명료한가?

    ☐ 글쓴이가 결론의 함의를 아는가?

    ☐ 글쓴이가 결론을 뒷받침하는 예나 대조되는 예를 충분히 제시했
       는가?

    ☐ 글쓴이가 그가 의미하는 것을 명료하게 표현했는가?

(2) 정확성

    ☐ 글쓴이의 정보가 정확한가?

    ☐ 글쓴이의 가정이 신뢰할 만한가?

    ☐ 글쓴이가 소망적 사고(wishful thinking)에 기초하고 있지 않은가?

    ☐ 글쓴이가 그의 주장의 정확성을 이유에 의해 뒷받침하고 있는가?
       그 이유는 훌륭한 이유인가?

(3) 정밀성

    ☐ 글쓴이의 추론이 충분히 정밀하고 구체적인가?

    ☐ 독자에게 필요한 정도로 세부사항을 제시하고 있는가?

(4) 관련성, 적절성

    ☐ 글쓴이의 핵심 물음이 그의 목적과 적절한 관련이 있는가?

    ☐ 글쓴이의 결론이 핵심 물음이나 문제와 적절한 관련이 있는가?

(5) 중요성

    ☐ 목적이 주어졌을 때 글쓴이가 가장 중요한 것에 초점을 두었는가?

    ☐ 글쓴이가 가장 중요한 것을 명료하게 제시하고 있는가?

(6) 논리성

    ☐ 글쓴이의 결론이 가정이나 정보와 모순되지 않는가?

    ☐ 글쓴이의 결론이 그의 가정이나 정보로부터 논리적으로 도출되는가?

(7) 충분성

☐ 목적이 주어졌을 때 글쓴이의 추론이 충분한가?

☐ 핵심 물음이 주어졌을 때 글쓴이의 추론이 충분한가?

(8) 폭넓음, 다각성

☐ 글쓴이가 관련 있는 다른 관점들을 고려했는가?

☐ 글쓴이의 관점 외에 이 문제를 살피는 다른 관점들이 있는가?

(9) 깊이, 심층성

☐ 글쓴이가 겉으로 드러난 피상적 문제 외에 수면 아래의 복잡성을 살
   피고 있는가?

☐ 글쓴이가 핵심 물음을 깊이 있게 다루고 있는가?

제**5**장

비판적 사고와 질문하기

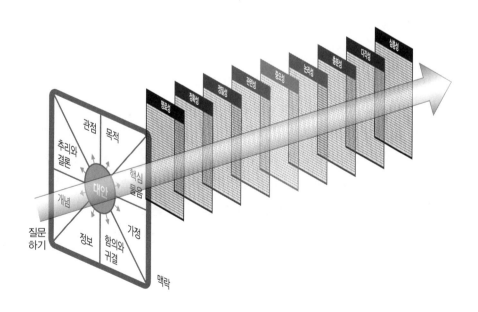

1. 비판적 사고와 질문의 중요성

비판적 사고는 생각 분석하기, 생각 평가하기, 생각 개선하기의 세 국면으로 이루어진다. 이 중 분석하기와 평가하기는 이미 살펴보았다. 이제 세 번째 국면인 생각 개선하기와 관련해 질문 또는 물음의 중요성에 대해 알아보기로 하자.

생각을 잘하는 사람치고 질문을 잘 못하는 사람은 없다. 그래서 훌륭한 사고자가 형편없는 질문자가 되는 일은 없다. 우리의 생각은 대답에 의해 산출되는 것이 아니라 오히려 질문에 의해 산출된다. 어떤 학문 분야든 그 분야의 토대를 닦은 사람들이 훌륭한 질문을 제기하지 않았다면, 그 분야는 처음부터 발전하지 못했을 것이다. 예컨대 "우주를 이루는 궁극적 요소는 무엇일까?"라는 질문을 제기하고 답을 찾기 위해 노력했던 탈레스(Thales) 같은 철학자가 없었다면 오늘날 철학이란 학문은 없었는지도 모른다. 모든 학문 분야는 답이 필요한 질문들에서 태어난다. 더 나아가 모든 학문 분야는 새롭고 신선한 질문들이 제기되고, 그런 질문들이 생각의 동력으로 받아들여질 때 발전하게 된다. 반면에 어떤 학문이든 새롭고 훌륭한 질문을 제기하지 않으면 그 분야는 소멸되게 된다. 어쨌든 무언가에 대해 생각하기 위해서는 우리는 우리의 사고를 자극하는 질문을 던져야 한다.

질문은 우리의 임무를 규정하고 문제를 표현하는 기능을 한다. 반면에 답은 종종 사고의 정지를 나타내는 신호다. 일단 어떤 질문에 대한 답이 제시되고, 그리고 우리가 그 답에 만족한다면, 더 이상 해당 주제에 대해 생각할 이유가 없게 된다. 우리의 생각은 답이 또 다른 질문을 산출할 때에만 계속된다. 그래서 우리가 생각하고 있다는 것은 우리가 질문을 던지고 있다는 증거다. 게다가 우리가 제기하는 질문은 우리 생각의 질을 결정한다. 질문의 수준이 높고 훌륭하면 그만큼 우리 생각의 질도 높아진다.

예컨대 생물학자나 생화학자는 다음과 같은 질문을 던짐으로써 해당 학문에 발전을 가져올 수 있었다. 우리가 무엇으로 만들어졌는가? 우리의 몸은 어떻게 작동하는가? 생명이란 무엇인가? 더 나아가 그들은 세포 이하 수준이나 분자 수준에서 질문을 던짐으로써 더 많은 발전을 할 수 있었다. 단백질이란 무엇인가? 효소란 무엇인가? 분자 사건들이 어떻게 거시 현상의 기초가 되는가? 이런 질문들은 또 다시 더 구체적인 질문으로 이끈다. 비타민이 더 건강한 기능을 산출하기 위해 신체의 화학 작용과 어떻게 상호작용하는가? 암세포는 정상세포와 어떻게 다른가?

수업시간에 선생은 그날의 수업을 진행하고 나서 보통 학생들에게 질문을 해 보라고 요구한다. 그런데도 막상 학생들이 자진해서 새롭고 유용한 질문을 던지는 경우는 별로 없다. 기껏해야 "이것이 시험에 나옵니까?" 정도의 죽은 질문을 던지는 경우가 종종 있다. 하지만 이런 질문은 사고를 자극하는 물음이라고 볼 수 없다. 이런 질문은 보통 전혀 생각을 하고 싶지 않다는 욕구를 반영한다고 볼 수 있다. 생각을 하는 사람은 새로운 지식으로 이끄는 살아 있는 질문을 던지고, 또 다시 새로운 지식으로 이끄는 질문을 계속해서 던지는 사람이다.

우리는 "질문을 제기할 때에만 생각이 시작된다."는 사실을 끊임없이 기억할 필요가 있다. 질문이 없다는 것은 이해하지 못하고 있다는 말이나 똑같다. 피상적 질문은 피상적 이해와 똑같다. 불명료한 질문은 불명료한 이해와 똑같다. 수업시간에 침묵한 채 조용히 앉아 있다면, 우리의 생각도 똑같이 침묵할 것이다. 설령 밖으로 말을 하지 않고 조용히 앉아 있다 해도 우리는 속으로 끊임없이 질문을 제기하도록 노력해야 한다. 질문을 할 때에만 우리의 생각이 시작되기 때문이다. 비판적 사고는 질문을 먹고 자란다. 그러니 질문을 하자. 질문하고, 질문하고, 또 질문하자.

2. 질문의 세 가지 범주

질문의 중요성을 알았다 해도 막상 질문을 하려고 하면 어떻게 질문해야 할지 몰라 망설여진다. 우선 질문을 하기 위해서는 먼저 질문의 세 가지 유형을 알아둘 필요가 있다. 질문의 유형에 따라 요구되는 답의 유형이 달라지고, 답을 찾기 위한 우리의 사고도 달라질 것이기 때문이다. 세 질문 범주는 다음과 같다.

① 사실 질문

대체로 하나의 옳은 답이 있는 질문이다.

- 납의 끓는점은 몇 도인가?
- 지구는 둥근가?
- 지리산의 해발고도는 몇 m인가?

② 선호 질문

사람의 선호나 기호는 저마다 다를 수 있다. 따라서 사람마다 질문에 대한 답이 다를 수 있다. 이런 유형의 질문은 주관적 의견이 답을 지배한다.

- 휴가 때 산으로 가는 것을 좋아하는가, 바다로 가는 것을 좋아하는가?
- 머리 스타일을 어떻게 하는 것을 좋아하는가?
- 가장 좋아하는 음식이 무엇인가?

③ 판단 질문

추론을 통한 판단을 요구하지만 답이 하나 이상 있을 수 있는 질문이다. 이런 질문은 딱 맞아떨어지는 하나의 답이 있는 것이 아니라 더 좋거나 더 나쁜 답, 즉 잘 추론되었거나 형편없이 추론된 답이 있다. 이런 경우에 우리는 가능한 한 최상의 답을 찾으려 노력해야 한다.

- 어떻게 하면 우리나라의 이 어려운 경제 문제를 해결할 수 있을까?
- 지구의 환경을 구하기 위해 할 수 있는 최선의 일이 무엇인가?
- 낙태가 도덕적으로 정당화될 수 있는가?
- 사형제도는 폐지되어야 하는가?

표 5.1　질문에 답하려 할 때 그 질문이 어떤 유형의 질문인지를 아는 것이 유용하다. 그 질문이 하나의 명확한 답을 가지고 있는 질문인가? 주관적 선택을 요구하는 질문인가? 또는 그 질문이 서로 경합하는 여러 답들을 살필 것을 요구하는가?

세 종류의 질문		
1. 사실 질문	**2. 선호 질문**	**3. 판단 질문**
어떤 체계 내에서 증거와 추론을 요구한다.	주관적 선호를 진술할 것을 요구한다.	다양한 체계 내에서 증거와 추론을 요구한다.
옳은 답	주관적 선택	더 좋거나 더 나쁜 답
사실에 관한 지식으로 인도함	평가할 수 없음	합당한 판단을 요구함

　사실 질문은 사실에 비추어 맞는 답을 찾으면 된다. 선호 질문은 각자 주관적 의견을 반영하여 답하면 된다. 합당한 판단을 요구하는 판단 질문에 대해서는 명료성, 정확성, 정밀성, 논리적 정합성, 깊이 등 비판적 사고의 표준들을 통해 답들을 이성적으로 평가해야 한다. 중요한 것은 질문은 대부분 이 세 유형 가운데 하나에 속함으로써 우리로 하여금 다음 세 가지 중 한 가지를 하도록 요구한다는 사실이다.

　① 잘 정의된 체계 내에서 객관적 사실을 확인하거나 확립하기
　② 주관적 선호를 표현하기
　③ 경쟁 체계들에 의해 산출되는 경쟁 답들 중에서 최선의 답에 이르기

　따라서 우리는 어떤 주제를 공부하면서 먼저 세 유형의 질문을 구별하고, 어떤 유형의 질문을 던질 것인지 생각할 필요가 있다. 하나의 옳은 답을 요구하는 질문인가, 주관적 선호를 묻는 질문인가, 아니면 하나 이상의 관점에서 합리적으로 제기할 수 있는 질문인가? 이 중 우리가 정말로 비판적으로 생각할 필요가 있는 질문은 세 번째의 판단 질문이다. 판단 질문에 대해서는 모든 것을 고려하여 최선의 답을 찾으면 되는데, 그러기 위해서는 앞에서 배웠던 사고의 요소와 비판적 사고의 표준을 이용하면 된다.

3. 사고의 요소를 활용해 질문하기

질문을 하는 좋은 방법은 사고의 요소를 활용하는 것이다. 사고의 요소에 초점을 둔 질문은 이해를 목적으로 분석에 초점을 맞추는 것이다.

(1) 모든 사고는 **목적**이 있다. 누군가의 사고의 목적을 이해하기까지 그의 사고를 충분히 이해하지 못한다고 가정하라. 사고의 목적에 초점을 두면 다음과 같은 질문을 제기할 수 있다.
  - 이 말을 해서 당신이 성취하려고 하는 것이 무엇인가?
  - 이 글의 목적은 무엇인가? ·
  - 이 모임의 목적은 무엇인가?
  - 우리가 대학에 다니는 목적은 무엇인가?

(2) 모든 사고는 어떤 물음에 대한 응답이다. 어떤 사고를 발생시키는 핵심 물음을 이해하기까지 그 사고를 충분히 이해하지 못한다고 가정하라. 핵심 물음에 초점을 두면 다음 질문을 제기할 수 있다.
  - 당신의 사고에서 핵심 물음이 무엇인가?
  - 나는 당신이 어떤 물음을 제기하고 있는지 모르겠다. 설명할 수 있는가?
  - 이 물음이 우리가 핵심적으로 다루어야 할 물음인가, 아니면 우리가 다루어야 할 좀 더 중요한 물음이 있는가?

(3) 모든 사고는 당연시되거나 미리 전제되는 가정에 의존한다. 가정을 이해하기까지 그 사고를 충분히 이해하지 못한다고 가정하라. 가정에 초점을 두면 다음 질문을 제기할 수 있다.
  - 당신은 정확히 무엇을 당연한 것으로 받아들이고 있는가?
  - 왜 그것을 가정하고 있는가?

(4) 모든 사고는 정보 기반을 미리 가정한다. 사고를 뒷받침하거나 알려주는

배경 정보(사실, 자료, 경험)를 이해하기까지 그 사고를 충분히 이해하지 못한다고 가정하라. 정보에 초점을 두면 다음 질문을 제기할 수 있다.

- 당신은 그러한 의견을 어떤 정보에 기초를 두고 있는가?
- 이 정보가 정확하다는 것을 어떻게 아는가?
- 중요한 정보를 빠뜨리지는 않았는가?

(5) 모든 사고는 개념을 사용한다. 사고를 정의하고 구체화하는 개념들을 이해하기까지 그 사고를 충분히 이해하지 못한다고 가정하라. 개념에 초점을 두면 다음 질문을 제기할 수 있다.

- 당신이 추론에서 사용하고 있는 핵심 개념이 무엇인가?
- 그 개념을 설명할 수 있는가?
- 그 개념을 올바르게 사용하고 있는가?

(6) 모든 사고는 추리를 하고 결론을 끌어낸다. 추리를 이해하기까지 그 사고를 충분히 이해하지 못한다고 가정하라. 추리에 초점을 두면 다음 질문을 제기할 수 있다.

- 당신은 어떻게 그 결론에 도달했는가?
- 당신의 추리를 설명할 수 있는가?
- 그럴듯한 다른 대안의 결론이 있는가?
- 모든 사실이 주어지면 가능한 최선의 결론은 무엇인가?

(7) 모든 사고는 어떤 가정에 의존할 뿐만 아니라 함의와 귀결을 지니고 있다. 함의와 귀결을 이해하기까지 그 사고를 충분히 이해하지 못한다고 가정하라. 함의와 귀결에 초점을 두면 다음 질문을 제기할 수 있다.

- 그렇게 말할 때 당신이 함의하는 것은 무엇인가?
- 저것 대신 이것을 한다면 어떤 일이 일어날 것 같은가?

(8) 모든 사고는 어떤 관점이나 준거틀 내에서 일어난다. 사고에 위치를 부여

하는 관점을 이해하기까지 그 사고를 충분히 이해하지 못한다고 가정하라. 관점에 초점을 두면 다음 질문을 제기할 수 있다.

- 당신은 어떤 관점에서 이것을 살피고 있는가?
- 우리가 살펴야 할 다른 관점이 있는가?
- 여러 관점 중 어떤 관점이 상황을 가장 잘 이해될 수 있게 하는가?

4. 비판적 사고의 표준을 활용해 질문하기

사고의 요소를 활용해 질문을 하고 나면 우리는 우리의 질문을 좀 더 업그레이드할 필요가 있다. 그러기 위해서는 비판적 사고의 표준을 활용하면 된다. 비판적 사고의 표준을 활용한 질문은 우리의 사고를 걸러내는 여과장치로 기능하며, 사고에 대한 평가에 초점을 맞추게 된다.

(1) 생각이란 언제나 어느 정도로 **명료**하다. 어떤 사고를 정교하게 설명하거나 예증할 수 있기까지는 그 사고를 충분히 이해하지 못한다고 가정하라. 생각의 **명료성**에 초점을 두면 다음과 같은 질문을 제기할 수 있다.

- 당신이 말하고 있는 것을 좀 더 명료하게 설명할 수 있는가?
- 당신의 주장에 대해 예를 제시할 수 있는가?

(2) 생각이란 언제나 어느 정도로 **정확**하다. 어떤 사고가 실제로 있는 그대로의 사실을 나타냈는지 확인하기까지는 그 사고를 충분히 평가하지 않았다고 가정하라. 생각의 **정확성**에 초점을 두면 다음과 같은 질문을 제기할 수 있다.

- 그것이 실제로 옳은가?
- 그것이 정확한지 알아보려면 어떻게 검사할 수 있는가?
- 그것이 옳은지를 어떻게 알아낼 수 있는가?

(3) 생각이란 언제나 어느 정도로 **정밀**하다. 우리가 생각을 자세하게 상술할

수 있지 않으면 그 사고를 충분히 이해하지 못한다고 가정하라. 생각의 정
밀성에 초점을 두면 다음과 같은 질문을 제기할 수 있다.

- 그것에 관해 좀 더 세부사항을 제시할 수 있는가?
- 당신의 주장을 좀 더 구체적으로 상술할 수 있는가?

(4) 생각이란 언제나 고려 중인 임무, 질문, 문제, 쟁점으로부터 벗어날 수
있다. 어떤 것을 다루는 데 사용된 모든 고려 요인이 진정으로 그것과 관
련이 있다는 것을 확인하기까지는 그 사고를 충분히 평가하지 않았다고
가정하라. 생각의 **관련성**에 초점을 두면 다음과 같은 질문을 제기할 수
있다.

- 나는 당신이 말한 것이 그 문제와 어떻게 관계되어 있는지 모르겠다. 어
  떻게 관계되어 있는지 보여줄 수 있는가?
- 당신의 목적과 당신이 끌어낸 결론 사이에 관계가 있다는 것을 설명할
  수 있는가?

(5) 생각이란 언제나 어느 정도로 **중요**하다. 어떤 사고가 목적에 비추어 얼
마나 중요한 것인지 확인하기까지는 그 사고를 충분히 평가하지 않았다
고 가정하라. 생각의 **중요성**에 초점을 두면 다음과 같은 질문을 제기할
수 있다.

- 이 생각이 가장 중요한 것에 초점을 두고 있는가?
- 이 생각이 맥락상 어떻게 중요한가?
- 이 개념들 중 어떤 것이 가장 중요한가?

(6) 생각이란 언제나 다른 생각과 일정한 결합을 이루게 마련이다. 이 생각들
의 결합이 사리에 맞거나 이치에 닿는 것인지, 또는 모순은 없는지 확인하
기까지는 그 생각들을 충분히 평가하지 않았다고 가정하라. 생각의 **논리성**
에 초점을 두면 다음과 같은 질문을 제기할 수 있다.

- 이 생각이 저 생각과 논리적으로 맞는가?

- 이 생각이 그 생각으로부터 따라 나오는가?
- 이 생각이 저 생각과 모순되지 않는가?

(7) 생각은 목적에 비추어 어느 정도로 **충분하다**. 어떤 사고가 목적에 비추어 얼마나 충분한 것인지 확인하기까지는 그 사고를 충분히 평가하지 않았다고 가정하라. 생각의 **충분성**에 초점을 두면 다음과 같은 질문을 제기할 수 있다.

- 이 생각이 목적에 비추어 충분히 추론된 것인가?
- 이 생각이 해당 문제에 대해 합리적으로 결론을 내릴 수 있을 만큼 충분하게 추론된 것인가? 이 생각이 맥락상 어떻게 중요한가?

(8) 생각은 피상적인 것을 다룰 수도 있고 심층적인 것을 다룰 수도 있다. 어떤 사고가 해당 문제에 요구되는 정도의 깊이가 어느 정도인지 확인하기까지는 그 사고를 충분히 평가하지 않았다고 가정하라. 생각의 깊이에 초점을 두면 다음과 같은 질문을 제기할 수 있다.

- 이 문제가 단순한가, 복잡한가? 답하기가 쉬운가, 어려운가?
- 이 문제에 내재해 있는 복잡성을 다루고 있는가?
- 이 개념들 중 어떤 것이 가장 중요한가?

(9) 생각은 다소간에 넓을 수 있으며, 생각의 폭넓음은 사고자로 하여금 하나 이상의 관점에서 다각적으로 생각할 것을 요구한다. 어떤 사고가 해당 문제에 대해 얼마나 다각적으로 생각했는지 확인하기까지는 그 사고를 충분히 평가하지 않았다고 가정하라. 생각의 폭넓음에 초점을 두면 다음과 같은 질문을 제기할 수 있다.

- 이 쟁점과 관련 있는 관점은 무엇인가?
- 관련 있는 다른 대안의 관점들을 무시하지는 않았는가?

5. 사고의 요소와 비판적 사고 표준의 결합

모든 사고는 최소한 사고의 8요소를 포함하고 있는데, 이 요소들은 저마다 일정한 과오를 포함할 수 있다. 따라서 사고의 요소들에 대해 비판적 사고의 표준을 적용해 질문하게 되면 우리의 질문 수준은 또다시 업그레이드될 것이며, 그에 따라 우리의 비판적 사고 능력 또한 업그레이드될 것이다. 하지만 사고의 요소들에 대해 비판적 사고의 표준 9가지 모두를 항상 적용할 필요는 없다. 다시 말해 비판적 사고의 표준들을 기계적으로 적용할 필요는 없다. 사고의 각 요소, 그리고 상황이나 맥락에 따라 표준들 몇 가지에 초점을 두고 질문을 제기하면 된다.

1) 목적

모든 사고는 목적을 가지고 있다. 목적과 관련하여 우리가 공통적으로 갖는 문제는 보통 목적이 ① 불명료하거나, ② 사소하거나, ③ 모순적이라는 것이다. 따라서 우리는 일차적으로 ① 명료성, ② 중요성, ③ 논리성 등의 표준을 적용하여 질문을 제기하면 된다.

- 추론의 목적을 명료하게 했는가?
- 이 특수 목적을 추구하는 일이 어떤 중요성을 갖는가?
- 이 모순되는 목적들을 어떻게 조화시킬 수 있는가?

2) 핵심 물음

모든 사고는 어떤 물음에 답하거나 문제를 해결하기 위한 시도이다. 핵심 물음과 관련하여 우리가 공통적으로 지니는 문제는 핵심 물음이 ① 불명료하거나, ② 정밀하지 못하거나, ③ 중요성이 없거나, ④ 관련성이 없다는 것이다. 따라서 우리는 일차적으로 ① 명료성, ② 정밀성, ③ 중요성, ④ 관련성의 표준을 적용하여 질문을 제기하면 된다.

- 핵심 물음이 명료한가?

- 핵심 물음을 구체적으로 진술할 수 있는가?
- 다른 중요한 물음을 다루어야 하는데도 사소한 물음을 다루고 있지는 않은가?
- 그 물음이 목적과 적절한 관련이 있는가?

3) 가정

모든 사고는 가정에 기초를 두고 있다. 가정과 관련하여 우리가 공통적으로 지니는 문제는 가정이 ① 불명료하거나, ② 정당화되지 않거나, ③ 모순적이라는 것이다. 따라서 우리는 일차적으로 ① 명료성, ② 정당화가능성, ③ 논리성의 표준을 적용하여 질문을 제기하면 된다.

- 나의 가정이 나에게 명료한가?
- 당연시하는 것이 충분히 정당화될 수 있는가?
- 생각의 첫 부분에서 한 가정이 지금 하고 있는 가정과 모순되는가?

4) 정보

모든 사고는 자료, 관찰, 경험, 증거와 같은 정보에 기초를 두고 있다. 정보와 관련하여 우리가 공통적으로 지니는 문제는 정보가 ① 불명료하거나, ② 관련성이 없거나, ③ 부정확하거나, ④ 불충분하거나, ⑤ 일관성 없게 적용된다는 것이다. 따라서 우리는 일차적으로 ① 명료성, ② 관련성, ③ 정확성, ④ 충분성, ⑤ 논리성의 표준을 적용하여 질문을 제기하면 된다.

- 정보가 명료하게 표현되었는가?
- 자료가 주장과 적절한 관련이 있는가?
- 사용된 정보가 정확한가?
- 주장이 증거에 의해 충분하게 뒷받침되는가?
- 제시된 정보들이 일관성 있게 적용되는가?

5) 개념

모든 사고는 개념을 통해 표현된다. 개념과 관련하여 우리가 공통적으로 지니는 문제는 개념이 ① 불명료하거나, ② 관련성이 없거나, ③ 피상적이거나, ④ 정밀하지 못하다는 것이다. 따라서 우리는 일차적으로 ① 명료성, ② 관련성, ③ 심층성, ④ 정밀성의 표준을 적용하여 질문을 제기하면 된다.

- 핵심 개념의 의미에 관해 명료한가?
- 목적에 맞추기 위해 개념의 의미를 바꾸었는가?
- 핵심 개념에 대해 충분히 깊이 생각하고 있는가?
- 핵심 개념이 너무 모호하지 않은가?

6) 추리와 해석

모든 사고는 추리를 포함한다. 추리와 관련하여 우리가 공통적으로 지니는 문제는 추리가 ① 불명료하거나, ② 비논리적이거나, ③ 피상적이거나, ④ 정당화되지 않는다는 것이다. 따라서 우리는 일차적으로 ① 명료성, ② 논리성, ③ 심층성, ④ 정당화가능성의 표준을 적용하여 질문을 제기하면 된다.

- 결론을 명료하게 표현했는가?
- 결론이 제시된 증거로부터 논리적으로 따라 나오는가?
- 문제가 주어졌을 때 결론이나 해석이 피상적인가?
- 추리가 그른 가정에 기초하고 있지 않은가?

7) 함의와 귀결

모든 추론은 함의를 갖는다. 함의와 관련하여 우리가 공통적으로 지니는 문제는 함의가 ① 중요하지 않거나, ② 불명료하거나, ③ 정밀하지 않다는 것이다. 따라서 우리는 일차적으로 ① 중요성, ② 명료성, ③ 정밀성의 표준을 적용하여 질문을 제기하면 된다.

- 결론의 중요한 함의를 모두 밝혔는가?
- 내가 선택한 행동방책으로부터 따라 나올 귀결을 명료하고 정밀하게 묘사했는가?

8) 관점

모든 사고는 어떤 관점에서 행해진다. 관점과 관련하여 우리가 공통적으로 지니는 문제는 관점이 ① 편향되어 있거나, ② 불명료하거나, ③ 협소하거나, ③ 관련성이 없다는 것이다. 따라서 우리는 일차적으로 ① 공정성, ② 명료성, ③ 다각성, ④ 관련성의 표준을 적용하여 질문을 제기하면 된다.

- 내가 X의 관점을 불공정한 방식으로 제시하고 있는가?
- 관점이 명료한가?
- 폭넓은 시각과 다각적인 관점에서 문제를 보고 있는가?
- 적절한 관련이 있는 관점에서 문제를 보고 있는가?

지금까지 살펴본 바와 같이 질문은 비판적 사고 능력을 배양하는 데 결정적 요소로 작용한다. 어떤 의미에서 우리는 우리가 던지는 질문만큼 잘 생각한다고 할 수

표 5.2 　질문은 비판적 사고의 핵심 과정이다.

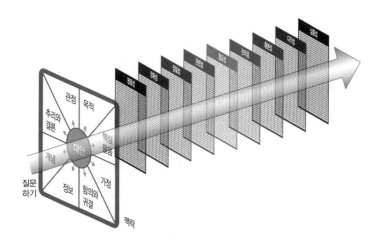

있다. 따라서 질문을 통해 우리의 비판적 사고 능력을 배양하기 위해서는 먼저 사실 질문, 선호 질문, 판단 질문을 구별한 다음, 각 종류의 질문에 맞는 답을 제시하려고 하면 된다. 특별히 비판적 사고가 요구되는 판단 질문에 대해서는 사고의 요소, 비판적 사고의 표준을 활용해 질문을 던지고, 더 나아가 사고의 요소와 비판적 사고의 표준을 결합하여 질문을 던지면 된다. 이 장에서 제시한 내용을 바탕으로 질문던지기 연습을 하다 보면 어느새 우리가 세련되고 체계적인 질문자로 변하고 있으며, 더 나아가 훌륭한 비판적 사고자로 성장하고 있음을 발견하게 될 것이다.

연습문제

1. 질문은 사실 질문, 선호 질문, 판단 질문으로 나누어진다. 다음 질문들이 어느 유형에 속하는지 말해보고, 답을 제시해보라.
   (1) 세계에서 인구밀도가 가장 높은 나라는 어느 나라인가?
   (2) 고급 레스토랑에서 식사를 마친 후 웨이터가 와서 묻는다. "후식은 뭘하시겠습니까? 커피와 주스가 있는데요."
   (3) 모악산의 해발고도는 몇 m인가?
   (4) 유치원에 다니는 진서는 크리스마스가 다가오면서 산타클로스 할아버지가 가져다줄 선물 생각에 신이 나 있다. 아빠는 아이에게 산타클로스가 없다고 말해야 할지 말지 고민한다. 정직하게 진실을 말하는 것과 아이의 희망과 기대를 깨는 것을 놓고 고민하고 있는 것이다. 이런 상황에서 어떻게 해야 할까?
   (5) 오랜만에 시간이 났다. 영화를 보러 갈까, 운동을 하러 갈까?
   (6) 병호와 그 가족은 아버지의 오랜 병상생활로 심신이 지쳐 있을 뿐만 아니라 경제적으로도 큰 어려움을 겪고 있다. 게다가 아버지의 병세는 갈수록 악화되더니 최근에는 인공호흡기를 비롯한 생명연장 장치에 의해 생명을 부지하고 있을 뿐 의식도 없고 감각도 없다. 의사는 이대로 생명을 유지하는 것이 별 의미가 없다고 말한다. 할 수만 있다면 차

라리 이대로 아버지를 죽게 놔두는 것이 아버지나 가족 모두를 위해 좋을 것 같다는 생각이 든다. 어떻게 하면 좋을까?

2. 다음 글을 읽고 사고의 요소를 활용해 질문을 만들고 답을 제시해보라. 그 다음에는 사고의 요소와 비판적 사고의 표준을 결합하여 질문을 만들고 답을 제시해보라.

> 물리적으로나 정신적으로 여성은 남성에 비해 훨씬 우월하다. 여성이 남성보다 감정적이라는 진부하고 오래된 이야기는 두 개의 큰 전쟁에서 있었던 사실들 때문에 영원히 무너진다. 퇴로 봉쇄, 심한 포격, 전선지대에서의 주둔지 집결, 그리고 비슷한 고초들 아래서 여성은 남성보다 훨씬 더 성공적으로 버텨낸다. 그러한 상황 아래서 일반 국민들을 놓고 볼 때 정신의학적 사상자들은 대부분 남성이며, 정신병원에도 여성보다는 남성이 훨씬 많다. 그런 상황에서 흔들리지 않고 단호하게 상황에 대처하는 손은 요람을 흔들며 연습했던 그 손이다. 남성은 키가 크고 체중이 많이 나가기 때문에 물리적으로 여성보다 힘이 세지만, 이것은 남성이 여성보다 더 강하다는 말과 똑같은 뜻이 아니다. 비슷한 배경과 직위를 가진 여성과 똑같은 크기의 신장과 체중을 가진 남성은 여성보다 힘이 세지 못할 것이다. 체력에 관한 한 여성이 남성보다 강하다. 남성이 걸리는 많은 질병은 대부분 수컷 Y-염색체와의 관계 때문에 영향을 받는 것임을 증명할 수 있다. 암컷보다 수컷이 더 많이 죽는다. 각종 원인으로부터 비롯되는 죽음은 전 세대에 걸쳐 수컷에게서 더 많다. 비록 여성이 흔히 남성보다 더 병에 많이 걸린다 하더라도, 그들은 그 병으로부터 남성보다 더 쉽게, 그리고 더 많이 회복된다.

제**6**장

비판적 사고와 의사 결정

의사 결정하기
Making Decision

1단계 결정을 명료하게 정의하라

2단계 가능한 모든 선택을 고려하라

3단계 관련있는 모든 정보를 모으고, 가능한 선택들의 이해득실을
평가하라

4단계 상황에 필요한 것을 가장 잘 충족시키는 것처럼 보이는 대안
을 선택하라

5단계 행동계획을 실행에 옮긴 다음 필요한 조정을 하면서 결과를
모니터하라

비판적 사고는   어렵고 힘든 결정을 내릴 때
결정적 도움이 된다.

1. 의사 결정하기

우리는 살면서 끊임없이 결정을 내린다. 아침으로 무엇을 먹을까? 옷은 어떤 것을 입을까? 점심은 누구와 먹을까? 어디서 먹을까? 학교 가는 길에 가게에 들를까 말까? 대학에 갈까 말까? 대학에서는 어떤 학문을 전공할까? 졸업 후 진로는 어떻게 정할까? 결혼은 누구와 어떻게 언제쯤 할까? 먹는 것, 입는 것 등의 사소한 일에서부터 입학이나 취업, 또는 결혼 같은 인생의 중요한 일에 이르기까지 우리는 끊임없이 결정을 내리고 있다.

사는 것은 행동하는 것이다. 그리고 행동하는 것은 우리가 어떤 의사 결정을 내리는 일의 결과다. 우리는 매일 무수한 의사 결정에 직면한다. 결정들 중 어떤 것은 사소하고 대수롭지 않은 것이고, 어떤 것은 우리의 인생의 방향과 성공을 결정할 정도로 크고 중요하다. 따라서 결국은 우리의 결정이 합리적일 때 우리는 합리적인 삶을 산다. 우리의 결정이 비합리적일 때 우리는 비합리적인 삶을 산다. 합리적 결정은 다른 사람의 권리를 침해하지 않고 다른 사람의 안녕을 해치지 않으면서 삶의 질을 극대화하는 결정이다. 그래서 합리적 결정은 우리로 하여금 성공적이고 보람 있는 인생을 살 수 있도록 해준다. 우리가 합리적인 결정을 내리면 그만큼 우리의 행동도 합리적일 가능성이 높아지며, 궁극적으로는 우리의 인생이 합리적이고 보람 있는 인생이 될 가능성이 높다.

일부러 비합리적 삶을 선택하는 사람은 아무도 없을 것이다. 하지만 우리는 대부분 결정을 내릴 때 다소 즉각적이거나 감정적인 방식으로 일을 처리하는 수가 많다. 우리는 맨 처음 머릿속에 떠오른 생각이나 인상을 우리의 결론으로 삼는 수가 많다. 우리는 결정을 주의 깊고 체계적인 방식으로 내리지 않는다. 우리는 무의식적으로 비합리적인 삶을 살기로 선택하는 것이다. 그렇게 함으로써 우리는 우리 자신의 인생에서 불행과 실패 가망성을 극대화하거나, 다른 사람들에게 해를 끼친다.

따라서 비판적 사고가 절실하게 요구되는 영역은 바로 의사 결정(decision-making) 영역이다. 우리가 인생을 살면서 거의 매순간 결정을 내린다는 사실에 비추어 볼 때 우리는 인생의 거의 모든 순간에 비판적 사고가 필요함을 알 수 있다. 결국 비판적 사고자가 되는 것의 중요한 부분은 우리가 합리적이고 효과적인 결정을 내리는 법을 배우는 것이다. 비판적 사고에 대한 로버트 에니스(Robert Ennis)의 다음 정의는 비판적 사고와 의사결정의 이 밀접한 연관에 초점을 두고 있다.

비판적 사고란 무엇을 믿고 무엇을 해야 할지를 결정하는 일에 초점을 둔 합리적이고 반성적인 사고이다(로버트 에니스).[8]

2. 의사 결정하기 5단계

결정을 내려야 하는 상황에서 사려 깊게, 그리고 분석적으로 접근하는 사람들은 그렇지 않은 사람들보다 성공적인 결정을 내릴 가능성이 높다. 다시 말해 비판적으로 생각하는 사람일수록 충동적으로 행동하거나 기분에 휩싸여 감정적인 결정을 내리는 사람보다 훌륭한 결정을 내릴 가능성이 높다. 그렇다면 비판적 사고를 통해 어떻게 훌륭한 결정을 내릴 수 있을까?

---

8) Norris, S. & Ennis, R.(1989), *Evaluating Critical Thinking*, Pacific Grove, CA: Critical Thinking Press and Software.

앞에서 공부했던 사고의 요소를 활용하면 된다. 우선 무엇보다도 결정을 내리는 일의 **목표**와 그로부터 따라 나오는 물음을 확인하는 일이 중요하다. 대체로 우리가 어떤 결정을 내릴 때, 그 결정의 일반적인 목표와 물음은 다음과 같다.

> **목표**: 여러 대안의 결정 중에서 나와 다른 사람의 복지에 가장 좋은 대안을 선택함으로써 결정을 내리기.
>
> **물음**: 이 상황에서 대안들(이를테면 A 또는 B 또는 C 또는 D)에 직면하여 어떤 것이 나와 다른 사람들의 복지에 가장 좋을까?

의사 결정의 일반적인 목표와 물음을 인식하고 나면 합리적 결정을 내리기 위해 우리가 사전에 준비하거나 염두에 두어야 할 몇 가지 사항이 있다.

첫째, 중요한 결정을 내리고 있다는 사실을 인식해야 한다. 최악의 결정은 대부분 그런 결정이 바로 가까이 있다는 사실을 인식하지 못한 결과다. 최악의 결과를 가져오게 된 것은 우리가 내리는 결정이 많은 경우에 무의식적으로 이루어지기 때문인 것이다. 사람들이 친구, 동료, 학업, 가족, 재미거리의 선택, 개인적 필요에 대해 내리는 많은 결정은 흔히 "정신없는"(mindless) 또는 "생각 없는"(thoughtless) 결정의 결과다. "그것은 내 머릿속에 전혀 떠오르지 않았어!" "난 그것을 전혀 깨닫지 못했어!" 이런 말들은 결정의 부정적 귀결이 현실화될 때 나타나는 사후 반응이다.

둘째, 대안들을 정확하게 인식해야 한다. 중요한 결정을 내려야 하는 상황에 직면했다는 것을 인식한다고 해서 곧바로 합리적 결정을 내릴 수 있는 것은 아니다. 우리는 또한 대안들이 무엇인지 인식해야 한다. 대안들을 정확하게 확인하지 못해서 실패로 돌아가는 결정이 많이 있다. 이 실패는 보통 두 가지 형태로 나타난다. 그 두 가지 형태란 ① 어떤 것이 대안이 아닐 때 대안이라고 생각하는 형태(비현실적으로 생각하기)와 ② 대안을 인식하지 못하는 형태(너무 좁게 생각하기)다.

실패 형태 ①의 예로는 다음과 같은 결정들을 들 수 있다.

- "그가 큰 잘못을 한 걸 알지만 그는 나를 사랑하고 있고, 내가 옆에서 도우면 그도 변할 거야!"
- "우리 관계에 많은 문제가 있다는 걸 알지만 우리는 서로 사랑하고 있고 그것으로 충분해!"
- "이것을 배울 필요가 있다는 걸 알지만 시험 전날 벼락치기 공부로 할 수 있을 거야!"

실패 형태 ②는 우리가 그렇게 좁게 생각하고 있을 때 우리 자신이 스스로 너무 좁게 생각한다고 믿는 일은 거의 없기 때문에 교정하기가 어렵다. 실제로 좁고 편협하게 생각하는 사람일수록 자신들의 도량이 넓다고 확신하는 경우가 많다. 따라서 단 하나의 선택지, 또는 겨우 두 가지 정도의 선택지만 있다고 생각하고 있다면, 일단 너무 좁게 생각하고 있지 않은지 의심해보는 것이 좋다.

셋째, 결정을 내릴 때 좀 더 많은 시간을 들여야 한다. 만일 결정에 관해 우리가 반성적으로 생각하는 데 시간을 들이지 않는다면, 우리는 그 결정을 개선할 수 없다. 진정한 행동의 변화는 우리의 현재 행동에 관해 다시 생각할 것을 요구한다. 여기서 중요한 것은 우리가 나쁜 결정을 통해 엄청난 양의 시간을 소모한다는 것을 깨닫는 것이다. 예컨대 남녀 간에 잘못된 만남으로 인해 많은 시간을 소비하는 것이 드문 일은 아니며, 잘못된 직업 선택으로 인해 세월을 낭비하는 경우도 많이 있다. 또는 잘못 선택한 공부 방식 때문에 시간을 낭비하는 학생도 많다. 결정을 내릴 때 좀 더 많은 시간을 투자하고, 그 결과 더 나은 결정을 내리는 것이 나쁜 습관을 교정하는 데 들어갈 시간보다 더 많은 시간을 절약하게 해줄 것이다. 물론 우리는 급변하는 세계 속에서 살고 있기 때문에 충분한 시간을 들이는 일의 중요성을 깨닫기가 어렵다. 그러다 보니 나쁜 결정을 내린 후에도 그 문제에 대해 충분히 생각할 시간이 없었다고 말한다. 하지만 보통은 시간이 있었는데도 시간을 들이지 않았던 것이 문제인 경우가 많다. 따라서 우리는 우리의 기본 습관에 대해 신중하게 생각할 필요가 있으며, 우리의 습관이 우리의 전체적인 삶에 어떻게 영향을 미치는지에 대해 시간을 들여 비판적으로 생각해야 한다.

이제 우리가 이러한 사항을 염두에 둔다고 할 때 어떻게 하면 합리적인 의사 결정을 내릴 수 있을까? 합리적 의사 결정을 내릴 수 있게 해주는 방법은 무엇인가? 효과적이고 합리적인 의사 결정을 내리기 위해서는 "의사 결정하기 5단계"[9] 방법을 사용하면 효과적이다. 이 방법은 기본적으로 사고의 8요소를 활용한 방법이지만, 8요소를 일일이 검토하는 것이 번거롭다고 여기는 사람들이 쉽고 간편하게 활용할 수 있는 방법이다.

의사 결정하기 방법

1단계: 결정을 명료하게 정의하라.

이 단계는 뻔한 것처럼 보인다. 하지만 많은 결정이 출발점에서 잘못된다. 예컨대 우진이 대학에서 "좀 더 적극적인 사교생활"을 하고 싶다고 결심한다고 해보자. 우진의 결정을 이렇게 정의하는 것의 문제는 이 정의가 상황을 너무 일반적으로 막연하게 규정하고 있다는 것이다. 그래서 이 정의는 우진의 행동에 아무런 지침도 주지 못한다. 우진이 어떤 여학생과 친밀한 연애 관계를 맺고 싶은가? 좀 더 가까운 우정을 맺고 싶은가? 좀 더 많이 사회 활동에 종사하고 싶은가? 새로운 사람들을 만나고 싶은가? 요컨대 "좀 더 적극적인 사교생활"을 좀 더 명료하게 정의할 필요가 있다. 결정에 대한 정의가 좀 더 구체적이고 명료하게 정의될수록 그만큼 분석도 명료해질 것이고 성공 가망성도 높아질 것이다.

전략: 결정 상황을 가능한 한 구체적이고 명료하게 정의하라.

2단계: 가능한 모든 선택을 고려하라.

훌륭한 결정을 내리는 사람은 그가 처한 상황에서 단순히 뻔해 보이는 선택이 아니라 가능한 선택들을 모두 조사한다. 실제로 덜 뻔해 보였던 선택이 가장 나은 선택인 경우가 종종 있다. 예를 들어 진규가 대학에 들어가서 행정학을 전공할지

---

9) 이 방법은 원래 존 채피(John Chaffee)가 제시한 방법이다. Chaffee, J.(2006), *Critical Thinking*, 8th ed., Houghton Mifflin Co., 16~20면.

경영학을 전공할지 결정하지 못해 주변 친구와 선생님에게 의견을 구한다고 해보자. 다른 사람들과 이야기하는 과정에서 진규의 실제 관심사와 재능은 그래픽디자인에 있음이 드러난다. 하지만 그 분야에 그렇게 많은 재능이 있는데도 진규는 그래픽디자인을 진로 선택의 대안이 아니라 그저 취미로만 생각하고 있었다. 다른 사람들이 이 분야가 그의 최선의 진로 선택이 될 수 있다고 지적했지만, 진규는 깨닫지 못하고 있었다. 진규는 먼저 그래픽디자인 분야의 선택을 가능한 선택지로 볼 필요가 있었던 것이다.

전략: 내가 처한 상황에서 뻔해 보이는 선택과 뻔해 보이지 않는 선택 모두를 포함해 가능한 한 많은 선택을 열거하라. 다른 사람들에게 추가 제안을 묻고, 아이디어들을 검열하거나 미리 판단하지 말라.

3단계: 관련 있는 모든 정보를 모으고, 가능한 선택 각각에 대해 이해득실을 평가하라.

결정을 내려야 하는 많은 상황에서 우리는 합리적 결정을 내리기에 충분한 정보를 갖고 있지 않을 수 있다. 유감스럽게도 우리는 이런 상황에서 신중한 선택을 하는 것이 아니라 도박을 하듯 모험적인 결정을 내리는 수가 많다. 따라서 이런 식의 미심쩍은 방법보다는 훌륭한 결정을 내리는 데 필요한 정보를 찾는 것이 훨씬 더 이치에 닿는 일이다. 예컨대 진규의 경우에 다음과 같은 질문을 던짐으로써 그래픽디자인 분야의 진로를 고려해야 하는지 결정하기 위해 필요한 정보를 확보할 필요가 있다. 이 분야에서 구체적으로 어떤 진로들이 가능한가? 이 분야에서 다양한 진로로 나아가는 데 어떤 종류의 공부와 경험이 요구되는가? 이 분야의 취업 전망은 어떠하며, 평균적으로 얼마나 벌 수 있는가?

전략: 확인한 각각의 선택에 대하여 알아낼 필요가 있는 정보에 관한 질문들을 만들고, 그 정보를 활용하라.

관련 있는 모든 정보 외에도 우리가 확인한 가능한 선택들 각각은 이로운 점과 불리한 점이 있다. 따라서 우리는 반드시 각각의 선택의 이해득실을 따져 볼 필요가 있다. 예컨대 앞의 진규의 경우에 행정학 진로를 추구하는 선택은 당장이라도 취업할 기회가 있고, 서로 다른 여러 상황이나 서로 다른 여러 지역에서 일할 수 있으며, 평균적으로 고소득을 올릴 수 있고, 직업 안정성이 있다는 점 등이 장점일 수 있다. 반면에 행정학은 진규의 내면에서 나오는 깊은 지속적 관심사를 반영하지 않을 수 있고, 시간이 지날수록 흥미를 잃을 수 있으며, 그 진로가 진규가 추구하는 개인적 도전과 성취로 귀착되지 않을 수 있다는 점 등이 단점일 수 있다.

전략: 다음과 같은 표를 만들어 가능한 선택 각각에 대해 이해득실을 분석하라.

가능한 선택	필요한 정보	이로운 점	불리한 점
1. 행정학			
2. 경영학			
3. 그래픽디자인			
4. _____			

4단계: 상황에 필요한 것을 가장 잘 충족시킬 것으로 보이는 대안을 선택하라.

1단계부터 이 4단계까지는 우리가 결정을 내리는 상황을 제대로 분석하기 위한 것이다. 그래서 우리는 결정을 명료하게 정의하고, 가능한 선택들을 산출해내고, 관련 있는 정보를 수집하고, 우리가 확인한 선택들의 이해득실을 평가한다. 마지막 단계에서 우리는 최선의 선택을 내릴 수 있도록 앞의 단계들을 종합해야 한다. 최선의 선택이 어떤 것인지 확인할 수 있는 간단한 방법은 없지만, 지침으로 삼을 만한 유용한 전략은 있다.

전략: 결정 상황의 목표(들)를 확인해 우선순위를 둔 다음, 어떤 선택이 이 목표(들)를 가장 잘 충족시키는지 결정하라.

이 전략을 이용하다 보면 우리는 결정 상황에 대한 우리의 정의를 재검토해 다듬어야 할 것이다. 진규의 목표들 중에는 다음과 같은 것을 제공하는 진로를 선택하는 일이 포함될 것이다.

① 경제적 안정
② 개인적 성취
③ 특별한 재능의 활용
④ 많은 취업 기회와 직업 안정성

일단 이런 목표들을 확인하고 나면, 진규는 목표들에 우선순위를 매길 수 있다. 그리고 이 우선순위는 어떤 선택이 최선의 선택인지를 시사한다. ①과 ④를 최우선에 두게 되면, 행정학이나 경영학을 선택하는 것이 이치에 닿는다. 반면에 ②와 ③을 최우선에 두게 되면 그래픽디자인을 선택하는 것이 최선일 것이다.

전략: 선택들을 미리 상상해봄으로써 각 선택의 귀결들을 예상해보라.

최선의 선택을 결정하는 또 하나의 전략은 가능한 선택 각각의 귀결을 가능한 한 현실적으로 상상해봄으로써 우리 자신을 미래에 투사해보는 것이다.

5단계: 행동계획을 실행에 옮긴 다음, 필요한 조정을 거치면서 결과를 모니터하라.

일단 최선의 선택이라고 생각한 것을 선택하고 나면, 구체적인 행동계획을 세워 실행에 옮길 필요가 있다. 이 행동계획은 구체적이고 정밀할수록 그만큼 성공 가망성도 높다. 만일 진규가 그래픽디자인 쪽의 진로를 선택하기로 결정한다면, 진규는 자신의 필요에 가장 잘 맞는 전공을 검토해야 하고, 해당 학과의 학생이나 선생들과 함께 자신이 처한 상황에 대해 의논하고, 그가 받을 과목들의 계획을 세우는 등의 계획을 세워야 할 것이다.

전략: 결정을 실행에 옮기기 위해 밟아야 할 단계들을 상술하는 계획표를 작성해라.

물론 계획은 결정을 실행에 옮기기 위한 출발점일 뿐이다. 실제로 계획을 실행에 옮기다 보면 계획을 바꾸거나 조정할 필요가 있는 경우도 있다. 어떤 경우에는 새로운 정보에 기초하여 우리의 선택이 잘못된 선택임을 알게 될 수도 있다. 예컨대 진규가 그래픽디자인 관련 과목들을 수강하다가 자신의 관심사가 애초에 생각했던 것만큼 진지하지 않다는 것을 알게 될 수도 있고, 자신이 이 분야를 그냥 취미로 좋아할지언정 평생 진로로 원하고 있는 것은 아님을 발견하게 될 수도 있는 것이다. 그러면 진규는 다른 선택들을 재고해야 할 것이고, 전에 생각하지 못했던 다른 선택들을 고려해야 할지도 모르겠다.

전략: 선택을 실행에 옮긴 후 효과가 있는 것과 없는 것을 확인함으로써 그 선택의 성공 여부를 평가하고, 그 상황을 개선하기 위해 필요한 조정을 해라.

표 6.1 ┃ 결정 내리기 5단계

1단계: 결정을 명료하게 정의하라.

2단계: 가능한 모든 선택을 고려하라.

3단계: 관련 있는 모든 정보를 모으고, 가능한 선택 각각에 대해 이해득실을 평가하라.

4단계: 상황에 필요한 것을 가장 잘 충족시킬 것으로 보이는 대안을 선택하라.

5단계: 행동계획을 실행에 옮긴 다음, 필요한 조정을 거치면서 결과를 모니터하라.

연습문제

1. 졸업 후 나의 진로에 대한 결정을 기술하라.

   _____

   _____

   _____

2. 결정 내리기 5단계 방법을 이용해 나의 결정을 분석하고, 최선의 선택이 무
   엇인지 말해보라.
   1단계: 결정을 명료하게 정의.

   _____

   _____

   _____

   2단계: 가능한 모든 선택 고려.

   _____

   _____

   _____

   3단계: 관련 있는 모든 정보 수집 및 가능한 선택 각각의 이해득실 평가.

가능한 선택	필요한 정보	이로운 점	불리한 점
1. _____			
2. _____			
3. _____			
4. _____			

   4단계: 상황의 필요를 가장 잘 충족시키는 대안 선택.

5단계: 행동계획 실천 및 필요한 조정과 결과 모니터.

---

3. 다음 글을 읽고 결정내리기 5단계 방법을 이용하여 영화의 입장에서 최선의
  결정을 내려보라.

> 영화가 어머니로부터 물려받은 목표는 교사가 되는 것이었다. 영화 어머니는 교
> 사였기 때문에 영화가 교사가 되는 걸 원했다. 사실 어머니는 딸들이 모두 교사가
> 되는 걸 원했다. 딸들은 모두 그렇게 되기 위해 노력했지만 교사가 되는 걸 좋아하
> 지는 않았다. 어머니는 교사가 되면 삶이 경제적으로 어느 정도 안정되면서 편안할
> 것이라고 했다. 어머니는 일찍 돌아가신 아버지를 대신해 셋이나 되는 딸들을 이만
> 큼이라도 키울 수 있었던 것은 자신이 교사였기 때문이라고 말하곤 했다. 영화도
> 교사가 되기 위해 노력하고 있긴 하지만 그녀는 그걸 싫어했다. 그렇다고 영화가
> 다른 사람들, 특히 어린 학생들을 가르치고 싶지 않은 것은 아니었다. 때로 열정적
> 으로 가르치는 선생님들을 보면 영화도 존경심이 일면서 자신도 저런 선생님이 되
> 었으면 하는 생각이 가끔씩 들곤 했다. 하지만 영화는 그 일이 자신에게는 잘 맞
> 지 않는 일이라는 생각이 들었다. 영화에게는 남다른 취미가 있었다. 영화는 무엇
> 보다도 그림 그리기를 좋아했다. 영화의 그림 취미는 단순히 취미 수준을 넘어서서
> 초등학교 때부터 각종 미술대회에서 많은 상을 받을 정도로 학교에서 이미 소문이
> 나 있었다. 이제 대학 입시를 앞두고 영화는 매우 혼란스러웠고 어떻게 해야 할지
> 몰랐다. 영화는 조만간에 진로를 결정해야 한다. 어떻게 결정해야 할까?

제**7**장

비판적 사고와
문제 해결하기

문제 해결하기
Solving Problem

⬇

1단계 문제가 무엇인가?

⬇

2단계 대안들은 무엇인가?

⬇

3단계 각 대안들의 장단점은 무엇인가?

⬇

4단계 해결책은 무엇인가?

⬇

5단계 해결책이 얼마나 효과가 있는가?

비판적 사고는 문제 해결에 도움이 된다.

1. 문제 해결하기와 문제의 유형

인생 전체를 통해 우리는 계속해서 문제를 해결하고 있다. 우리는 날마다 어떤 옷을 입을까, 어떤 것을 먹을까와 같은 비교적 사소한 문제를 해결해야 한다. 이때 우리는 어떤 옷을 입고 어떤 것을 먹을 것인지 결정을 내림으로써 문제를 해결한다. 따라서 6장에서 공부했던 의사 결정하기(decision-making)는 실은 문제 해결하기(problem-solving)의 부분이라 할 수 있다. 다시 말해서 의사 결정하기는 그 자체로도 물론 의미가 있겠지만, 그보다는 문제 해결하기라는 전체의 일부로서 의미가 있는 셈이다.

옷을 입는 문제를 해결하기 위해서는 어느 정도의 정보를 모아야 한다. 이를테면 어떤 옷이 깨끗하고 쓸모가 있는지, 일기 예보에서 오늘 날씨가 어떨 것이라고 했는지, 오늘 계획하고 있는 일이 무엇인지 등의 정보를 모아야 한다. 이 모든 정보를 종합하여 우리는 결정을 내리고 선택을 한다. 옷 입는 문제처럼 단순한 문제의 경우에는 특별히 복잡한 분석을 할 필요가 없다. 이런 문제는 조금만 집중하여 노력하면 해결할 수 있다. 하지만 인생에서 어렵고 복잡한 문제는 이야기가 달라진다. 복잡하고 어려운 문제는 보통 정보, 감정, 대안, 의견, 고려사항, 위험 요소들이 혼란스럽게 뒤엉켜 있는 경우가 아주 많다. 따라서 체계적으로 접근하지 않으면 우리는 이런 요인들에 뒤엉켜 문제를 해결하지 못하게 된다.

문제를 효과적으로 해결하기 위해서는 우선 문제의 두 유형을 구별할 필요가 있다. 어떤 문제는 그냥 내버려두면 스스로 해결되거나 해소된다. 짜증나게 만드는 룸메이트 때문에 골머리를 앓았지만 그 친구가 다른 곳으로 이사를 간다. 감기 때문에 고생하지만 시간이 지나자 낫는다. 돈이 몹시 필요했는데 부모님이 돈을 보내준다. 이런 문제들은 보통 우리의 의지와 상관없이 우리 밖의 힘들에 의해 야기되는 문제다. 하지만 우리가 지닌 대부분의 문제는 우리 자신의 결정과 행동에 의해 야기되며, 저절로 사라지지도 않고, 우리가 어떻게든 처리하지 않으면 안 된다. 그래서 우리가 직면하는 문제는 다음 두 유형이 있는 셈이다.

① 우리 자신의 결정과 행동에 의해 우리 스스로가 만든 문제
② 우리 밖의 힘들에 의해 만들어진 문제

그렇다면 우리가 직면하는 문제는 그 해결과 관련하여 두 유형, 즉 ① 전체적으로 또는 부분적으로 우리가 해결할 수 있는 문제와 ② 우리의 통제를 벗어난 문제가 있는 셈이다. ②에 대해서는 우리가 특별히 할 일이 없을 것이다. 하지만 ①에 대해서는 우리가 문제를 해결할 기회가 있는 셈인데, 우리가 전에 내렸던 결정을 바꾸거나 전에 했던 행동을 수정할 수 있기 때문이다. 따라서 문제 해결하기와 관련해서 비판적 사고가 적용되어야 하는 유형은 바로 ①이다. 이제 우리가 통제할 수 있는 문제들에 대해 생각해보기로 하자.

다음은 지수가 처한 어렵고 복잡한 상황이다.

지수는 네 살 된 아이의 엄마다. 대학 2학년 때 연애를 시작했던 지수는 남자의 성급한 결혼 요청에 학교를 그만두고 일찌감치 결혼하였다. 너무 이른 것 아니냐는 친구들의 걱정 어린 시선이 있었지만, 그때는 이 남자만 있으면 세상이 다 자기 것이라는 생각이 들 정도로 아무 것도 보이지 않았다. 하지만 행복도 잠시뿐 남편은 딸 고운이가 두 살 때 가족을 남겨둔 채 불의의 교통사고로 사망하였다. 지수는 어쩔 수 없이 일자리를 찾았고, 이마트 계산원으로 일하게 되었다. 이 일을 해서 지수는 가까스로 자신과 아이의 생계비를 벌 뿐이며, 일도 지루하고 따분하기 그지없었다. 지수는 요

즘 수시로 이런 생각을 한다. "다시 대학에 가고 싶어. 하지만 나는 일자리를 놓을 여유가 없어. 그리고 대학에 가면 생활비와 등록금은 어떻게 하지? 게다가 아이와 너무 많이 떨어져 있으면 커서 아이가 엄마를 어떻게 생각할까? … 그렇지만 대학을 졸업하지 않으면 내 미래는 어떻게 될까? 이마트에서 일하면 생활비를 버는데 그 돈이 없으면 생활은 어떻게 하지? … 하지만 내가 대학을 다니지 않으면, 나는 이 힘든 현실에서 결코 헤어나지 못할 거야."

지수가 처한 것과 같은 어렵고 복잡한 문제에 직면할 때 우리는 어디서부터 시작해야 할지 모르는 경우가 많다. 첫 단계를 어디서 시작해야 할지 몰라 끙끙대다가 종종 우리는 문제를 이해하려는 노력을 포기한다. 대신 다음 방식으로 반응하는 수가 많다.

① 생각이나 이유 없이 충동적으로 행동한다. "학교를 포기해야겠어. 그건 너무 힘들어."
② 다른 누군가의 제안을 별 진지한 생각 없이 받아들인다. "내가 어떻게 해야 하는지 말해 줘. 이 문제에 대해 생각하는 건 지쳤어."
③ 일이 결말지어지는 것을 기다리면서 아무것도 하지 않는다. "어떻게 되든 그냥 기다리면서 어떤 일이 일어나는지 보겠어."

유감스럽게도 이런 방법들 중 어떤 것도 별로 성공할 것 같지 않다. 오히려 복잡한 문제를 이런 식으로 대처하게 되면 자신감이 없어질 뿐이다. 따라서 문제를 진정으로 받아들이고 그 문제를 해결하기 위해 능동적으로 움직이는 일이 중요하다. 이 말은 우리가 문제에 대한 책임을 받아들이고, 문제를 해결하기 위해 적극적으로 움직이면서 해결하려는 행위에 전념해야 한다는 것을 의미한다. 만일 우리가 능동적으로 비판적 사고를 하지 않는다면, 우리 인생의 많은 문제는 미해결로 남게 될 것이다.

2. 문제 해결하기 5단계

우리가 직면하는 복잡하고 어려운 문제에 대해서는 5단계 접근법을 사용하는 것이 유용하다. 이 방법은 문제를 조직적으로 분석하는 방법인데, 각 단계마다 사고의 요소와 비판적 사고의 표준을 활용해 복잡한 문제 상황을 헤치고 합리적인 결론에 이를 수 있도록 해준다. 다음은 문제 해결하기 5단계의 간략한 개요다.

1단계: 문제가 무엇인가?

2단계: 대안들은 무엇인가?

3단계: 각 대안들의 장단점은 무엇인가?

4단계: 해결책은 무엇인가?

5단계: 해결책이 얼마나 효과가 있는가?

1) 1단계: 문제가 무엇인가?

문제 해결의 첫 번째 단계는 문제의 핵심 쟁점이 무엇인지 정확히 결정하는 것이다. 문제가 실제로 무엇인지 명료하게 이해하지 못하면 문제를 해결할 기회는 그만큼 줄어들게 된다. 자칫 잘못하면 잘못된 문제를 해결하느라고 시간을 허비할 수도 있다. 다음은 가은과 세은이 비슷한 상황에서 자신들의 문제를 기술하는 방식이다.

가은	세은
"나는 너무 작아."	"나는 작다는 생각이 들어."
"학교는 지루하고 따분해."	"나는 학교에서 따분하다는 느낌이 들어."
"나는 실패자야."	"나는 방금 운전면허 시험에서 떨어졌어."

비슷한 상황에서 가은이 매우 일반적인 결론을 내리고 있는 반면 세은은 좀 더 구체적인 결론을 내리고 있다. "나는 실패자야." 같은 일반적 결론은 문제를 해결하는 생산적인 방법을 제공하지 못한다. 일반적 결론은 너무 무조건적이고 전포괄적이다. 그렇지만 "나는 방금 운전면허 시험에 떨어졌어."와 같은 좀 더 구체적인 결론은 유용한 전략을 세워 문제를 공략할 수 있는 여지를 제공한다. 간단히

말해 문제를 규정하는 방식은 문제 해결의 **방법**을 결정할 뿐만 아니라 그 문제를 해결 가능한 문제로 간주할 것인지 여부도 결정한다.

따라서 1단계 "문제가 무엇인가?"라는 물음에 답하기 위해서는 세 가지의 추가 질문을 생각할 수 있다. 즉 첫째 그 상황에 관해 내가 아는 정보가 무엇인지 물어야 하고, 둘째 우리가 목표로 삼는 결과가 무엇인지 물어야 하며, 셋째 그 문제를 명료하게 진술하는 방법을 물어야 한다.

① 그 상황에 관해 내가 아는 것이 무엇인가?

문제 해결은 우리가 어떤 정보를 사실이라고 알고 있고 어떤 정보를 사실이라고 생각하는지를 결정하는 일에서 시작된다. 문제를 제대로 파악하기 위해서 우리는 상황의 세세한 사항들에 대해 좀 더 명료한 생각을 가질 필요가 있다. 때로 우리의 정보가 정확하지 않기 때문에 실제로는 문제가 아닌데도 문제인 것처럼 보이는 상황이 있을 수 있다.

② 이 상황에서 내가 목표로 삼고 있는 결과는 무엇인가?

"문제가 무엇인가?"라는 물음에 답하려면 우선 우리가 달성하려 하는 구체적인 결과를 확인해야 한다. 이 결과는 우리가 달성할 수 있으면 문제를 제거하게 될 목표다. 예컨대 1절 지수의 예에서 지수의 목표는 다시 대학에 들어가 공부하는 것일 수 있다. 또 위 예에서 가은과 세은의 문제는 운전면허 시험에 합격하여 운전면허증을 따는 것일 수 있다.

③ 어떻게 하면 문제를 명료하게 구체적으로 진술할 수 있을까?

"문제가 무엇인가?"라는 물음에 답하려면 목표에 대한 검토를 기초로 가능한 한 명료하게 구체적으로 문제를 진술해야 한다. 문제에 대한 이 명료하고 구체적인 진술은 문제 해결에서 매우 중요한 단계다. 문제를 막연하고 일반적인 용어로 진술할 경우에 그 문제를 어떻게 처리해야 할지 명료한 생각이 떠오르지 않을 것이기 때문이다. 하지만 문제를 좀 더 구체적으로 진술할 수 있다면, 그 진술은 문제 해결을 위한 우리의 행동을 암시할 것이다. 다음은 재정설계사 일을 하고 있는 인광이가 자신의 문제에 대해 진술할 수 있는 두 표현이다.

일반적: "나는 문제가 돈이야."

특수한: "내 문제는 월말이 되면 언제나 바닥이 날 정도로 예산을 쓰고 있다는 거야."

일반적 진술보다는 특수한 진술이 문제를 해결할 가능성이 높다. 따라서 막연하게 문제가 돈이라고 말하기보다는 월말이 되면 바닥이 날 정도로 예산을 쓴다는 말이 문제 해결에 더 가까이 간다고 볼 수 있다. 이왕이면 인광의 진술은 좀 더 구체적으로 다음과 같이 진술하는 것이 더 나을 것이다.

나는 내 진짜 문제가 아내와 두 아이를 두고 있는 가장으로서의 내 역할, 내 미래의 꿈, 그리고 현재 하루하루 살아가기 위해 돈을 지출해야 하는 현실 사이의 갈등에 있다고 생각해. 문제는 이 세 역할을 어떻게 하면 잘 조절할 수 있을까 하는 거야."

2) 2단계: 대안들은 무엇인가?

일단 문제를 명료하게 구체적으로 확인하고 나면, 다음은 문제 해결에 도움이 되는 가능한 행동들을 하나씩 검토하는 것이다. 그렇지만 대안을 나열하기 전에 어떤 행동이 가능하고 어떤 행동이 불가능한지 결정하는 것이 순서다. 이 일은 문제 상황의 한계를 검토하면 된다.

① 문제 상황의 한계는 어디까지인가?

한계란 문제 상황에서 우리가 마음대로 바꿀 수 없는 한도다. 한계는 문제의 일부이며, 그래서 우리가 그 자체로 받아들이고 처리해야 한다. 예컨대 하루가 24시간이라는 사실은 우리가 그저 문제 상황의 일부로 받아들여야 한다. 이 사실을 무시하고 대안들을 찾는 것은 아무런 의미가 없다. 하지만 실제로는 우리가 바꿀 수 있는데도 문제 상황의 한계라고 생각해 포기하는 경우도 많다.

② 이 한계 내에서 가능한 대안은 무엇인가?

문제 상황의 한계들에 대한 일반적 관념이 서고 나면 이 한계들 내에서 발생할 수 있는 가능한 행동 방침을 확인하기 시작할 수 있다. 물론 가능한 모든 대안을 확인하는 일이 쉬운 것은 아니다. 사실 대안을 확인하는 것 자체가 문제의 일부일 것이다. 사고가 어떤 관점에 고정되어 틀에 박혀 있기 때문에 우리가 문제의 출구를 보지 못하는 경우가 종종 있다. 다른 대안을 진지하게 살피기도 전에 거부하거나, 또는 다른 대안들이 아예 떠오르지 않기 때문에 우리에게는 다른 방법이 보이지 않는다. 이러한 어려움을 극복하고 가능한 모든 대안에 대해 진지하게 생각하는 데 도움이 되는 방법은 다음과 같다.

- 대안들을 미리 검열하거나 평가하지 말고 가능한 해결책을 모조리 열거하기.
- 나에게 떠오르지 않는 대안을 제시할 수 있도록 다른 사람들과 함께 검토하기.
- 새로운 관점에서 생각할 수 있도록 나의 처지나 상황을 바꾸기.

3) 3단계: 각 대안의 장단점은 무엇인가?

일단 여러 대안들을 확인하고 나면, 다음 단계는 그 대안들을 평가하는 것이다.

① 각 대안의 장점은 무엇인가?

각각의 가능한 행동방침은 그 대안을 선택할 경우 긍정적인 어떤 결과를 얻게 될 것이라는 의미에서 어떤 장점이 있다. 각각의 대안에 대해 예상되는 장점들을 나열해보는 것이 중요하다.

② 각 대안의 단점은 무엇인가?

각각의 가능한 행동방침은 그 대안을 선택할 경우 곤란한 손실이나 부정적인 결과를 초래할 수 있다는 의미에서 단점도 있다. 따라서 각각의 대안에서 예상되는 단점들을 나열해보는 것이 중요하다.

③ 각 대안을 평가하기 위해 필요한 추가 정보는 무엇인가?

3단계에서 이 부분은 대안들을 잘 평가하기 위해 어떤 정보가 필요한지 결정하는 부분이다. 각 대안에 대하여 어떤 대안들이 의미가 있고 어떤 대안들이 의미가 없는지 정하려면 대답해야 할 물음들이 있다. 게다가 우리는 이 정보를 어디서 가장 잘 얻을 수 있을지도 고려해야 한다. 필요한 정보를 확인하는 한 가지 방법은 "이 대안을 선택하면 어떻게 될까?"라는 물음을 던져보는 것이다. 이 물음은 어떤 행동방침을 선택할 경우에 어떤 일이 일어날지 예측하려는 것이다.

4) 4단계: 해결책은 무엇인가?

1, 2, 3단계의 목적은 문제를 체계적으로 자세히 분석하는 것이었다. 다시 말해 문제와 그 해결책들에 익숙해지기 위해 서서히 문제를 풀어헤치는 것이다. 이제 이런 식으로 문제를 분석하고 나면 그 조각들을 모아 종합적으로 판단해야 한다. 물론 분석이 구체적 해결책을 보증하는 것은 아니지만, 그래도 이 분석은 문제가 무엇인지에 대해 우리의 이해를 심화시킬 것이다. 그리고 대안들을 정하고 평가할 때 이 분석은 우리가 움직여야 할 일반적 방향과 밟아야 할 단계들에 관해 좋은 아이디어를 제시할 것이다.

① 어떤 대안(들)을 따를 것인가?

어떤 대안을 선택할 것인지 알려주는 간단한 공식이나 비결은 없다. 서로 다른 여러 가지 행동방침을 일일이 살피고 나면, 우리는 곧바로 어떤 대안들을 별로 의미가 없다고 하여 배제하게 될 것이다. 그렇지만 유력한 대안들 중에서도 우리가 구체적으로 어떤 대안을 따라야 하는지 결정하기란 간단치 않은 일이다.

우리가 내리는 결정은 보통 우리가 가장 중요하다고 믿는 것에 달려 있다. 가장 중요한 것에 관한 이 믿음들을 보통 **가치**라 한다. 우리의 가치는 우리 행동의 출발점이며, 우리의 결정에 강한 영향을 미친다. 예컨대 우리 대부분이 그런 것처럼 다른 무엇보다도 살아남는 것을 가치 있게 여긴다면, 우리는 매일 이 가치를 나타내는 결정, 즉 적당한 식사를 하기, 차가 움직일 때 도로에 뛰어들지 않기 등의 결정을 내릴 것이다.

우리의 가치는 우리 인생에서 우선순위를 정하는 데 도움이 된다. 즉 우리 인생의 어떤 측면들이 우리에게 가장 중요한가를 결정하는 데 도움이 된다. 우리는 현재 시점에서 대학을 다니는 것이 사회에 나가 돈을 버는 것보다 더 중요하다고 결정할 수도 있다. 우리는 학기 중에 아르바이트를 해 돈을 버는 것보다 학업에 충실한 것이 더 낫다고 생각할 수도 있다. 이 경우에 우리는 대학을 다니거나 학업에 충실한 것에 더 우선권을 두게 된다. 어쨌든 우리는 인생에서 최우선으로 두는 가치에 따라 대안들을 선택하게 될 것이다.

② 선택된 대안(들)에 따라 행동하기 위해 어떤 단계들을 밟을 것인가?

일단 어떤 대안을 따를 것인지 결정하고 나면, 다음 조처는 우리가 밟아야 할 단계들의 계획을 짜는 것이다. 우리가 밟을 단계들을 구체적으로 계획하는 것은 매우 중요하다. 왜냐하면 문제에 대해 비판적 사고를 하는 것이 필수적이라 하더라도, 그것만으로는 문제 해결에 충분치 않기 때문이다. 우리는 실제로 조치를 취해야 한다. 그리고 구체적 단계들의 계획을 세우는 일은 바로 그러한 조치의 출발점이 된다. 예를 들어 1절에서 나온 지수의 경우에 다시 대학에 들어가기로 결정하고 나면, 구체적인 단계들로 다음과 같은 것들이 포함될 수 있다.

- 대학에 들어가면 어떤 장학금을 받을 수 있으며, 장학금을 받으려면 어떻게 해야 하는지 알아보기 위해 학교 담당자를 만난다.
- 어떤 종류의 대부나 대출을 받을 수 있는지 알아보기 위해 학교 또는 은행 담당자를 만난다.
- 시댁이나 친정에서 어떤 도움을 받을 수 있는지 알아본다.
- 학교에 다니는 동안 아이를 돌보아줄 수 있는 무료 시설, 또는 저렴한 시설이 있는지 알아본다.

5) 5단계: 해결책은 얼마나 효과가 있는가?

합리적 결론에 도달하기 위해 노력하면서 우리는 유일하게 올바른 결정이 있다고 생각하는 함정에 빠져서는 안 된다. 아무리 주의 깊고 체계적이라 하더라도 문제에 대한 분석은 다소간에 한계가 있게 마련이다. 우리는 미래에 일어나게 될 모든 일을 예상하거나 예측할 수는 없다. 따라서 우리가 내리는 결정은 결국 효과가 있을지, 아니면 바꾸거나 수정할 필요가 있을지 미처 알지 못한다는 의미에서 잠정적이다. 비판적 사고란 "맞는" 답을 찾거나 "올바른" 결정을 내리려는 강박적 충동이 아니다. 대신 비판적 사고는 검토와 발견의 과정인 것이다.

① 나의 평가는 무엇인가?
많은 경우에 우리가 내린 결정의 효과는 비교적 명백할 것이다. 하지만 또 어떤 경우에는 다음 전략에 따라 좀 더 체계적인 평가를 하는 것이 도움이 될 것이다.

- 결과와 목표를 비교하라.
  평가의 본질은 우리가 한 노력의 결과와 애초에 달성하려 했던 목표를 비교하는 것이다. 우리가 선택한 대안의 예상 결과가 애초에 삼았던 목표를 얼마나 충족시키는가? 내가 선택한 대안이 충족시킬 것 같지 않은 목표들이 있는가? 어떤 목표들인가? 이 목표를 다른 대안들이 충족시키는가? 이런 물음들이 내가 선택한 대안의 효과를 평가하는 데 도움이 된다.
- 다른 관점들에서 생각하라.
  문제 해결의 각 단계마다 다른 사람의 의견을 받아들이는 일은 매우 생산적인 전략인데, 이 전략은 평가의 경우에 특히 그렇다. 다른 사람들은 종종 나와 다르면서도 더 객관적인 관점을 제공할 수 있다. 물론 다른 사람들이 항상 나보다 더 낫거나 더 정확하다고는 할 수 없지만, 그런 경우라 하더라도 이 다른 관점들을 검토하다 보면 상황에 대한 나의 이해가 심화된다.

② 어떤 조정(들)이 필요한가?
대안을 검토하다 보면 우리가 선택한 대안이 실행가능성이 없거나 만족스

럽지 않은 결과에 이른다는 사실을 발견할 수 있다. 그런 경우에 우리는 또 다른 가능한 행동방침을 발견하기 위해 다른 대안들을 재검토해야 할 것이다. 그런가 하면 어떤 경우에는 우리의 대안이 꽤 효과가 있긴 하지만, 바라던 성과를 계속해서 이루어내도록 하기 위해 약간의 조정이 필요함을 알게될 수도 있다. 처음에 사태가 무리 없이 잘 돌아가는 것처럼 보일 때조차도 비판적 사고자는 스스로 "내가 간과한 것은 없을까?"나 "이것을 달리 하는 방법은 없을까?"와 같은 질문을 계속해서 던지게 마련이다. 따라서 문제를 해결하기 위해 우리가 약간의 융통성과 낙관적 태도를 가지고 있다면, 이런 질문을 던져 필요한 조정을 거치는 일이 필수적인 일이 될 것이다.

표 7.1 문제 해결하기 5단계

1단계: 문제가 무엇인가?
  ① 그 상황에 관해 내가 아는 것이 무엇인가?
  ② 이 상황에서 내가 목표로 삼고 있는 것은 무엇인가?
  ③ 어떻게 하면 문제를 명료하게 구체적으로 진술할 수 있을까?

2단계: 대안들은 무엇인가?
  ① 문제 상황의 한계는 어디까지인가?
  ② 이 한계 내에서 가능한 대안은 무엇인가?

3단계: 각 대안들의 장단점은 무엇인가?
  ① 각 대안의 장점은 무엇인가?
  ② 각 대안의 단점은 무엇인가?
  ③ 각 대안을 평가하기 위해 필요한 추가 정보는 무엇인가?

4단계: 해결책은 무엇인가?
  ① 어떤 대안(들)을 따를 것인가?
  ② 선택된 대안(들)에 따르기 위해 어떤 단계들을 밟을 것인가?

5단계: 해결책이 얼마나 효과가 있는가?
  ① 나의 평가는 무엇인가?
  ② 어떤 조정(들)이 필요한가?

지금까지 살펴본 문제 해결하기 5단계 방법은 존 채피(John Chaffee)가 제시한 방법이다. 채피는 사고의 요소와 비판적 사고의 표준을 적절히 활용

하여 우리가 쉽고 간편하게 이용할 수 있는 방법을 제시하였다. 사실 사고의 요소와 비판적 사고의 표준을 제 것으로 삼고 언제 어디서나 활용할 줄 아는 사람이라면 군이 이 방법을 기억하지 않아도 될 것이다. 하지만 사고의 8요소를 일일이 확인하고 비판적 사고의 9표준을 적용하는 일이 어렵거나 번거롭다고 여겨지는 사람에게는 이 방법이 매우 유용한 방법이 될 것이다.

연습문제

1. 다음은 리처드 폴이 제시한 문제 해결의 7가지 차원이다. 이 장에서 제시된 5단계 방법과 비교해보라.

   문제 해결의 차원
   (1) 나의 목표, 목적, 필요를 알아내고, 수시로 그것을 재표현하고 재평가하라.
   (2) 나의 문제를 명백히 확인한 다음 그것을 분석하라.
   (3) 내가 필요로 하는 정보를 알아보고, 그 정보를 능동적으로 찾아라.
   (4) 내가 수집한 정보를 주의 깊게 분석하고, 해석하고, 평가하라.
   (5) 나의 행동 선택지들을 알아내고 그것들을 평가하라.
   (6) 문제에 접근하는 전략을 채택하고, 그 전략에 따라라.
   (7) 행동할 때 나의 행동의 함의들이 나타남에 따라 그것들을 모니터하라.

2. 다음 문제 상황들을 읽고 문제 해결하기 5단계 방법을 이용해 해결책을 생각해보라.

   (1) 담배 문제

   지웅의 문제는 "담배"다. 지웅은 5년 넘게 담배를 피우고 있다. 처음에 그는 담배 피는 사람들이 멋있어 보였고, 또 친구들이 대부분 피고 있었기 때문에 담배를 배우게 되었다. 그러다가 지웅은 점차 담배에 중독되었다. 그래서 이제는 흡연이 지웅의 삶의 일부가 되었고, 담배를 끊을 수 있을지 장담하지 못하는 상황이다. 커피를 마시거나, 공부를 하거나, 사람들과 이야기할 때, 지웅은 손에 담배를 드는 것이 자연스러운 일이 되어 버렸다. 지웅은 담배를 끊어야 할 이유가 많다는 것을 안다. 몇 차례인가 담배를 끊으려 시도해 보았지만, 그때마다 지웅은 결국 친구에게서 담배를 빌리게 되고, 그런 뒤에는 담배 끊는 걸 완전히 포기하게 되었다. 지웅은 담배 때문에 건강을 해치고 싶지 않지만, 어떻게 해야 할지 모르고 있다.

(2) 전공 선택 문제

신애의 가장 중요한 미해결 문제는 무얼 전공해야 할 것인지에 대해 결정을 내리지 못하고 있다는 것이다. 신애는 어느 정도 경력을 쌓고, 경제적 문제에서 벗어나 안정된 삶을 살고 싶다. 그래서 신애는 전공 분야를 잘못 선택하는 실수를 저지르고 싶지 않다. 신애는 안정된 삶을 산다는 목표를 달성하려면 일정한 경력을 쌓아야 한다고 생각한다. 그 경력을 쌓는 일을 시작할 수 있도록 다음 학기가 시작되기 전에 결정을 내리고 싶다. 신애는 그 동안 철학이나 사학을 공부하는 것에 대해 생각해왔다. 하지만 신애는 자기 인생에서 자기가 무얼 하고 싶어 하는지조차 결정을 못 내리는 자신을 보고, 종종 자신이 전공 선택의 결정을 내릴 능력이 있는지 의심한다.

(3) 공부 문제

장원의 문제는 시험을 치를 때면 어려움을 겪곤 한다는 것이다. 장원은 공부를 안 하는 것도 아니다. 하지만 시험을 치를 때면 장원은 신경이 예민해지고 머릿속이 멍해지는 사태가 일어난다. 화요일 철학의 이해 수업 시간에 교수는 목요일에 시험을 치를 것이라고 말했다. 그날 오후 집으로 돌아와서 장원은 시험공부를 시작했다. 목요일이 되었을 때 장원은 공부한 내용 대부분을 알았지만, 막상 시험지를 받는 순간 신경이 예민해지고 머릿속이 멍해졌다. 장원은 한참동안 시험지만을 응시하고 있었고, 결국 제대로 답안지를 쓰지 못했다.

제**8**장

비판적 사고와 논술

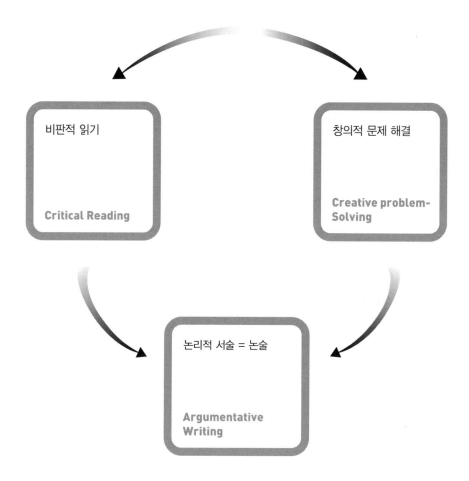

1. 논술이란 무엇인가

최근 각 대학의 논술고사 시행 등을 둘러싼 대학입시 환경의 변화와 더불어 논술의 중요성이 무척 강조되고 있다. 대학 수학능력고사의 변별력이 떨어지면서 상대적으로 대학입시의 성패가 논술고사의 성적에 좌우된다고 생각하는 수험생이나 학부모가 많기 때문이다. 뿐만 아니라 이미 대학에 입학한 대학생들의 기초학력 저하현상과 관련해서도 논술 능력을 향상시켜야 한다는 목소리가 높다. 논술에 대한 대학 내외의 이러한 관심은 자연스럽게 학생들의 논리적 · 비판적 사고력 향상 쪽으로 관심을 갖게 만든다. 하지만 논술에 대한 이 폭발적 관심에도 불구하고 정작 "논술이 무엇인가"에 대해서는 수험생이나 학교 당국을 포함해 대부분의 사람이 갈피를 잡지 못하고 혼란스러워하는 경우가 많다. 그렇다면 논술이란 무엇인가?

우선 논술을 "작문"이나 "글쓰기"와 비교하는 데서 시작해보기로 하자. 작문이란 간단히 말해 "문장을 만듦"이나 "글을 지음"을 의미하며, 여기에서 중요한 것은 "글"이나 "문장"이다. 그래서 작문 교육에서는 하나의 문장, 또는 문장과 문장으로 연결된 문단 등을 어법이나 문법이라는 기준에 따라 글답게 만드는 능력을 배양하는 것에 초점을 둔다. 즉 내용에 상관없이 기본적으로 문장이 문장다워야 하는 것에 초점을 둔다. [10]

반면에 "글쓰기"는 "쓰기"라는 활동에 비중을 둔다. 하병학은 글쓰기가 여러 대학의 기초교과목으로 채택된 이유가 글쓰기가 모든 전공학과에서 학문 탐구의 결과물을 만들어내는 최종의 과정일 뿐만 아니라 기초학문 탐구능력의 하나이기 때문이라고 말한다.[11] 글을 쓰면서 자신의 생각을 가다듬고, 새로운 아이디어를 창출하고, 필요한 자료가 무엇인지 판단하여 자료를 보완하고, 자신의 생각에서 부족한 점을 수정할 수 있는 활동이 글쓰기라는 것이다. 나아가 글쓰기 활동은 자신의 사고에 대한 반성을 통해 자신을 성찰하고, 자신의 의사를 타인에게 전달하는 과정을 통해 타인을 이해하고, 타인의 글을 성심껏 대하는 태도를 길러줌으로써 인격성장과 사회적 소양을 쌓는 밑거름이 된다고 말한다.

그렇다면 논술은 작문이나 글쓰기와 어떻게 다른가? 논술은 우선 일정한 작문 능력을 필요로 한다. 어법에 맞지 않는 글을 써 놓고 논술을 했다고 할 수는 없을 것이기 때문이다. 그렇다고 논술이 글쓰기와 곧바로 동일시될 수 있는 것도 아니다. 논술은 글쓰기는 글쓰기지만 특별한 유형의 글쓰기다. 요컨대 논술은 작문을 넘어선 특별한 유형의 글쓰기다. 만일 논술 과정을 일종의 사고 과정으로 본다면, 이 사고 과정은 우리가 일상생활에서 매순간 부딪히는 문제 해결하기 과정과 여러 가지로 유사하다는 것을 알 수 있다. 그래서 하병학은 논술이 바로 문제 해결이라는 특수 목적을 갖고 있다고 말한다. 작문에서는 문장이나 문단 자체를 주목하지만 논술에서는 그 글이 갖추고 있는 **문제의식과 문제 해결**을 주목해야 한다는 것이다.[12] 문제를 해결해야 하는 필자의 최우선 관심사는 글이 작문에서 요구하는 형식과 관습에 맞는지, 문법에 맞는 정확한 표현과 세련된 문체를 갖추고 있는지가 아니다. 오히려 필자의 관심사는 글쓰기의 목적, 즉 글을 통해 무엇을 이야기하고 무엇을 할 것인가 하는 것이다. 작문에서는 글의 형식적 특성이 문제되지만, 논술에서는 어떻게 자신의 목표를 이룰 것인가 하는 것이 문제가 된다. 따라서 논술은 기본적으로 문제 해결하기라는 목표 지향적 글쓰기라 할 수 있다.

김영정도 논술의 문제 해결 특징에 주목하면서 논술을 좀 더 구체적으로 설명한다. 사전에서는 흔히 논술을 "어떤 것에 관하여 의견을 논리적으로 서술함. 또

---

10) 하병학(2006), 「탐구와 소통의 '논술'」, 『철학과 현실』 70호(2006 가을호), 124쪽.
11) 같은 책, 같은 면.
12) 같은 책, 같은 면.

표 8.1   논술에 필요한 3요소

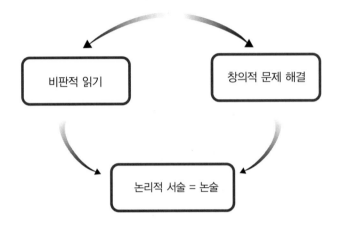

는 그런 서술"이라고 정의하고 있다. 하지만 이 정의만 가지고는 논술을 적절하게 이해하기가 어렵다. 그래서 김영정은 좀 더 구체적으로 논술을 잘 하는 데 필요한 능력을 비판적 읽기 능력, 창의적 문제 해결 능력, 논리적 서술 능력 세 가지로 요약한다. 비판적 읽기란 반성적이고 능동적인 태도로 글이나 자료를 읽는 것을 말하고, 창의적 문제 해결이란 심층적이고 다각적인 태도로 독창적 해결책을 이끌어내는 것을 말하며, 논리적 서술이란 근거를 제대로 설정하여 조직적으로 글을 구성하고 그것을 상황에 맞도록 설득력 있게 표현해내는 것을 말한다.[13]

일반적으로 글쓰기는 다음과 같이 세 가지로 분류된다.[14]

① 창작적 글쓰기(creative writing) : 시, 소설 등 문학작품류의 글쓰기
② 해명적 글쓰기(expository writing) : 설명문이나 해설문류의 글쓰기
③ 비판적 글쓰기(critical writing) : 논설문류의 글쓰기

이 중 논리적 서술을 근간으로 하는 논술은 주로 추리를 기반으로 하는 논설문이나 해설문 형태를 띠게 되고, 부수적으로 개념적 이해를 돕기 위한 설명문 형태를

---

13) 김영정(2006), "논술의 개념과 특징," http//www.logic.snu.ac.kr
14) 같은 곳.

띠게 된다. 결국 논술에서 제외되는 것은 ①의 창작적 글쓰기다. 따라서 논술은 한 마디로 비판적 글쓰기와 해명적 글쓰기를 아우르는 글쓰기다. 즉 주로 어떤 주장을 제기하고, 왜 그 주장이 정당한가 하는 것을 논증하거나, 우리가 관심을 가지고 있는 현상을 어떻게 설명하고 어떻게 예측할 것인가를 논의하는 글쓰기다. 그래서 김영정에 의하면 논술이란 한 마디로 "비판적 읽기와 창의적 문제 해결하기를 기반으로 한 논리적 글쓰기"[15]다.

이렇게 볼 때 주변에서 확인할 수 있는 논술문의 형태는 많다. 우선 신문 사설이나 칼럼은 짧은 논술문의 예다. 대학생들에게 부과되는 보고서나 학자들이 작성하는 논문은 약간 긴 형태의 논술문이다. 나아가 학술서적은 더 긴 논술문의 예라고 할 수 있다. 다양한 글쓰기 중 논술문에서 제외되는 것은 대체로 시, 소설, 수필 등의 창작적 글쓰기일 뿐이다.

2. 비판적 읽기

결국 논술이란 주어진 자료나 글을 비판적으로 읽고 문제를 설정한 다음 그 문제에 대한 창의적 해결책을 끌어내어 논리적으로 서술하는 것이라 할 수 있다. 따라서 논술은 비판적 읽기, 문제 설정과 창의적 해결, 논리적 서술의 세 단계로 이루어진다.[16] 이제 우리는 이 과정에서 핵심적 역할을 하는 것이 바로 지금까지 공부했던 비판적 사고임을 알 수 있다.

우선 비판적 읽기를 생각해보자. 논술시험이든 대학에서의 학술적 글쓰기든

---

15) 김영정(2006), 「통합교과형 논술의 특징」, 『철학과 현실』 69호(2006 여름호), 155쪽.

16) 박정일은 논술에 대한 김영정의 이러한 정의가 너무 좁다고 본다. 그저 소박한 생각으로 어떤 논제에 대해 글을 쓰는 경우에 "비판적" 태도와 "창의적" 성향이 반드시 필요한 것은 아니지만 그래도 그런 글도 "논술"이라 할 수 있다는 것이다. 박정일은 논술에 반드시 필요한 요소가 "논증"이며, 그래서 논술을 "어떤 문제나 쟁점에 대한 논증을 통한 글쓰기"로 정의하는 것이 더 적절하다고 말한다. 그러나 논술이 대개 대학입시로서의 논술이나 대학에서의 학술적 글쓰기와 관련해서 문제가 된다는 사실을 고려할 때 김영정의 정의는 그런대로 논술의 핵심을 짚었다고 볼 수 있을 것 같다. 박정일(2006), 「논술과 토론의 개념」, 『철학과 현실』 70호(2006 가을호), 138~139면 참조.

실제로 논술문을 작성하기 위해서는 주어진 지문이나 자료에 대한 비판적 읽기가 선행되어야 한다. 비판적 읽기를 통해 우리는 주어진 자료를 이해하고 분석하고 평가한다. 그리고 자료에 대한 이해와 분석은 일차적으로 사고의 8요소를 활용하면 되고, 평가는 비판적 사고의 9표준을 활용하면 된다.

사고의 8요소를 활용한 자료 이해와 분석

- 목적
  필자나 자료를 제시한 사람의 목적은 무엇인가?
- 핵심 물음
  필자가 설정한 핵심 물음이나 문제는 무엇인가?
- 가정
  필자의 가정은 무엇인가?
- 정보
  필자는 어떤 정보를 사용하고 있는가?
- 개념
  필자가 사용하고 있는 주요 개념들은 무엇인가?
- 추리와 결론
  필자가 추리를 통해 끌어내고 있는 결론은 무엇인가?
- 함의와 귀결
  그 결론의 함의나 귀결은 무엇인가?
- 관점
  필자는 문제를 어떤 관점에서 보고 있는가?

비판적 사고의 9표준을 활용한 자료 평가

- 명료성
  필자의 추론이 명료한가?
  필자가 결론의 함의를 아는가?
  필자가 결론을 뒷받침하는 예나 대조되는 예를 충분히 제시했는가?

필자가 그가 의미하는 것을 명료하게 표현했는가?

* 정확성

  필자의 정보가 정확한가?

  필자의 가정이 신뢰할 만한가?

  필자가 소망적 사고(wishful thinking)에 기초하고 있지 않은가?

  필자가 그의 주장의 정확성을 이유에 의해 뒷받침하고 있는가?

  그 이유는 훌륭한 이유인가?

* 정밀성

  필자의 추론이 충분히 정밀하고 구체적인가?

  독자에게 필요한 정도로 세부사항을 제시하고 있는가?

* 관련성, 적절성

  필자의 핵심 물음이 그의 목적과 적절한 관련이 있는가?

  필자의 결론이 핵심 물음이나 문제와 적절한 관련이 있는가?

* 중요성

  목적이 주어졌을 때 필자가 가장 중요한 것에 초점을 두었는가?

  필자가 가장 중요한 것을 명료하게 제시하고 있는가?

* 논리성

  필자의 결론이 가정이나 정보와 모순되지 않는가?

  필자의 결론이 그의 가정이나 정보로부터 논리적으로 도출되는가?

* 충분성

  목적이 주어졌을 때 필자의 추론이 충분한가?

  핵심 물음이 주어졌을 때 필자의 추론이 충분한가?

* 폭넓음, 다각성

  필자가 관련 있는 다른 관점들을 고려했는가?

  필자의 관점 외에 이 문제를 살피는 다른 관점들이 있는가?

* 깊이, 심층성

  필자가 겉으로 드러난 피상적 문제 외에 수면 아래의 복잡성을 살피고 있
  는가?

필자가 핵심 물음을 깊이 있게 다루고 있는가?

비판적으로 글을 읽는다는 것은 위의 질문들을 제기하면서 글을 읽는 것이다. 그리고 이 과정은 어쨌든 비판적 사고가 결정적으로 작용한다. 다시 말해서 비판적으로 글을 읽는다는 것은 비판적으로 사고하면서 글을 읽는 것을 의미한다. 비판적으로 사고한다는 것은 사람들의 주장에 대해서 단순히 문제점을 찾아내고 흠집을 잡기 위한 목적으로 사고하는 것을 의미하지 않는다. 비판적 사고는 사람들의 주장을 좀 더 심층적이고 다각적인 차원에서 이해하기 위해 그것을 분석하고 평가하는 반성적이고 능동적인 사고이다. 비판적 사고는 다른 사람으로부터 아이디어와 정보를 단지 받아들이기만 하는 수동적 활동이 아니라 능동적으로 스스로 생각하고, 스스로 질문을 제기하며, 스스로 적절한 정보를 찾는 활동이다. 비판적 사고는 주어진 규칙이나 틀에 따라 기계적, 맹목적, 무의식적, 무반성적으로 진행되는 사고가 아니라 의도적, 목적적, 의식적, 반성적으로 진행되는 사고인 것이다.[17]그래서 우리는 논술문을 작성하기에 앞서 먼저 사고의 8요소를 통해 능동적으로 글을 분석하고, 비판적 사고의 9표준을 통해 적극적으로 글을 평가해야 하는 것이다.

3. 문제 설정과 창의적 문제 해결

이제 비판적 읽기가 끝나면 우리는 해결하고자 하는 문제를 설정하고, 그 문제를 어떻게 해결할 것인가를 구상해야 한다. 이 과정에서는 8장에서 제시한 문제 해결하기 5단계 전략을 이용하면 편리한데, 이 전략이 비판적 사고에 기초를 두고 있음은 말할 것도 없다.

문제 해결하기 5단계

1단계: 문제가 무엇인가?

　① 그 상황에 관해 내가 아는 것이 무엇인가?

---

17) 김영정(2006), "논술의 개념과 특징," http//www.logic.snu.ac.kr

② 이 상황에서 내가 목표로 삼고 있는 것은 무엇인가?

③ 어떻게 하면 문제를 명료하게 구체적으로 진술할 수 있을까?

2단계: 대안들은 무엇인가?

① 문제 상황의 한계는 어디까지인가?

② 이 한계 내에서 가능한 대안은 무엇인가?

3단계: 각 대안들의 장단점은 무엇인가?

① 각 대안의 장점은 무엇인가?

② 각 대안의 단점은 무엇인가?

③ 각 대안을 평가하기 위해 필요한 추가 정보는 무엇인가?

4단계: 해결책은 무엇인가?

① 어떤 대안(들)을 따를 것인가?

② 선택된 대안(들)에 따르기 위해 어떤 단계들을 밟을 것인가?

5단계: 해결책이 얼마나 효과가 있는가?

① 나의 평가는 무엇인가?

② 어떤 조정(들)이 필요한가?

이 5단계 전략에서 우선 가장 중요한 것은 1단계의 "문제가 무엇인가?" 하는 것이다. 우리는 이 단계에서 해결하고자 하는 목표로서의 문제나 물음이 무엇인지를 설정해야 한다. 그리고 이 문제나 물음의 해결책이나 답을 찾는 일이 바로 논술의 전체적 목표가 될 것이다. 하지만 막상 목표를 설정하기 위해 핵심적인 물음이나 문제를 설정하는 일이 그리 쉽지만은 않다. 주어진 자료나 글을 비판적으로 읽고 난 뒤에도 논술의 전체적인 목표를 설정하기가 쉽지 않은 것이다. 그래서 이 대목에서는 문제를 설정하는 전형적인 4가지 물음 유형을 활용하는 것이 편리하다. 그 4가지 물음 유형이란 정의 물음, 과정 물음, 비교/대조 물음, 원인-결과 물음이다. 우선 다음 글을 읽어보자.

복제가 밀려오다

「브라질에서 온 소년」(*The Boys from Brazil*)이라는 책과 영화에서 발광한 나치 의사는 십여 명의 독일 독재자 인간을 복제하기 위해 아돌프 히틀러의 피와 조직 세포를 이용하는데, 이는 그들 중 적어도 한 사람이 군권을 장악해 세계를 정복할 것이라는 희망에서이다. 비록 인간 복제가 수십 년 동안―어쩌면 영원히―공상에 머무를 가능성이 많긴 하지만, 다른 종류의 복제는 오래 전부터 가능했다. 그리스어 *klon*은 잔가지를 의미한다. 그래서 가장 단순한 종류의 야채 복제는 식물에서 잘라낸 조각을 재배하는 일로 이루어진다. 1950년대 중반 무렵에 과학자들은 대체로 서로 동일하면서 부모 한쪽만의 유전형질을 지니는 개구리를 만듦으로써 양서류를 복제하는 데 성공했다. 이후 단일 세포로부터 전체 유기체를 생산하기 위해 세포핵을 난자세포에 이식함으로써 대부분의 동물 복제가 행해졌다. 그러나 포유류와 같은 고등 생명체는 복제하기가 어렵다. 포유류의 난자는 개구리의 난자보다 직경이 10~20배 정도만큼 극히 작으며, 그래서 조작하기가 훨씬 더 어렵다. 결과적으로 실험실의 쥐 복제와 관련된 장애들은 한동안 극복할 수 없는 것으로 간주되었다. 그러나 20세기 후반에 접어들면서 상황은 달라졌다. 1997년 스코틀랜드 에딘버러 근처에 있는 로슬린연구소의 이안 월머트와 그의 동료과학자들이 아기 양 "돌리"(Dolly)를 성공적으로 복제해냈다는 발표가 나온 것이다.

만일 과학자들이 쥐를 복제하고 양을 복제하는 식으로 포유류를 복제할 수 있다면, 그들은 언젠가 인간도 복제할 수 있을까? 인간 복제 문제는 다양한 분야의 학자들이 많은 관심을 가질 만한 주제다. 그래서 이 글을 읽고 "복제" 또는 "인간 복제"라는 주제와 관련해 다양한 분야의 학자들이 제기할 법한 물음이나 문제를 예상해보면 다음과 같다.

- 생물학자
  복제란 무엇인가?
  인간을 복제하는 데 이용될 수 있는 기술들은 무엇인가?

복제는 유성생식과 어떻게 다른가? 유사점들이 있는가?

- 정치학자

  복제가 우리의 민주적 제도들에 어떤 영향을 미칠까?

- 사회학자

  복제 인간의 사회화 과정은 유성생식된 인간의 사회화 과정과 어떻게 다를 것인가?

  복제 인간의 세계에서 남자와 여자의 역할은 어떻게 달라질 것인가?

- 철학자(윤리학자)

  왜 복제(유전공학)가 현재 세대 또는 미래 세대에게 윤리적 문제를 야기하는가?

- 심리학자

  복제 인간의 정서적 스트레스 요인과 유성생식된 인간의 정서적 스트레스 요인을 비교 대조하라.

- 경제학자

  복제자들의 사회에서 노동의 대가를 결정하는 데 필요한 단계들이 무엇인가?

  복제가 재화와 서비스의 분배에 이로울 것인가 해로울 것인가?

  복제자들의 사회에서 재화와 서비스가 어떻게 분배될 것인가?

- 역사학자

  사회로 하여금 인간의 생식 수단으로 복제를 채택하도록 이끌 수 있는 사건들을 상상해보라.

위 물음들은 서로 다른 학문을 전공하는 학자들이 같은 쟁점에 대해 다양하고 다각적인 관점에서 문제를 제기하고 있음을 보여준다. 그런데 서로 관점과 내용이 다르긴 하지만, 이 물음들은 기본적으로 4가지 유형으로 나눌 수 있다.

정의 물음: 어떤 용어나 관념의 의미에 대한 설명을 요구하는 물음

"복제란 무엇인가?"라는 생물학자의 물음은 어떤 용어나 관념의 의미를 설명함으로써 답할 것을 요구한다. 만일 "복제 인간의 세계에서 남자와 여자의 역할"에 관해 묻는 사회학자의 물음을 검토한다면, 우리는 그 물음에 대한 답이 역할이라는 용어 아래 포함될 수 있는 다양한 범주들을 열거하는 일은 물론이고 사회학자들이 역할이란 용어의 의미를 어떻게 사용하는지 설명할 것을 요구한다는 것을 알게 될 것이다. 우리는 사회학자들이 "복제 인간들의 사회에서 개인들의 기능적 역할"에 관해 언급하고 있음을 보여줄 필요가 있을 것이고, 그 다음에 성역할, 직업상의 역할, 문화적 역할 등을 세세하게 열거하며, 어쩌면 이러한 범주들 각각을 특수 집단으로 나누는 데까지 나아갈 수도 있다.

과정 물음: 일련의 단계를 요구하는 물음

생물학자, 역사학자, 경제학자는 또한 다음과 같은 물음을 각각 제기했다.

- 인간을 복제하는 데 이용될 수 있는 기술들은 무엇인가?
- 사회로 하여금 인간의 생식 수단으로 복제를 채택하도록 이끌 수 있는 사건들을 상상해보라.
- 복제 인간 사회에서 재화와 서비스가 어떻게 분배될 것인가?

이런 물음들의 공통점은 무엇인가? 생물학자의 물음은 우리로 하여금 복제의 한 방법에 포함되는 단계들을 열거할 것을 요구한다. 역사학자의 물음은 복제를 생식 방법으로 채택하는 사회를 가져올 일련의 사건들(단계들)을 열거할 것을 요구한다. 경제학자의 물음 또한 어떤 방법에 대한 단계적 분석을 요구한다는 것을 알 수 있다. 이처럼 과정 물음의 경우에는 어떤 것에 이르는 일련의 과정이나 단계를 추적해야 한다.

비교/대조 물음: 유사성, 차이성, 또는 둘 다를 확인할 것을 요구하는 물음

생물학자, 사회학자, 심리학자가 각각 제기한 다음 물음은 비교/대조 물음이다.

- 복제는 유성생식과 어떻게 다른가? 무언가 유사성들이 있는가?
- 복제 인간의 사회화 과정과 유성생식된 인간의 사회화 과정이 어떻게 다를 것인가?
- 복제 인간의 정서적 스트레스 요인과 유성생식된 인간의 정서적 스트레스 요인을 비교 대조하라.

생물학자의 첫 번째 물음은 두 생식 체계를 대조시킬 것을 요구한다. 두 번째 물음은 이 두 체계를 비교할 것을 요구한다. 사회학자의 물음은 두 생식 체계를 사회화 과정과 관련해서 대조시킬 것을 요구한다. 그리고 심리학자의 물음 또한 비교와 대조를 둘 다 요구한다.

원인-결과 물음: 이유(원인) 그리고/또는 결과(효과)를 묻는 물음

정치학자와 철학자의 물음은 원인-결과 물음이다.

- 복제가 우리의 민주적 제도들에 어떤 영향을 미칠까?
- 왜 복제(유전공학)가 현재 세대 또는 미래 세대에게 윤리적 문제를 야기하는가?

정치학자의 물음은 어떤 사건이나 조처(복제)의 결과를 조사할 것을 요구하고, 철학자의 물음은 어떤 사건이나 조처(복제)가 왜 문제를 야기할 것인지를 묻는다.

이 4가지 물음 유형은 우리가 세계를 이해하기 위해 탐사전략으로 사용하는

사고 전략을 대표한다고 할 수 있다. 어떤 현상을 해석하기 위해 우리는 보통 그 현상을 정의함으로써 그것이 무엇인지 설명하고, 그런 현상의 존재에 대한 원인들을 확립하며, 그 현상이 미칠 수 있는 결과를 검토하고, 우리가 이미 알고 있는 것과 그 현상을 비교하거나 대조하며, 그 현상이 나타나는 과정을 추적한다. 따라서 우리가 해결해야 할 문제를 설정할 때 이 4가지 물음 유형 중 하나를 이용하면 편리하다. 그렇게 해서 설정된 문제나 물음은 우리가 해결하려고 하는 목표가 될 것이다.

일단 문제가 설정되고 나면 그 다음 단계는 문제 해결하기 5단계 전략에 따라 해결책을 모색하면 된다. 문제에 대한 해결책들을 생각해보고, 각 해결책들의 장점과 단점을 비교/대조해본 후, 최선의 대안을 해결책으로 채택한 다음, 그 해결책이 얼마나 효과가 있을지를 검토해보는 것이다.

4. 논리적 서술로서의 논술

이제 글이나 자료를 비판적으로 읽고, 그것을 토대로 문제를 설정하여 창의적 해결책을 생각한 다음에는 글로 작성하는 일이 남는다. 짧은 논술문이든 좀 더 긴 논술문이든 통상 논술은 서론, 본론, 결론의 세 부분으로 이루어진다. 우리가 일반적으로 이 3요소 형식을 이용하는 것은 이 방법이 다른 사람에게 정보를 표현하는 가장 간명한 방법이기 때문이다. 물론 학문 분야에 따라서는 실험 보고서나 사례연구 같은 특수 형식의 글쓰기도 있다. 하지만 이 특수 형식의 글쓰기도 모두 서론에서 논의할 문제의 의도를 선언하고, 본론에서 그 의도를 전개하며, 결론을 통해 연구 결과를 요약한다. 어쨌든 서론, 본론, 결론의 3요소 글쓰기 형식은 논술문의 모델을 제공한다고 할 수 있다.

다음 글을 읽어보자.

사형제도에 대하여 : 보수적 접근

〔문단 1〕

현대인들은 폭력 범죄가 극적으로 증가하고 있음을 감지한다. 사람들은 거리와 집에서 자신들이 공격받기 쉽다는 것을 안다. 도시의 빈곤한 노인은 집에서 밖으로 나가는 모험을 꺼린다. 부자는 그들의 집을 정교한 정기 경보장치로 바리케이드를 쌓음으로써 사실상의 요새를 만든다. 범죄에 대한 이러한 두려움은 반사회적 행동에 대해 사회가 어떻게 대처해야 하는가 하는 쟁점을 야기한다. 그래서 국회를 비롯한 정치 무대에서 논쟁이 되는 쟁점 중 한 가지는 사형제도다. 그렇다면 사형제도를 찬성하는 입장은 그 근거를 어디에서 찾을 수 있을까? 비록 사형제도 옹호자들을 진보에서 보수에 이르는 정치 스펙트럼에서 고루 발견할 수 있긴 하지만, 이 입장의 근거는 주로 보수적 입장의 몇 가지 기본신조에서 찾을 수 있다. 그 근거는 객관적인 도덕적 질서가 있다는 신념, 인간이 완전할 수 있다는 생각에 대한 거부, 정부의 간섭에 대한 의심 등이다.(논제)

〔문단 2〕

대부분의 보수주의자에 따르면, 선과 악은 절대적 가치이며, 그래서 도덕의 표준은 사회에 따라 달라지거나 사회 내 계급들에 따라 달라지지 않는다.(주제문) 인간의 행위는 보편적으로 올바르거나 보편적으로 그릇되다. 이러한 생각은 정의에 대해 단일 표준을 함의한다. 만일 십계명의 계율처럼 "살인을 해서는 안 된다"면, 모든 시민이 그 금언을 따르는 것은 의무다. 만일 시민들이 그 금언을 따르지 않는다면, 그들은 공정한 사법제도의 적용을 받는다. 살인 행위자를 사형에 처하는 제도는 살인 금지법이 모든 사람에게 적용될 수 있기 때문에, 그리고 그 금언을 따르지 않는 사람들은 자신들의 행동의 귀결을 기꺼이 감수할 것이기 때문에 정당화될 수 있다. 진보주의자들이 주장하는 것처럼 사회·경제적 환경이 개인들이 법을 준수하는 방식으로 기능하는 것을 어렵게 만들고, 형법제도가 범죄를 판단할 때 이런 요인들에 비중을 두어야 한다고 주장하는 것은 보수주의자들이 모든 인간 행동의 기초라고 느끼는 것을 무시하는 것이다. 특정 개인이 가난 속에서 살았거나 부모에게서 학대를 받았다는 사실은 그가 법의 극형을 받지 말아야 한다는 것을 의미하지 않는다.

〔문단 3〕

　게다가 보수주의자들은 본래적인 인간의 성격상의 약점들이 변할 수 있다고 믿지 <u>않는다.</u>(주제문) 법을 어기는 사람들은 본질적으로 사악하기 때문에 어긴다. 살인자를 재교육하더라도 그가 본래 가지고 있는 폭력 충동을 제거할 수 없다. 그러니 살인에 대해 사형 이외의 다른 처벌이 무슨 소용이 있을까? 살인자를 사형시킴으로써 제거할 경우에 사회는 또 다른 공격으로부터 더 안전해질 것이다. 왜 달성할 수 없는 인간성을 변화시키기 위해 애써 노력하고 있는가?

〔문단 4〕

　그렇다면 사형제도는 가능한 한 정부가 개인의 삶을 간섭하지 말아야 한다는 자유주의 정치철학과 어떻게 일치할까? 무엇보다도 살인자를 제거함으로써 정부는 궁극적 간섭의 책임을 진다. 그렇지만 이 점은 다른 관점에서 보아야 한다. 살인자를 감옥에서 간수하는 것—먹이고, 입히고, 재워주고, 사회에 복귀하도록 노력하는 것—은 무엇보다도 사회에 경제적 부담을 준다. 개인 납세자들이 아니면 누가 이 보호에 대한 부담을 지는가? 시민은 그들이 힘들게 번 돈을 가능한 한 많이 유지할 권리가 있다. 그러므로 보수주의자들이 비효율적인 낭비적 프로그램이라 여기는 것을 지원하기 위해 시민들에게 세금을 부과하는 것은 시민들에게서 그들의 노동과 경제적 투자로부터 이익을 얻을 권리를 박탈하는 것이다. 분명히 시민들이 각자의 경제생활을 영위하도록 법과 질서를 유지하는 것은 정부의 책임이다. 하지만 그것을 넘어서서 시민의 지갑을 열라는 다른 요구들은 책임이 아니라 침해다. <u>폭력적 살인자를 사형에 처하지 않고 감옥에서 지내게 하는 것은 정부가 시민들에게 부과해서는 안 되는 불필요한 경제적 부담인데, 이 시민들은 법을 준수하는 납세자들이다.</u>(주제문)

〔문단 5〕

　현대인들은 그들 사회의 토대가 폭력 범죄에 의해 위협받고 있다고 느낀다. 어떤 조치가 필요하다. 우리는 일반적으로 승인되는 처벌로서의 사형에 대해 진지하게 생각해보고 받아들일 수 있어야 한다. 보수주의자들이 주장하듯이, 최소한의 정부 간섭

> 과 함께 사형제도는 본성상 보편적인 도덕 명령을 준수할 수 없는 사람들로부터 사회
> 를 보호하고, 나아가 시민들을 보호할 것이다.

이 글은 서론, 본론, 결론을 명기한 것은 아니지만, 문단 1이 서론, 문단 2, 3, 4가 본론, 문단 5가 결론에 해당한다.

1) 서론

논술문의 전체적 목표나 목적은 우리에게 부과되었거나 우리 스스로 자신에게 부여한 물음에 답하거나 문제에 대해 해결책을 제시하는 것이다. 서론은 대개 탐구해야 할 물음이나 문제를 제기하고, 그 문제가 야기되는 배경을 소개하며, 해결책을 제시하는 것이 보통이다. 그래서 서론은 배경 → 문제 → 해결책의 구조로 이루어진다. 이 중 배경과 관련해서는 독자의 주의를 끌 만한 요소들을 제시하는 것이 보통이다. 그런 요소들로는 개인이나 집단의 일화, 적절한 인용, 놀랄 만한 통계나 기술, 일반적으로 알려지거나 승인되는 진술이 아닌 대담한 진술 등이 제시된다. 그 다음에 핵심 문제가 제시되는데, 문단 1의 서론에서 제기하고 있는 핵심 문제는 "왜 사형제도를 찬성하는 보수주의자의 입장이 보수 철학의 반영인가?"라는 것이다. 그리고 이 핵심 문제에 대한 답이나 해결책을 표현한 진술을 보통 **논제**(thesis statement)라 한다. 논제는 문단 1의 마지막 두 문장이다.

① 비록 사형제도 옹호자들을 진보에서 보수에 이르는 정치 스펙트럼에서 고루 발견할 수 있긴 하지만, 이 입장의 근거는 주로 보수적 입장의 몇 가지 기본신조에서 찾을 수 있다.
② 그 근거는 객관적인 도덕적 질서가 있다는 신념, 인간이 완전할 수 있다는 생각에 대한 거부, 정부의 간섭에 대한 의심 등이다.

위 논제는 두 가지 기능을 하고 있다. 문장 ①에서 논술의 주된 아이디어를 제시했고, ②에서 세 가지의 탐구주제를 열거했다. ①은 논술의 전체 목적을 드러

내고, ②는 필자 자신이나 독자에게 논술의 나머지 부분에 대한 지도, 즉 논술이 전개될 방식에 대한 지침을 제공한다. 서론에서는 세 가지 원칙이 사형제도에 대한 보수주의자의 입장을 반영하는 방식을 구체적으로 상술하지 않는다. 서론에서는 그것을 단지 언급만 할 뿐이다. 구체적 입증과 관련된 세부 내용은 본론에서 제시된다.

2) 본론

논술의 본론은 논제의 주장을 뒷받침함으로써 서론에서 제기한 핵심 물음에 구체적으로 답한다. 예컨대 논제가 어떤 주장에 대한 범주들을 제공한다면, 본론은 개별 문단들을 통해 각각의 범주에 대해 논의하게 된다. 각 문단에서 각 범주의 신호임을 나타내면서 그 문단의 핵심 관심사를 가리키는 문장을 제시하면 유용하다. 이 문장은 주제문(topic sentence)이라 불린다.

본론에 해당하는 문단 2, 3, 4의 주제문은 각각 다음과 같다.

> 문단 2: 대부분의 보수주의자에 따르면, 선과 악은 절대적 가치이며, 그래서 도덕의 표준은 사회에 따라 달라지거나 사회 내 계급들에 따라 달라지지 않는다.
>
> 문단 3: 게다가 보수주의자들은 본래적인 인간의 성격상의 약점들이 변할 수 있다고 믿지 않는다.
>
> 문단 4: 폭력적 살인자를 사형에 처하지 않고 감옥에서 지내게 하는 것은 정부가 시민들에게 부과해서는 안 되는 불필요한 경제적 부담인데, 이 시민들은 법을 준수하는 납세자들이다.

문단 2의 주제문은 논제, 즉 보수주의자는 객관적인 도덕적 질서가 있다고 믿는다는 논제의 첫 번째 주제로부터 따라 나온다. 문단 3의 주제문은 논제의 두 번째 범주, 즉 인간의 불완전성으로부터 도출된다. 그리고 문단 4의 주제문은 논제의 세 번째 범주, 즉 정부 간섭에 대한 의심을 언급하고 있다. 앞의 주제문들과 달리 이 주제문은 문단 끝 부분에 위치해 있다. 이것은 글에 변화를 준다는 것이 한 가지 이유다. 또 다른 이유는 논증의 성격이 약간의 설명적 언급을 요구한다는 것이다. 필자는 독자가 염두에 둘 만한 물음, 즉 "사형제도는 일종의 정부 간섭 아닌가?"를 먼저 내놓고, 그 다음에 주제문을 놓을 경우에 그 문단이 좀 더 나을 것이라고 생각했던 것이다.

주제문은 무엇보다도 독자에게 글의 조직이나 구성을 명료하게 이해하게 해준다. 그리고 글을 써나가는 필자 입장에서도 그 문단의 주제, 즉 하위범주의 한계에 머무르게 하는 데 도움이 된다. 주제문이 없으면 필자는 주제를 잃어버리고 헤매기 쉬우며, 그래서 독자를 혼란스럽게 한다. 혼란에 빠진 독자는 필자가 말하는 것을 이해하지 못하고 납득도 하지 못할 것이다.

각 문단에서 주제문 외의 문장들은 대체로 주제문을 뒷받침하는 문장들이다. 즉 주제문의 내용을 설명하거나 주제문의 근거 내지 이유로 작용하는 문장들이다. 그래서 이런 문장들은 보통 뒷받침문장(supporting sentence)이라 불린다. 따라서 각 문단은 주제문과 뒷받침문장들로 이루어짐을 알 수 있다.

주제문
뒷받침 문장 1
뒷받침 문장 2
뒷받침 문장 3

  ∙

  ∙

  ∙

그런데 여기서 주제문과 뒷받침문장들은 실은 서로 결합해 이른바 논증(argument)을 이룬다. 논증이란 전제(들)와 결론으로 이루어진 진술들의 집합이다. 그래서 주제문이 결론이라면 뒷받침문장들은 그 결론에 대한 근거나 이유 역할을 하는 전제들이다. 요컨대 논술문에서 본론의 각 문단들은 전제와 결론으로 이루어진 논증들임을 알 수 있다. 각 문단들이 이처럼 논증으로 이루어진다는 사실은 논술에서 없어서는 안 될 필수요소이며, 이 점이 바로 논술을 "논증적 글쓰기"라고 하는 이유이기도 하다.

이제 뒷받침문장과 주제문의 이 관계, 즉 전제와 결론의 관계는 크게 보면 두 가지의 논리적 관계로 연결된다. 즉 연역과 귀납이라는 두 가지의 논리적 관계로 연결된다. 연역은 전제(들)가 옳을 경우 결론이 반드시 옳게 되는 논리적 관계이고, 귀납은 전제(들)가 옳을 경우 결론이 옳을 개연성이 높아지는 논리적 관계이다. 그래서 필자는 본질적으로 이 두 가지 중 하나의 논리적 관계에 기초하여 뒷받침문장들을 제시함으로써 주제문을 입증하려 하는 것이다.

이제 논증으로 이루어지는 본론의 각 문단을 구체적으로 전개하는 기법에는 어떤 것들이 있을까? 앞의 3절에서 공부했던 4가지 문제 설정 전략을 이용해 각 문단의 보조물음들을 설정하고, 그에 따라 문단을 전개하면 된다. 그 4가지 문제 설정 전략은 정의, 과정, 비교/대조, 원인-결과 방법이었다.

문단 2를 보라. 문단 2의 주제문은 다음과 같다.

대부분의 보수주의자에 따르면, 선과 악은 절대적 가치이며, 그래서 도덕의 표준은 사회에 따라 달라지거나 사회 내 계급들에 따라 달라지지 않는다.

이 문단에서 필자는 "어떤 점에서 객관적인 도덕적 질서가 사형제도 쟁점과 관련이 있는가?"를 설명하려 한다. 그리고 이것을 설명하기 위해 필자는 다음과 같은 보조물음들을 구상한다.

① 객관적인 도덕적 질서가 의미하는 것은 무엇인가? (정의 물음)
② 그것이 모든 살인자에게 한결같이 적용되는가? (비교/대조 물음)
③ "환경 요인"과 같은 고려해야 할 다른 요인들이 있는가? (원인 물음)

물음 ①은 독자에게 "객관적인 도덕적 질서"가 애매할 수 있기 때문에 정의할 필요를 나타낸다. ②는 서로 다른 종류의 살인자들을 대조하거나 모든 살인자를 비교할 필요를 시사한다. ③은 필자에게 다른 경감 요인들을 고려하거나 고려해서는 안 되는 이유를 제시하도록 요구한다. 이렇게 해서 문단 2는 정의, 비교/대조, 원인-결과 기법을 이용해 전개되고 있음을 알 수 있다.

　문단 3을 검토해보라. 이 문단의 전개는 일차적으로 원인-결과 기법이며, 특히 그 문단의 셋째, 넷째, 다섯째 문장에서 그렇다. 그 논증은 다음과 같다. 범죄자들이 본래 사악하므로(원인), 복권을 통한 어떠한 변화 시도도 쓸모가 없다(무효과). 사형제도의 분별력 있는 사용(원인)은 우리 사회를 더 안전하게 만드는 데 도움이 될 것이다(결과). 둘째 문장 "법을 어기는 사람들은 본질적으로 사악하기 때문에 어기고 있다."는 주제의 의미를 또 다시 설명함으로써 정의 기법을 사용하고 있다.

　지금까지 논의를 요약해보자. 본론의 각 문단들은 논제의 하위 범주를 다루면서 주제문과 뒷받침문장들로 이루어진다. 이 주제문과 뒷받침문장들은 서로 결합해서 논증을 이루며, 각각 논증의 결론과 전제들이 된다. 그리고 논증에서 전제와 결론이 결합하는 방식은 연역과 귀납이라는 두 가지 논리적 관계로 맺어진다. 이 논리적 관계를 기초로 하면서 구체적으로 문단을 전개하는 기법은 하위 범주와 관련된 보조물음들에 따라 정의, 과정, 비교/대조, 원인-결과 기법을 전개하는 것이다.

3) 결론

　결론에서는 보통 두 가지가 제시된다. 즉 결론은 ① 논제를 재진술하고, ② 쟁점의 함의나 귀결을 진술하면서 행동방침을 요구할 수 있다. 논제의 재진술은 가능한 한 가장 간단한 형태로 하면 된다. 하지만 이미 본론에서 전개된 내용이 있기 때문에 결론에서의 논제는 무게가 추가된다. 이 재진술은 "만일 독자가 내가 쓴 것을 따라 읽었다면 독자는 서론에서 주장했던 것이 그렇다는 것을 이해할 것이다."라고 말하는 것이나 마찬가지다. 위 글에서 이 기능을 수행하는 진술은 문단 5의 마지막 진술이다.

　보수주의자들이 주장하듯이, 최소한의 정부 간섭과 함께 사형제도는 본성상 보편적인 도덕 명령을 준수할 수 없는 사람들로부터 사회를 보호하고, 나아가 시민들을 보호할 것이다.

　쟁점의 함의나 귀결, 행동 방침과 관련해서는 위 글의 필자는 폭력 범죄가 위협이 된다는 일반적 함의를 진술하고, 행동방침, 즉 정부 정책의 변화를 제안하고 있다. 결과적으로 결론에서 필자는 세 가지 전략, 즉 일반적 함의를 진술하고, 행동방침을 제안하며, 아이디어들을 요약함으로써 논제를 강화하는 전략을 사용하고 있다.

표 8.2	논술문 작성시 검토사항

서론

배경 → 문제 → 해결책 (논제)

1. 핵심 문제가 무엇인가? (문제)

---

2. 핵심 문제의 중요성을 어떻게 소개하는가? (배경)

---

3. 논제가 무엇인가? (해결책)

---

4. 필자가 논의할 하위범주들이 무엇인가? (보조문제)

본론

1. 주요 부분들이 얼마나 많이 있는가?

---

2. 각 부분에 얼마나 많은 문단이 있는가?

---

3. 다음 각각에서 주제문과 뒷받침문장은 무엇인가?

[문단 2]

① 주제문(결론)

---

② 뒷받침문장들(전제들)

-
-

[문단 3]

① 주제문(결론)

_____

② 뒷받침문장들(전제들)

_____

-
-

[문단 4]

① 주제문(결론)

_____

② 뒷받침문장들(전제들)

_____

-
-

4. 각 문단에서 사용된 전개 방법(정의, 과정, 비교/대조, 원인－결과)은 무엇이며, 어떤 보조물음들이 필자가 사용한 방법을 찾는 데 도움이 되는가?

	전개 방법	가능한 보조 물음
[문단 2]	_____	_____
[문단 3]	_____	_____
[문단 4]	_____	_____

-
-

5. 각 문단에서 주제문(결론)과 뒷받침문장들(전제들)의 관계는 어떻게 맺어져 있는가? 연역 관계인가 귀납 관계인가?

[문단 2]

[문단 3]

| 표 8.2 | 논술문 작성시 검토사항(계속) |

[문단 4]

- •
- •

결론

논제 재진술, 쟁점의 함의나 귀결 진술, 행동 방침 제시

1. 맺는 문단에서 어떤 전략들이 사용되었는가?
2. 논제를 간명하게 재진술하고 있는가?
3. 쟁점의 함의나 귀결을 진술하고, 행동 방침을 제시하는가?

연습문제

1. 다음 글을 읽고 서론, 본론, 결론으로 나눈 다음, 표 8.2에 제시된 검토사항의 물음들에 답해 보라.

올바른 길

오늘날 70년대와 80년대에 우리는 미국에서 보수주의의 부활―1968년과 1972년 두 차례의 임기 동안 대통령으로 닉슨 대통령을 선출한 것과 가장 최근에 레이건 대통령을 선출한 것―을 경험해왔다. 그래서 "우파"의 철학을 이해하기 위한 관심이 새롭게 일어났다. 보수주의에 대한 프랭크 메이어(Frank Meyer)의 정의에서 네 요소에 대한 검토는 보수적인 정치철학의 몇 가지 주요 특징을 가리키는 것처럼 보인다. (1) 보수철학은 인간을 개인의 자유와 독창성을 통해 최고의 능력이 개발되는 것으로 본다. (2) 보수철학은 정부의 권력이 제한되어야 한다고 믿는다. (3) 보수철학은 일상생활에서 종교의 역할을 강조한다. (4) 보수철학은 공산주의가 매우 위험한 세력이라고 주장한다. 당대의 주요

쟁점들과 관련한 보수적 입장에 대한 분석은 이러한 보수적 원칙들을 좀 더 명백하게 만들어야 한다.

보수파는 사회가 달성할 수 있는 최고의 선이 자신감과 독창성을 최고로 발휘하는 각 개인을 통해 달성된다고 믿는다. 이것에 대한 증명은 미국이 3세기가 채 못 되는 동안에 황무지에서 강력한 성공 국가로 성장해왔다는 사실이라고 그들은 주장한다. 그리고 최악의 시기에서도 미국인들로 하여금 견딜 수 있게 했던 것은 바로 이러한 개인적 독립심의 특성들이다. 어떠한 경제적·사회적 문제들이라도 지역 공동체에서 개인이나 개인들의 집단에 의해 해결되었다. 해당 공동체를 벗어나서 다른 공동체들에 의존하는 것은 미국식이 아니다. 이것이 바로 보수파들이 사회·경제적으로 보조를 마련하려는 연방정부나 주정부 프로그램들의 시도에 대해 실망했던 이유이다. 예컨대 보수파들은 복지와 실업수당을 "거지에게 주는 돈"으로 본다. 그런 프로그램들은 사람들에게 자신감을 넣어주기보다는 오히려 사람들을 의존적이게 만든다.

첫째 원칙의 논리적 확장이랄 수 있는 다른 보수파 원칙은 정부 권력이 제한되어야 한다는 것이다. 보수파는 우리 삶의 모든 영역에서 정부 간섭이 우리의 권한을 벗어나 있다고 느낀다. 정부의 간섭은 교육, 보건, 에너지, 환경보호, 복권 등과 대규모로 연관되어 있다. 보수파는 너무 많은 시민들이 모든 사회적 문제가 정부에 의해 치유되어야 한다는 기대를 갖고 있다고 느낀다. 이러한 기대는 미국인의 특성에 좋지 않을 뿐만 아니라 낭비적이고 비용이 많이 드는 거대한 정부 프로그램들을 마련하도록 이끌었다고 보수파는 주장한다. 예컨대 보수파는 EPA(환경보호국)과 NHTSA(미국 고속도로 안전관리국) 같은 기관들에 의해 요구되는 무수한 정부 규제들이 사업을 불구로 만들었다고 인용한다. 비합리적인 안전 표준을 충족시키는 데 드는 많은 비용 때문에 새 공장이 세워지지 않으며, 자동차는 같은 이유로 불필요하게 더 값이 비싸다. 왜 차 제조회사가 차 소유주가 원치 않는데도 많은 비용을 들여가면서 안전띠를 제공해야 하느냐고 보수파는 묻는다. 정부의 힘은 잠재적 투자자, 잠재적 근로자, 잠재적 소비자를 불구로 만드는 것이다. 정부 영향력의 확대야말로 사회적 문제라고 그들은 결론짓는다.

도덕은 보수파들에 따를 때 건강하게 잘 돌아가는 문명사회 조직의 필수적인 부분이다. 도덕적 질서의 가장 강력한 지지자들은 종교집단들이다. 종교적 신앙과 실천은 그 자체로 중요한 역할을 하며, 특히 젊은이에게 중요한 역할을 한다. 이런 이유로 많은 보수파들은 공립학교에서 학교 기도가 허용되어야 한다고 주장한다. 그들은 교육이 도덕적 가르침과 분리해서 생각될 수 있다는 생각에 의해 방해를 받는다. 종교적인 도덕적 질서에 대한 보수파의 지지와 맞닥뜨리는 또 하나의 관행은 낙태다. 많은 종교 집단들은 인간의 생명이 수태에서 시작된다고 믿는다. 그러므로 낙태는 인간 생명의 신성함과 생명의 "기적", 즉 수태를 존중하지 않는다고 그들은 느낀다.

보수파는 훌륭한 국방 체계를 건설해야 한다고 믿는다. 그들은 공산주의 교의의 확산을 상존하는 위험으로 두려워한다. 공산주의 교의는 보수파 강령의 거의 모든 신조와 반대된다. 공산주의는 계급 없는 사회, 종교 없는 사회, 개인보다 국가가 더 중요하다는 생각을 믿는다. 보수파는 국가와 자유세계에 대한 방어, 그리고 전 세계에 대한 소련의 침략을 억제하기 위해 연방정부가 권한을 가져야 한다고 생각한다. 그들은 소련이 SALT 협정(핵무기 수를 금지하고 그리고/또는 제한하기 위해 제안된 조약)을 지킬지 경계한다. 전 세계 동맹국과 우방국의 도움을 받아 보수파는 미국 정부가 소련의 영향권에 대해 강력한 방어선을 유지함으로써 그러한 교의의 확산을 막을 수 있다고 믿는다.

보수파는 80년대의 정치적 쟁점들에 대한 자신들의 입장이 생생한 정치철학으로부터 도출된다고 믿는다. 가장 큰 개인의 독창성을 허용하고, 정부 권한을 제한하며, 종교적 가치를 좀 더 인정하고, 공산주의에 대해 경계 자세를 확립하는 것과 같은 원칙들은 미국을 자신에 차 있고, 근면하며, 강력한 국가로 만들어 왔다. 보수파들은 정치적 "우파"가 올바르다고 확신한다.

— Anselmo, T. & Bernstein, L. & Schoen, C.(1986),
*Thinking and Writing in College*에서 발췌

2. 다음 쟁점들과 관련한 자료나 글을 읽고 이 장에서 제시한 방법에 따라 원
　고지 1,500매 내외의 논술문을 작성해보라.
　(1) 텔레비전 방송의 상업성
　(2) 스포츠의 폭력성
　(3) 노인에 대한 사회나 국가의 책임
　(4) 과학기술 발전의 귀결
　(5) 국책사업과 환경문제

제2부

비판적 사고
기초 다지기

제2부는 사고의 요소들에 대한 집중적 검토와 음미가 이루어진다. 우리의 사고를 이루는 요소들, 특히 정보를 획득하는 수단으로서의 지각 과정, 믿음과 앎의 과정에 대한 검토가 이루어지고, 이 과정에서 비판적 사고의 기능을 설명한다. 나아가 언어의 본성 및 언어와 사고의 상호작용을 설명하고, 개념 형성하기와 적용하기, 자료 관계 맺기와 조직하기, 보고 · 추리 · 판단하기 등의 과정에 대해 집중적으로 검토하고 비판적으로 음미한다. 제2부에서 우리는 별 생각 없이 지나쳤던 이런 일상적 과정들에서도 비판적 사고가 진행되어야 하며, 그렇게 했을 때 우리의 비판적 사고 능력이 현저하게 개선될 수 있다는 것을 알 수 있을 것이다.

제**9**장

지각하기

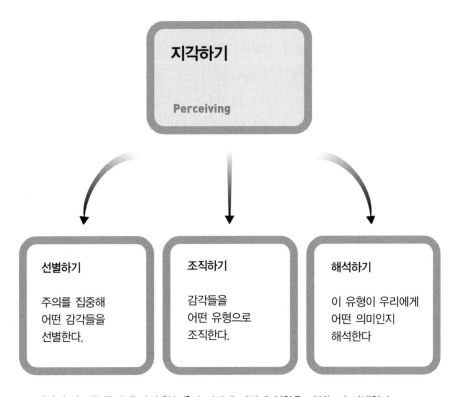

지각하기

Perceiving

선별하기

주의를 집중해
어떤 감각들을
선별한다.

조직하기

감각들을
어떤 유형으로
조직한다.

해석하기

이 유형이 우리에게
어떤 의미인지
해석한다

비판적 사고를 통해 우리의 "안경"이 지각에 어떻게 영향을 미치는지 이해한다.

1. 정보의 원천으로서의 지각

2장에서 우리는 사고의 8요소에 대해 알아보았다. 그 8요소는 목표, 핵심 물음, 가정, 정보, 개념, 추리와 해석, 함의와 귀결, 관점이었다. 이 사고의 요소들은 우리가 추론 있는 생각을 할 때는 언제나 나타난다. 그 중 이 장에서는 정보 요소와 관련해 생각해보기로 하자. 우리가 갖는 정보는 대부분 우리가 세계에 대해 갖게 되는 경험을 통해 얻어진다. 세계에 대한 우리의 경험은 우리의 감각기관들, 즉 시각, 청각, 촉각, 후각, 미각 기관을 통해 우리에게 나타난다. 이 감각기관들은 우리 밖에서 일어나는 일을 깨닫게 해줌으로써 세계와 우리를 잇는 다리 역할을 하는데, 감각기관을 통해 세계를 알게 되는 이 과정을 바로 "지각"(perceiving)이라고 한다. 이제 우리는 비판적 사고를 통해 우리의 지각 과정 속에서 일어나는 일을 이해함으로써 세계에 대한 우리의 이해와 지식을 좀 더 다듬어 나갈 수 있으며, 이를 통해 좀 더 나은 정보를 획득할 수 있다.

깨어 있는 거의 모든 순간에 우리는 엄청난 양의 자극, 즉 우리가 보는 상, 듣는 소리, 맡는 냄새, 만지는 감촉, 먹는 맛들의 포격을 받는다. 이런 경험들은 한꺼번에 일어난다. 이 모든 자극들은 혼란스러울 정도로 우리에게 한꺼번에 밀어닥친다. 그런데도 우리는 세계를 보통 이보다 훨씬 더 질서 있고 이해할 수 있는 것으로 받아들인다. 왜 그럴까? 우선은 우리의 감각기관 장치가 일정한 한도 내에서만 감각들을 수용할 수 있다는 것이 그 이유다. 동물들은 감지하지만 우리는 감지하지 못하는 소리와 냄새도 많이 있는 것이다. 하지만 우리가 이 감각들의 포격을 견디고 세계를 질서 있게 이해할 수 있는 또 다른 이유는 우리가 우리에게 들어오는 자극들 중에서 극히 적은 양의 자극만을 능동적으로 선별해서 받아들인다는 것이다.

우리의 감각기관은 마치 카메라나 녹음기처럼 세계에서 일어나는 것을 보고하거나 기록만 한다고 생각하기 쉽다. 그렇지만 우리는 단순히 수동적 정보 수용기, 즉 감각 경험이 들이부어지는 수동적 "용기"에 불과한 것이 아니다. 오히려 우리는 우리가 부딪히는 감각들을 이해하려고 노력하는 능동적 참가자다. 우리가 세계를 지각할 때, 우리의 경험은 우리가 지니고 있는 감각들을 우리가 이해하는 방식에 따라 결합한 결과다. 아래 그림을 보라.

이 그림에서 우리는 사물을 지각할 때 감각기관들이 우리가 경험하는 것에 대해 단순한 보고만 하고 있는 것이 아님을 알 수 있다. 감각을 경험하는 것에 덧붙여 우리는 이 감각들을 능동적으로 이해하고 있다. 우리는 이 그림을 그냥 검정 무늬들로 보는 것이 아니라 개로 보는데, 그것은 우리가 이 무늬들을 어떤 유형으로 능동적으로 조직하기 때문이다. 우리가 경험하고 있는 감각들을 능동적으로 지각할 때 우리는 보통 다음의 세 가지 일을 하고 있다.

① 주의를 집중해 어떤 감각들을 선별하기.
② 이 감각들을 어떤 모형이나 유형으로 조직하기.
③ 이 모형이나 유형이 우리에게 어떤 의미인지 해석하기.

위 그림의 경우에 우리는 개를 지각했는데, 그것은 우리가 집중해 어떤 종류의
무늬들을 선별하였고, 이 무늬들을 어떤 유형으로 조직하였으며, 이 유형이 익숙
한 동물인 개를 나타낸다고 해석하였기 때문이다. 물론 우리가 지각할 때 선별하
고 조직하고 해석하는 이 세 가지 작용은 보통 아주 빠르게 자동적으로 일어나며,
그것도 동시에 일어난다. 그리고 우리는 이런 작용들을 깨닫지 못하는 수가 많다.
그런데도 우리가 수용하는 감각들을 선별하고, 조직하고, 해석함으로써 우리는
안정적이고 익숙한 사물들의 세계, 즉 보통 우리에게 이해되는 세계를 지각한다.
따라서 지각이란 우리의 감각기관들에 의해 경험되는 것을 능동적으로 선별하고,
조직하고, 해석하는 과정이라고 할 수 있다.

2. "안경"을 통해 세계 보기

1) 사람마다 지각이 다르다

세계를 지각할 때 수동적으로가 아니라 능동적으로 참여하고 있다는 사실은
보통 우리가 의식하지 못한다. 우리는 보통 우리가 지각하는 것이 실제로 일어나
는 일이라고 가정한다. 하지만 똑같은 사건에 대한 우리의 지각이 다른 사람의 지
각과 다르다는 것을 발견하는 경우에야 비로소 우리는 세계 속 사건들을 선별하
고, 조직하고, 해석하는 방식을 검토하지 않을 수 없게 된다.

다양한 사람들이 똑같은 자극이나 똑같은 사건들에 노출되어 있으면서도 다른
지각 내용을 갖는 방식을 이해하기 위해서는 우리가 각자 제 자신의 안경을 통해
세계를 본다고 상상하면 된다. 물론 우리는 자신이 끼고 있는 안경을 의식하지 못
한다. 대신 우리의 안경은 우리가 깨닫지 못한 채 지각하는 것을 선별하고 구체화
하는 여과기처럼 작용한다. 이 "안경"상은 왜 사람들이 똑같은 자극을 접하면서

도 다른 것들을 지각하게 되는지 설명하는 데 도움이 된다. 그것은 사람들이 각자 지각하고 있는 것에 영향을 미치는 서로 다른 안경을 끼고 있기 때문이다.

사람들이 세계를 지각하는 방식을 이해하기 위해서는 우리는 그들의 개인적 안경을 이해해야 하는데, 이 안경은 그들이 자신들의 경험을 능동적으로 선별하고, 조직하고, 해석하는 방식에 영향을 미친다. 우리 자신의 경우에도 비판적 사고자가 되기 위해서는 우리는 자신이 끼고 있는 안경을 의식할 수 있어야 한다. 이 안경은 우리의 경험에 나타나는 감각들을 능동적으로 선별하고, 조직하고, 해석하는 데 도움이 된다.

2) 지각 선별하기

우리는 어떤 이유 때문에 우리의 주의를 끌어온 주제들에 대해 지각 내용들을 선별하는 경향이 있다. 예컨대 여러 사람이 시내 도로를 걷다가 누군가가 재미나는 간판을 지적할 수 있다. 그러면 갑자기 모든 사람이 그런 유형의 지각에 초점이 모아지기 때문에 그런 광고판을 보기 시작한다.

지각이라는 안경의 또 다른 측면으로 우리는 우리가 필요로 하거나 바라거나 발견하거나 재미있어 하는 것을 주목하는 경향이 있다. 쇼핑을 할 때 우리는 우리가 찾는 물건들에 초점을 모은다. 길을 걸을 때도 우리는 다른 사람이나 사건들은 무시하고 어떤 종류의 사람이나 사건들을 주목하는 경향이 있다. 영화를 보거나

표 9.1 　사람들이 세계를 지각하는 방식

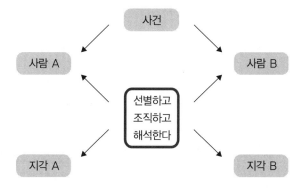

독서를 할 때도 우리는 우리가 흥미 있다고 생각하는 요소들에 집중하거나 그것들을 기억한다. 다른 사람도 같은 행동—같은 가게에서 쇼핑을 하고, 같은 길을 걸으며, 같은 책을 읽고, 같은 영화를 본다—을 수행하지만 그들은 전혀 다른 것들을 보고 기억한다. 다시 말해서 우리가 보거나 보지 않는 것은 대부분 우리의 흥미, 필요, 욕구에 달려 있다.

우리가 느끼고 있는 방식, 즉 우리의 기분이나 정서 상태 또한 우리가 선별하는 지각 내용에 영향을 미친다. 한밤중에 혼자 산길을 헤매면서 불안한 상태에 있을 때 우리는 짐승이나 귀신이 내는 소리를 듣는다. 또는 무언가에 몹시 기분이 상해 불안정한 상태에 있을 때 우리는 다른 사람의 비난에 주의를 기울일 준비가 되어 있다. 우리는 또한 우리에게 매우 익숙하거나 익숙하지 못한 지각들도 선별하는 경향이 있다. 시끄러운 술집 같은 곳에서 다른 사람들의 대화에 묻혀 있다고 생각해보라. 이 대화들은 성, 연예인, 운동선수에 관한 이야기와 같은 뭔가 익숙한 것을 듣기 전까지는 그냥 "소음"일 뿐이다. 그러다가 우리는 갑자기 특정 대화에 주의를 기울이기 시작한다. 익숙한 어떤 것의 소리가 우리에게 들리는 다른 모든 소리 가운데에서 그 대화를 선별하도록 한 것이다. 그 과정은 라디오 다이얼을 돌리다가 알아들을 수 있는 노래가 들릴 때 멈추는 것과 비슷하다.

요컨대 우리는 우리의 주의를 끌어온 것, 우리의 필요나 관심, 기분이나 감정, 익숙하거나 익숙하지 않은 것처럼 보이는 것에 기초하여 우리의 지각 내용들을 능동적으로 선별한다. 우리가 지각 내용을 선별하는 방식은 우리가 세계를 보는 안경의 중요한 역할이다.

3) 지각 조직하기

어떤 지각들을 능동적으로 선별할 뿐만 아니라 우리는 이 지각들을 의미 있는 관계와 유형으로 조직한다. 우리가 세계를 지각할 때, 우리는 자연스럽게 우리가 경험하고 있는 것을 우리에게 의미가 있는 유형과 관계들로 질서를 부여하고 조직하려고 한다. 그리고 그렇게 할 수 있을 때 완성된 전체는 단순히 개별 부분들의 합보다 우리에게 더 의미가 있다. 그래서 1절의 검은 무늬 그림을 개 모양으로 조직해 보는 것이 그냥 무늬들의 합으로 보는 것보다 더 의미가 있다.

　　사실상 깨어 있는 매 순간 우리는 계속해서 이런 식으로 우리의 세계를 조직하고 있다. 우리는 고립된 소리들, 색깔 조각들, 닥치는 대로 맡는 냄새들, 개별적인 감촉들의 세계에서 사는 것이 아니다. 그 대신 우리는 사물과 사람들, 언어와 음악의 세계, 즉 이러한 개별 자극들 모두가 함께 잘 짜인 세계 속에서 산다. 우리는 의미가 있는 관계들로 우리가 받아들이고 있는 자극들을 조직할 수 있기 때문에 이 복잡한 경험 세계를 지각할 수 있는 것이다. 우리가 경험을 조직하는 방식 또한 우리가 세계를 지각하는 안경의 중요한 역할인 것이다.

4) 지각 해석하기

　　지각들을 선별하고 조직하는 것 외에 우리는 지각하는 것을 능동적으로 해석한다. 해석할 때 우리는 어떤 것이 의미하는 것을 알아내려 하고 있다. 예컨대 명절 때 지현이 시댁에서 오랜만에 모인 가족들과 함께 차례 준비를 하고 있다고 해보자. 갑자기 사람들의 시끌벅적한 이야기 소리 속에서 지현은 두 살 된 딸 은경의 울음소리를 듣는다. 지현은 자신의 주의가 쏠린 이 지각을 능동적으로 선별하고, 그 소리들을 자신이 알 수 있는 인간의 울음으로 조직하면서, 또한 그 울음이 의미하는 것을 해석하려 한다. 아기가 시끄러운 이야기 소리에 놀랐는가? 겁에 질렸나? 배가 고픈가? 오줌을 쌌나? 뭔가 불만이 있는가? 심심한가? 지현은 자신의 지각을 해석하려고 함으로써 울음이 표현하는 것이 정확히 어떤 의미인지 결정하려고 하고 있다.

　　지각에 대한 해석에 영향을 미치는 요소 한 가지는 그 지각이 일어나고 있는 맥락, 즉 전체적 상황이다. 아래 그림을 보라.

12

A　13　C

14

대부분의 사람이 가운데 그림을 수평선의 일부로 볼 때는 문자 B를 지각한다. 반면에 수직선의 일부로 볼 때는 숫자 13을 지각한다. 각 경우에 그림에 대한 해석은 해석이 일어나고 있는 맥락에 달려 있다. 이 말은 다른 대부분의 지각에 대해서도 옳다. 거리를 달리는 한 사람을 본다고 해보라. 그의 행동에 대한 해석은 구체적인 상황에 달려 있다. 시내버스 정류장에 버스가 기다리고 있는가? 경찰이 쫓고 있는가? 조깅을 하고 있는가?

앞에서 우리의 관심과 욕구는 우리가 지각을 선별하는 방식에 영향을 미친다고 했었다. 마찬가지로 우리의 관심과 욕구는 지각에 대한 해석에도 영향을 미친다. 또 우리가 느끼고 있는 방식도 지각에 대한 우리의 해석에 영향을 미친다. 우리가 행복하고 낙관적이라고 느낄 때, 세상은 정다운 것처럼 보이고 미래는 희망으로 충만한 것처럼 보인다. 우울하고 불행하다고 느낄 때는 세상이 전혀 다르게 지각될 것이다. 두 경우에 이 세상의 상황들은 별 차이가 없이 비슷할 것이다. 그처럼 완전히 달라지게 만드는 것은 우리가 안경을 통해 보는 세상 해석일 뿐인 것이다.

세계에 대한 우리의 해석은 우리의 과거 경험들, 즉 우리가 자라온 방식, 우리가 맺어온 관계, 그리고 우리가 겪은 훈련과 교육에 의해 영향을 받는다. 예컨대 교차로에서 승용차와 덤프트럭 사이에 사고가 일어났다고 해보자. 사고에 연관된 개인들의 관심과 과거 경험에 기초하여 그 사건이 달리 지각될 수 있다.

경찰: 누가 신호를 무시하고 직진했습니까? 두 사람 모두 왜 교차로에서 서행하지 않았죠? 도로가 빙판이라는 걸 몰랐나요? 두 분 다 면허증을 제시하세요.

견인차 운전자: 덤프트럭은 빙판에서 급정거를 할 수 없어요. 트럭 기사가 교차로 앞에서 멈추려고 했어도 완전 정차는 불가능했을 겁니다. 트럭은 경미한 손상이지만 자동차는 완전히 못쓰게 됐군요. 자동차는 견인해야 할 것 같은데요.

구급차 의사: 누가 심하게 다쳤나요? 어디가 부러졌나요? 머리나 목이 아프지는 않아요? 진찰하는 동안 좀 누워서 쉬시지요.

피해차량 운전자 친구: 그렇게 말렸는데도 기어이 빙판길에 운전을 하더니 이게 뭐야! 그냥 이 녀석이 무사했으면 좋겠어요. 지금 이 상황에 차가 문제예요? 살아난 것만도 다행인 줄 알아야지.

3. 지각에 관해 비판적으로 생각하기

지금까지 우리는 선별하고, 조직하고, 해석함으로써 지각 과정에 우리가 능동적으로 참여한다는 사실을 강조하였다. 우리는 각자 자신의 독특한 안경을 통해 세계를 본다. 이 점은 두 사람이 정확히 똑같은 방식으로 세계를 지각하지는 않는다는 것을 의미한다. 그렇지만 우리가 경험하는 감각들을 능동적으로 선별하고, 조직하고, 해석하기 때문에 우리의 경험은 종종 불완전하고 부정확하며 주관적이다. 게다가 우리 주변의 다른 사람들은 고의적으로 지각과 오지각을 만든다. 제품이 팔리기를 바라는 광고주는 이 제품을 사용할 경우 우리 인생이 달라질 것이라는 인상을 만들어내려고 할 것이다. 또는 다른 어떤 사람의 평판을 나쁘게 하고 싶은 사람은 그 사람에 대한 다른 사람의 지각에 영향을 줄 목적으로 그에 대해 헛소문을 퍼뜨릴 수 있다.

우리가 우리 지각의 과오, 왜곡, 불완전함을 바로잡을 수 있는 유일한 방법은 보통 우리가 의식하지 못한 채로 지각하고 이해하는 이 과정을 의식하게 되는 것이다. 이 과정을 의식하게 됨으로써 우리는 일어나고 있는 일에 대해 비판적으로 생각할 수 있고, 우리의 과오와 왜곡을 시정할 수 있다. 다시 말해서 일어나고 있는 일에 대해 좀 더 명료하고 정확하게 생각하기 위해 우리는 비판적 사고를 이용할 수 있다. 따라서 지각이 작동하는 방식과 지각 속에서의 우리의 능동적 역할에 대해 의식하지 못하게 되면 우리는 지각에 대해 어떠한 조절도 할 수 없게 될 것이다. 그리고 우리의 지각이 과오를 범하고, 왜곡되어 있으며, 불완전한 경우에도 우리는 우리가 세계를 보는 방식이 실제로 세계가 존재하는 방식이라고 확신하게 될 것이다.

지각에 관해 비판적으로 생각한다는 것은 우리가 바꾸고 싶지 않은 충동적 지각이나 피상적 지각을 전개하지 않는다는 것을 의미한다. 비판적 사고자는 세계에 접근할 때 생각이 깊고, 새로운 정보나 나은 통찰에 비추어 자기의 견해를 수정하는 일에 대해 마음이 열려 있다. 다음 지각들을 생각해보라.

모든 경찰은 잔인하다.

여자는 매우 감정적이다.

정치인은 모두 부패한 놈들이다.

전라도 사람은 범죄 성향이 있다.

경상도 사람은 패거리 의식이 있다.

시골 출신은 순진하고 잘 속아 넘어간다.

도시 출신은 약아빠졌다.

이런 유형의 일반적 지각들은 집단 성원들 내의 개인차를 인정하지 않고 집단 사람들 전체에 관해 어떤 믿음을 표현하기 때문에 고정관념이라 불린다. 고정관념은 집단의 사람들 전체에 관해 부정확하고 피상적인 생각을 형성하도록 자극하기 때문에 우리의 지각에 영향을 미친다. 예컨대 "모든 경찰은 잔인하다."를 생각해보라. 이런 고정관념을 가졌을 경우에 우리는 이 집단에 속하는 어떤 사람을 만났을 때 자동적으로 그가 이 정형화된 성질을 지닌 것으로 지각한다("이 사람은 경찰이니까 잔인하다). 설령 그가 잔인한 사람이 아니라는 것을 발견한다 해도 전체로서의 집단에 대한 지각은 바뀌지 않고 그를 그저 희귀한 예외 정도로 취급한다. 그렇지만 깊이 생각하는 방식으로 지각하게 되면, 우리는 미리 존재하는 범주에 어떤 사람을 억지로 끼워 맞추려 하기보다는 개인으로서의 그가 어떻게 생긴 사람인지를 보려 한다.

우리의 정신은 우리가 하는 경험이나 이 경험에 대한 반성을 통해 성장하기 때문에 세계에 대한 우리의 지각은 계속해서 성장해야 한다. 지각에 관해 비판적으로 생각함으로써, 즉 우리와 다른 관점에서 세계를 보고 이 관점들을 뒷받침하는 이유들을 이해하려고 함으로써, 우리는 세계를 점점 더 정확하고 올바르게 이해할 수 있어야 한다. 세계에 대한 우리 지식의 대부분은 지각에서 시작된다. 따라서 우리의 지식을 발전시키기 위해서는 우리는 이 지각 과정에 대해 비판적으로 검토할 수 있어야 한다. 이제 다음 장에서 지각과 비판적 사고를 결합함으로써 세계에 대한 우리의 믿음과 지식을 발전시키는 방법에 대해 생각해보기로 하자.

연습문제

1. 우리에게 들어오는 자극들 중에서 다른 감각들을 무시하고 하나의 감각에
   만 집중하여 다음 물음들에 답하라.
   (1) 내가 볼 수 있는 것은 무엇인가?
       예) 이 책의 글자, 칠판의 판서, 책상 위 휴대폰 등.
   (2) 내가 들을 수 있는 것은 무엇인가?
       _____
   (3) 내가 느낄 수 있는 것은 무엇인가?
       _____
   (4) 내가 냄새 맡을 수 있는 것은 무엇인가?
       _____
   (5) 내가 맛볼 수 있는 것은 무엇인가?
       _____

2. 다음 진술 쌍을 생각해보라. 이 사례들 각각에서 양쪽 모두 똑같은 자극이
   나 사건에 노출되어 있지만, 각자는 그 경험에 대해 전혀 다른 지각 내용을
   갖는다. 빈칸에 다양한 지각들이 전개될 수 있는 방식을 설명해보라.
   (1) ① 저 청양고추는 너무 매워 먹을 수가 없었다.
       설명: 이 사람은 매운 음식을 먹은 경험이 별로 없다.
       ② 이 민물매운탕을 얼큰하게 하는 데 저 청양고추가 필요했다.
       설명: 이 사람은 매운 음식을 먹은 경험이 많으며, 그래서 그 맛을 이
            용한다.
   (2) ① 화장을 많이 한 여자는 멋을 낼 줄 아는 사람이다.
       설명: _____
       ② 화장을 많이 한 여자는 야하다.
       설명: _____
   (3) ① 술을 살 수 있는 연령은 만 20세 이상이어야 하는데, 왜냐하면 청소

년은 술의 효과를 조절할 만큼 성숙하거나 책임을 질 수 없기 때문
이다.

설명: _____

② 술을 살 수 있는 연령은 만 19세 이상이어야 하는데, 왜냐하면 대학
생이라면 술을 조절할 수 있을 정도로 충분히 성숙하고 책임을 질
수 있기 때문이다.

설명: _____

(4) ① 국도에서 시속 70km의 제한속도를 늘리는 것은 개인의 권리를 뒷
받침하는 훌륭한 결정이다.

설명: _____

② 국도에서 시속 70km의 제한속도를 늘리는 것은 생명을 위태롭게
하고 연료를 낭비하게 하는 결정이다.

설명: _____

3. 오늘자 일간지 신문들을 놓고 중요한 사건에 대해 서로 다른 기사를 하나씩
골라보라. 그리고 다음 물음들에 답함으로써 기사를 쓴 기자들의 "안경"을
분석해보라.

  (1) 각각의 기자가 초점을 모으기 위해 선별한 그 사건의 세부 내용들은
      무엇인가?

  (2) 각각의 기자는 선별된 세부 내용들을 어떻게 조직했는가? 대부분 신문
      이 가장 중요하다고 생각하는 정보를 맨 먼저 제시하고, 가장 중요성
      이 떨어지는 정보를 마지막에 제시한다는 사실을 기억하라.

4. 다음 글을 읽고 미국인과 멕시코인의 지각 내용을 비교하고, 차이가 발생한
   원인에 대해 설명해보라. 각자의 고정관념에 주목해보라.

한 미국인 관광객이 길을 가다가 잠자고 있는 멕시코 농부를 보고 멈추었다.
그 멕시코 농부는 무릎에 팔을 두른 채 그늘진 곳에 앉아 있었으며, 머리에는 솜

브레로(sombrero)를 쓰고 있었다.

"저 꼴 좀 봐. 대낮에 잠을 자다니! 저렇게 게을러 빠졌으니 가난에서 헤어 나오지 못하지. 쯧쯧."

그러고는 그 미국인 관광객은 가방에서 디지털 카메라를 꺼내 농부의 생생한 모습을 사진으로 찍었다.

근처의 한 멕시코 가게 주인이 창밖을 보다가 이 관광객을 주시한 다음 아내에게로 향했다.

"저 잘 사는 미국놈 좀 봐. 저 놈들은 절대 일을 안 하거든. 저 놈들이 하는 일이라곤 사진 찍고 돈 쓰는 게 전부란 말이야."

※ 힌트: 미국인 관광객은 게으른 농부라고 가정한 멕시코인에 관해 몰랐던 사실이 있을 수 있다. 그 멕시코인은 새벽 5시에 일어나 무거운 물건들을 지고 20km 거리의 시장까지 걸어서 갔다 오는 중이었다. 정오가 되기 전에 그는 이미 몇 시간 동안 작열하는 태양 아래 노출되어 있었다. 그간의 경험을 통해 그는 태양이 내리쬐는 뜨거운 대낮에는 가능한 한 직사광선을 피해 적게 움직이는 것이 최선임을 배웠다. 이런 경우 낮잠을 자는 것이 최선의 해결책이었다. 오후 늦게 집으로 돌아와 어설픈 저녁 식사를 하고 고단한 몸으로 잠자리에 들 것이다.

한편 멕시코 가게 주인도 미국인에 대해 모르는 사실이 있을 수 있다. 그 미국인은 자그마한 회사에 다니는 사람으로 박봉을 받고 있다. 그는 이번 여행을 위해 3년간 열심히 일하면서 조금씩 돈을 모았던 사람일 수 있다.

제 10장

믿음과 앎

믿음

세계에 관해 우리가 옳다고 받아들이는

해석
평가
결론
예측

직접경험에 기초한 믿음   간접경험에 기초한 믿음

앎

믿음에 대해 비판적 사고를 함으로써
지식에 도달한다

1. 믿음과 지각

우리가 살고 있는 세계를 이해하고자 하는 것은 인간의 자연스러운 충동인 것처럼 보인다. 세계에 대한 이해는 사고의 전체적 목표라고 할 수 있는데, 그런 의미에서 사고는 우리가 세계를 이해하는 정신과정이라고 할 수 있다. 앞 장에서 공부했던 "지각"은 이 사고 과정의 중요한 한 부분이다. 하지만 지각 그 자체만 가지고서는 세계에 대한 이해의 믿을 만한 토대를 제공할 수 없다. 우리의 지각은 종종 불완전하고, 왜곡되고, 부정확하기 때문이다. 따라서 지각을 세계에 대한 이해의 토대로 삼으려면 우리는 우리의 지각을 비판적으로 검토하고 평가해야 한다.

지각에 관해 비판적으로 생각하다 보면 우리는 자연스럽게 **믿음**(belief)을 형성하게 되고, 더 나아가 궁극적으로 세계에 대한 **지식**(knowledge)을 획득하는 데까지 나아가게 된다. 따라서 믿음은 지각과 더불어 우리가 세계를 이해하고, 그 속에서 어떻게 행동할 것인지를 결정하는 데 필요한 중요한 도구이다. 우리의 전체 믿음체계는 우리의 세계관을 나타낸다.

그렇다면 "믿음"이란 정확히 무엇인가? 믿음은 어떤 역할을 하는가? 믿음은 대체로 세계의 본성에 관한 해석, 평가, 결론, 예측의 역할을 한다.

① 해석: "나는 한용운의 시 '님의 침묵'에서 님이 조국이라고 믿는다."

② 평가: "나는 요즘 텔레비전 연속극들이 불륜 등의 비정상적인 소재만 다루기 때문에 해롭다고 믿는다."

③ 결론: "나는 세계에서 사람들이 기아에 시달리는 이유 중 하나가 미국처럼 잘 사는 나라들이 적극적으로 도움을 주지 않았기 때문이라고 믿는다."

④ 예측: "만일 지구 온난화 문제에 대하여 전 지구적 차원에서 근본적인 환경정책이 시행되지 않는다면, 나는 극지대의 빙하가 녹아내려 해수면이 높아질 것이라고 믿는다."

해석, 평가, 결론, 예측을 표현하는 것 외에 믿음은 또한 화자가 그 믿음이 옳다는 것을 시인하고 있음을 나타낸다. 화자는 단순히 해석, 평가, 결론, 예측만을 표현하고 있는 것이 아니다. 화자는 자신이 말한 진술이 옳다고 믿고 있는 것이다. 다시 말해서 화자는 자신이 어떤 믿음을 자신의 믿음으로 채택했다고 말하고 있는데, 이는 그 믿음이 어떤 종류의 증거에 기초한 정확한 견해를 나타낸다고 생각하기 때문이다. 따라서 믿음이란 한 마디로 세계에 관해 우리가 옳다고 받아들이는 해석, 평가, 결론, 예측이다.

믿음과 지각은 복잡하면서도 서로 영향을 주고받는 관계다. 한편으로 지각은 세계에 관한 믿음의 토대가 된다. 또 한편으로 믿음은 세계에 대한 우리의 지각에 영향을 미친다. 믿음은 그 믿음을 지니고 있는 사람의 다양한 지각 경험, 즉 그가 보고 들은 사건들에 기초를 두고 있을 가능성이 많다. 그렇지만 지각 경험은 그 자체로는 믿음이 되지 못한다. 그것은 단지 경험일 뿐이다. 지각 경험이 믿음이 되기 위해서는 우리는 지각 경험에 관해 생각해야 하고, 그 다음에 그것들을 믿음으로 조직해야 한다. 믿음을 구성하는 이 과정은 인지(cognition) 과정으로 알려져 있으며, 세계에 대한 이해의 기초를 형성한다. 그렇지만 지각 경험은 믿음 형성에 기여하는 데 그치지 않는다. 우리가 형성해온 믿음들 또한 우리가 선별하는 지각들에 영향을 미치고, 우리가 이 지각들을 조직하고 해석하는 방식에 영향을 미친다. 따라서 믿음과 지각은 이런 식으로 상호간에 영향을 주고받는다.

우리의 믿음체계는 부정확한 지각을 바로 잡는 데 도움이 된다. 예컨대 마술사가 불가능한 것처럼 보이는 마술을 행할 때, 사물이 작동하는 방식에 관한 우리의 믿음은 우리가 보고 있는 것이 오지각, 즉 환상임을 알려준다. 그렇지만 지각이 부정확한 정보를 제공하고 있다는 것이 명백하지 않고, 그래서 우리가 이 지각 경험을 통해 잘못된 믿음을 형성할 때는 문제가 야기된다. 따라서 비판적 사고자로서 우리는 지각과 믿음의 이 상호작용 관계를 이해하고 양 측면을 계속해서 검토할 책임이 있다. 그리고 그렇게 함으로써 우리는 세계에 대해 식견 있는 견해를 지닐 수 있다.

2. 믿음과 앎

믿음은 세계에서 일어나는 일들이 왜 일어나는지 설명하는 데 도움이 되고, 그 속에서 어떤 결정을 내릴 때 우리를 안내한다. 그러나 모든 믿음이 똑같은 것은 아니다. 어떤 믿음은 강력한 이유에 의해 뒷받침되기 때문에 확실하다. 또 어떤 믿음은 그러한 뒷받침 근거가 그만큼 견고하지 않기 때문에 덜 확실하다. 경험 그리고 경험에 대한 반성을 통해 믿음을 형성하고 수정할 때는 가능한 한 그 믿음을 정확하게 만드는 것이 중요하다. 믿음이 정확하면 할수록 그만큼 일어나는 일을 더 잘 이해할 수 있고, 미래에 일어날 일을 더 잘 예측할 수 있기 때문이다.

우리의 믿음은 정확성에 있어서 저마다 다르다. 강한 이유나 증거에 의해 뒷받침되는 믿음이 있는가 하면, 뒷받침 근거가 덜한 믿음도 있고, 심지어는 반대 증거에 의해 반증되는 믿음도 있다. 이 중 강한 이유나 증거에 의해 뒷받침되는 믿음과 그렇지 않은 믿음을 구별하기 위해 필요한 개념이 바로 앎(knowing)이라는 개념이다. 강한 이유나 증거에 의해 뒷받침되면서 옳은 믿음은 단순히 믿음에 불과한 것이 아니라 앎이라고 할 수 있다.[18] 믿음과 앎의 이 구별을 다음 진술들을 통해 생각해보자.

---

18) 지식에 대한 전통적 분석에서는 우리의 믿음이 지식이 되기 위해서는 세 가지 조건을 충족시켜야 한다고 말한다. 그 세 가지 조건은 진리, 믿음, 증거다. 요컨대 지식이란 "적절한 증거에 의해 정당화되는 옳은 믿음"인 것이다. 그래서 만일 내가 지구가 둥글다는 것을 안다면, 지구가 둥글다는 것이 옳아야 하고, 내가 지구가 둥글다는 것을 믿어야 하며, 지구가 둥글다는 나의 믿음이 적절한 증거를 가지고 있어야 한다. 한상기(1995), 『지식의 조건』(서광사) 1장 참조.

① 나는 2 + 2 = 4라는 것을 <u>안다</u>.

② 나는 다른 행성들에도 생명이 있다는 것을 <u>안다</u>.

③ 나는 열심히 공부하는 것이 행복한 인생을 살 게 할 것임을 <u>안다</u>.

④ 나는 지구가 평평하다는 것을 <u>안다</u>.

"안다"는 말이 제대로 사용된 진술은 ①이라고 할 수 있다. 왜냐하면 ①은 이 믿음이 정확하다고 할 수 있는 결정적 증거가 있기 때문이다. ②의 경우에는 다른 행성들에 생명이 있을 가능성이 있다 해도 현재 이 견해를 뒷받침하는 결정적 증거가 없다고 할 수 있다. ③의 경우에는 비록 어떤 사람들의 경우에 열심히 공부했기 때문에 행복한 삶으로 인도하는 경우가 있다 해도, 이런 일이 언제나 옳은 것은 아니라고 말할 수 있다. ④는 지구가 평평하다는 것이 명백히 사실이 아니라고 할 수 있다.

어떤 것을 "안다"고 말할 때, 우리는 적어도 그것에 대해 가진 우리의 믿음이 완전히 정확하다(사실이다)거나, 또는 그 믿음을 뒷받침하는 이유나 증거를 제시할 수 있다는 것을 의미한다. 그래서 이런 표준들을 만족시키지 못하면 우리는 실제로는 아는 것이 아니다. 다시 말해서 우리는 사실이 아닌 것을 믿을 수 있지만, 사실이 아닌 것을 알 수는 없다. 따라서 우리는 믿음을 뒷받침하는 이유나 증거를 검토함으로써 우리 믿음의 정확성을 평가하고, 그 믿음을 점점 더 정확한 믿음으로 바꾸어야 한다. 우리 믿음의 정확성 정도는 다음과 같이 나눌 수 있다.

- 완전히 정확하다.
  이 경우 우리는 "나는 이것이 사실이라는 것을 안다."고 말할 것이다.
- 완전히 정확한 건 아니지만 일반적으로 정확하다.
  이 경우 우리는 "이것은 항상 사실인 것은 아니지만 사실인 경우가 흔하다."고 말할 것이다.
- 일반적으로 정확한 건 아니지만 때로 정확하다.
  이 경우 우리는 "이것은 보통은 사실이 아니지만 때로 옳은 수가 있다."고 말할 것이다.

- 분명히 정확하지 않다.

이 경우 우리는 "나는 이것이 사실이 아니라는 것을 안다."고 말할 것이다.

이런 식으로 믿음의 정확성 정도를 구별해놓고 우리는 다음의 정확성 결정 기준에 의거해 믿음을 분석할 수 있다.

- 우리의 믿음이 얼마나 효과적으로 일어나고 있는 일을 설명하는가?
- 우리의 믿음이 어느 정도로 세계에 관해 우리가 갖고 있는 다른 믿음들과 정합하는가?
- 우리의 믿음이 얼마나 효과적으로 미래에 일어날 일을 예측하는 데 도움이 되는가?
- 우리의 믿음이 어느 정도로 강한 이유나 증거에 의해 뒷받침되는가?

3. 앎의 단계

우리의 믿음은 궁극적으로 앎을 지향한다. 우리는 이용할 수 있는 모든 정보를 분석하고 평가하며, 우리 자신의 잘 추론된 믿음들을 개발하고, 잘 추론된 믿음에 도달하는 데 언제 정보가 충분치 않은지 인식해야 한다. 우리는 비판적 사고를 통해 우리의 믿음들이 개선되고 수정될 수 있다는 것을 깨달아야 한다. 비판적 사고자가 되는 길은 세계에 대한 정확하고 효과적인 이해를 달성하기 위해 서로 다른 앎의 단계들을 거치는 일이 포함된 도전 여행이다. 단순한 단계에서 복잡한 단계에 이르기까지 이 단계들은 우리의 사고 및 우리가 세계를 이해하는 방식을 규정한다. 페리(W. Perry)는 인간 사고의 발달에 대해 연구한 끝에 사고 발달 모형을 제시하였다. 다음은 페리가 제시한 3단계 사고 발달 모형이다.[19]

---

19) Perry, W.(1998), *Forms of Intellectual and Ethical Development in the College Years: A Scheme*, Jossey-Bass.

1단계: 에덴동산

2단계: 무엇이든 괜찮다

3단계: 비판적 사고

1) 1단계: 에덴동산

에덴동산 사고 단계에 있는 사람들은 세계를 백과 흑, 선과 악, 올바름과 그릇됨으로 보는 경향이 있다. 그들은 무엇이 올바르고 무엇이 그릇된지를 어떻게 결정하는가? "권위들"을 통해서다. 성경의 에덴동산에서와 마찬가지로 지식은 절대적이고 불변적이며, 권위자들만이 소유하는 것이다. 보통사람은 절대 스스로 진리를 결정할 수 없다. 그들은 전문가에게 의존해야 한다. 만일 누군가가 권위에게서 들었던 것과 불일치한다면, 바로 그 사람이 틀렸음에 틀림없다. 타협이나 협상 가능성은 없다.

누가 권위인가? 우리가 맞닥뜨리는 첫 번째 권위는 보통 우리의 부모다. 부모들은 보통 아이가 자신들이 들었던 대로 행하기를 기대한다. 부모는 권위자이며, 아이의 역할은 부모 세대의 경험, 부모의 지식 창고, 그리고 권위라는 부모의 지위로부터 이익을 얻는 것이다. 이런 일은 정도 차이는 있지만 학교에서도 마찬가지다. 우리는 학교에 들어가 지적 호기심을 자아내는 교육을 받기보다는 이미 정해진 지식을 주입식으로 받는 수가 많다.

에덴동산 사고 단계에 있는 사람들은 권위들이 서로 불일치할 때 불만을 느끼게 된다. 1단계 사고에 있는 사람들은 이런 경우 나의 권위가 너의 권위보다 더 잘 안다고 주장함으로써 이러한 불만에 대처하려 한다. 그러나 이런 식의 대처는 효과적일 수 없다. 우리는 다른 권위가 아니라 이 권위를 믿기로 선택한 이유를 설명해야 한다. 그리고 이유를 설명하려고 할 때 우리는 이미 1단계 사고를 초월하고 있다. 아담과 이브가 선악과 열매를 맛보고 난 뒤 맹목적이고 무비판적으로 권위를 승인하는 쪽으로 돌아갈 수 없었던 것처럼, 이런 일을 겪으면 1단계로 되돌아간다는 것이 불가능하다. 우리가 이처럼 1단계 사고를 넘어설 때는 우리가 처한 환경의 다양성이 중요한 요인으로 작용한다. 우리가 똑같은 방식으로 생각하는 사람들에 둘러싸인 채 동종의 환경에 살 때는 획일적 세계관을 지닐 가능성이 훨씬 더 많기 때문이다. 반면에 사람들이 경쟁하는 관점을 가지고 다양한 경험에 노출될 때는 1단계 사고의 권위주의적 명령을 의심 없이 받아들이기가 어렵게 된다. 이처럼 환경의 다양성 외에 우리는 새로운 가능성에 대해 항상 우리 자신을 열어두는 정서적 자발성과 다각적 관점에서 문제를 볼 수 있는 지적 능력을 가질 필요가 있다.

2) 2단계: 무엇이든 괜찮다

일단 독단적이고 권위주의적인 1단계 사고를 거부하고 나면, 2단계의 유혹은 반대쪽 극단으로 나아가는 것이다. 즉 무엇을 믿어도 괜찮다고 생각하는 것이다. 만일 권위들이 오류불가능한 것이 아니라면, 어떤 관점도 다른 관점보다 나을 수 없다. 이러한 견해를 보통 상대주의(relativism)라 한다. 상대주의는 진리가 개인이나 상황에 상대적이라고 주장하는 신조이다. 그래서 상대주의에 따르면, 우리의 믿음 중 가장 나은 믿음을 결정할 객관적 표준이란 없다.

하지만 조금만 생각해보면 상대주의는 전혀 효과가 없음을 알 수 있다. "진리는 상대적이다."라는 주장 자체는 상대적인가 절대적인가? 이 주장 자체가 상대적 주장이라면 쓸데없는 말을 하는 셈이 될 것이고, 절대적 주장이라면 이 주장에 대한 믿음만큼은 절대적 진리임을 함의하게 되어 자체모순에 봉착하게 된다. 이 점 외에도 무엇이든 괜찮다는 2단계 사고를 받아들일 경우 우리는 아무리 잔인한 믿음이나 행동도 비난할 수 없고, 아무리 숭고한 믿음이나 행위도 칭찬할 수 없다. 노상강도가 "나는 네 귀중품을 강탈할 수 있는 권리가 있다고 믿어."라고 주장해도 그를 비난할 수 없고, 자기 목숨을 희생하면서 남을 돌보는 사람을 칭찬할 근거가 없게 된다.

3) 3단계: 비판적 사고

1단계와 2단계의 상반된 두 관점은 3단계 비판적 사고에서 종합된다. 3단계 사고에 있는 사람은 어떤 관점이 다른 관점보다 낫다는 것을 인식하는데, 이것은 단순히 권위가 그렇게 말하기 때문이 아니라 이 관점을 뒷받침하는 강력한 이유들이 있기 때문이다. 동시에 3단계에 있는 사람은 다른 관점들, 특히 자신과 불일

표 10.1   앎의 단계

1단계: 에덴동산

지식은 명료하고, 확실하고, 절대적이며 권위들에 의해 제공된다. 우리의 역할은 의문이나 비판 없이 권위들로부터 정보를 배우고 받아들이는 것이다. 권위들과 불일치하는 사람은 누구든 틀렸음에 틀림없다.

2단계: 무엇이든 괜찮다

권위들이 종종 서로 불일치하므로 옳은 것이나 올바른 것을 정말로 "아는" 사람은 아무도 없다. 모든 믿음은 똑같은 가치를 가지며, 어떤 믿음이 다른 믿음보다 더 합리적인지를 결정할 방법은 없다.

3단계: 비판적으로 생각하기

어떤 견해들은 다른 견해들보다 실제로 더 나은데, 이는 권위들이 그렇게 말하기 때문이 아니라 이런 견해들을 뒷받침하는 강력한 이유가 있기 때문이다. 우리는 모든 관점을 검토하고, 각 관점의 뒷받침 이유들을 평가하며, 새로운 정보나 더 나은 통찰에 기초하여 우리 자신의 믿음을 수정하거나 바꿀 준비가 되어 있어야 한다.

치하는 관점들에 대해 너그럽다. 그들은 복잡한 쟁점에 대해 몇 가지 합당한 관점들이 있을 수 있음을 인정하고, 합리적인 이유나 증거에 의해 뒷받침되는 정도만큼 이런 관점들의 타당성을 받아들인다.

그러나 3단계의 비판적 사고 단계에 있는 사람은 다른 관점들에 대해 마음을 열어놓으면서도 자신의 관점에 대해 태도를 분명히 하고, 자신의 결론에 이르게 만든 이유와 증거를 설명하는 일에 대해서도 확신을 갖는다. 따라서 열린 마음을 갖는다는 것은 지적으로 나약하다는 것이 아니다. 분명하고 명확한 견해를 가지면서도 3단계 사고자는 자신과 의견이 다른 사람의 견해를 기꺼이 경청하려 한다. 사실상 3단계 사고자는 상반된 견해들을 적극적으로 경청하는데, 그것이야말로 가장 명료하고, 통찰력 있고, 견고한 근거가 있는 이해에 도달하는 유일한 방법이기 때문이다.

4. 믿음에 관해 비판적으로 생각하기

3단계 사고자가 되는 길은 우리가 세계에 관한 믿음을 형성하고 결론에 도달하는 데 사용하는 과정을 평가하는 일에서 시작된다. 그래서 비판적 사고자는 비판적 사고의 표준들을 적용하여 끊임없이 자신의 믿음을 평가한다. 무비판적 사고자는 사려 깊은 검토나 엄격한 평가 없이 믿음을 채택하며, 온갖 종류의 피상적이고 비논리적인 이유를 가지고 믿음을 채택한다. 이에 비해 3단계 사고에 있는 사람은 자신의 믿음을 뒷받침하는 강한 이유나 증거에 기초를 두고 있다. 따라서 믿음을 평가할 때 우리는 그 믿음에 이르게 만든 증거를 평가하는 것이 중요하다.

믿음에 대한 이유나 증거는 대체로 네 가지 범주, 즉 권위, 문서, 사실적 증거, 개인적 경험으로 나눌 수 있다. 이 네 범주의 이유나 증거를 평가할 때 우리가 비판적으로 생각해야 할 사항은 다음과 같다.

① 권위

권위들이 이 영역에서 식견이 있는가? 그들은 신뢰할 만한가? 그들이 부정확한 정보를 제시한 적이 있는가? 의견이 다른 권위들이 있는가?

② 문서

저자나 필자의 신용장은 무엇인가? 그들의 의견과 불일치하는 다른 사람들이 있는가? 저자나 필자는 그들의 의견을 어떤 증거에 기초를 두고 있는가?

③ 사실적 증거

증거의 원천과 토대는 무엇인가? 그 증거가 달리 해석될 수 있는가? 증거가 결론을 뒷받침하는가?

④ 개인적 경험

그 경험이 어떤 상황에서 일어났는가? 지각 과정에서 왜곡이나 과오가 가능했는가? 다른 사람들이 유사하거나 상충하는 경험들을 했는가? 그 경험에 대한 다른 설명들이 있는가?

증거의 이 네 범주는 따지고 보면 우리의 직접 경험과 간접 경험이라는 두 범주로 압축할 수 있다. 권위, 문서가 간접 경험에 해당한다면, 개인적 경험은 직접 경험에 해당될 것이다. 그리고 사실적 증거는 경우에 따라 직접 경험이 될 수도 있고, 간접 경험이 될 수도 있을 것이다. 이제 이 두 범주의 경험에 대해 좀 더 자세히 살펴보기로 하자.

5. 직접 경험에 기초한 믿음

우리의 많은 믿음은 직접 경험에서 비롯된다. 이제 직접 경험을 통해 믿음을 형성하고, 행동을 통해 그 믿음을 시험하며, 이 믿음을 수정하거나 바꾸게 되는 과정에 대해 생각해보기로 하자.

지혜의 큰 아들 병윤은 고등학교 3학년 학생이다. 학교가 끝나고 학원까지 마친 후 집에 돌아오면 시간은 거의 밤 12시가 다 되곤 한다. 며칠 전에도 병윤은 여느 때처럼 학원이 끝나고 집에 돌아오는 길이었다. 맞은편에서 병윤 또래로 보이는 학생 세 명이 걸어오는 것이 보였다. 병윤 옆을 지나던 학생들이 갑자기 칼을 들이대며 돈을 요구했다. 겁이 난 병윤은 달아나기 시작했다. 하지만 쫓아온 학생들 중 한 사람이 찌른 칼에 등을 찔리고 말았다. 병윤은 가지고 있던 돈을 전부 털리고, 근처를 지나던 행인에 의해 간신히 병원으로 옮겨졌다. 그나마 큰 부상을 당하지 않은 게 다행이었다. 병윤이 입원해 있는 동안 지혜는 "학교나 경찰에 알릴 경우 죽여 버리겠다."고 말하는 협박 전화를 받기 시작했다.

지혜는 전화 내용을 학교와 경찰에 알렸다. 지혜는 학교와 경찰이 전체적으로 사건을 다루는 방식에 화가 났다. 지혜는 쉬쉬하려고 할 뿐 학교가 특별히 병윤에게만 신경을 쓸 이유가 없다는 말을 들었고, 경찰이 이런 자그마한 사건에 경찰력을 투입할 여력이 없다는 말도 들었다. 게다가 그 시간에 병윤이 그곳에서 무슨 일을 하고 있었느냐는 말도 들었다. 지혜는 화가 나서 교장실, 교육청, 시장실, 시의회 사무실과 시의원에게 전화를 했고, 청와대에까지 민원을 제기했다. 그러자 갑자기 상황이 달라졌다. 불과 몇 시간도 안 된 사이에 학교에서 담당 교사가 파견되었고, 파출소장이 직접 병원으로 찾아와 재발 방지를 약속하며 사건 해결에 최선을 다하겠다고 했다.

이 일을 통해 지혜는 국민을 보호하는 법이 있어도 국민이 자신의 권리를 찾기 위해 싸우지 않으면 이 법이 전혀 효과가 없다는 것을 알게 되었다. "당국"에 대한 지혜의 견해는 이 경험을 통해 바뀌게 되었다. 지혜는 법적 권리를 누리기 위해 그렇게 많은 무사안일주의와 관료주의를 경험했어야만 하는 것은 아니라고 믿었다. 지혜는 우리가 우리의 권리를 주장하지 않는다면 우리에게 도움을 주기 위해 비상한 노력을 할 사람이 아무도 없다고 느낀다. 학교와 경찰은 무엇을 해야 하고, 그런 일을 어떻게 해야 하는지에 관해 지혜에게 알려준 적이 없다. 지혜는 아무런 도움도 받지 못했었다.

이 글에서 지혜의 믿음들은 그녀의 결정에 영향을 미쳤다. 아들 병윤이 칼에 찔리기 전 그녀는 법, 학교, 경찰에 관해 어떤 믿음들을 형성하였다. 병윤이 칼에 찔린 후 지혜는 자신의 믿음들에 의거해 상황을 이해하고, 그러한 이해를 기초로 행동을 했다. 그렇지만 지혜는 자신의 믿음들이 일어난 일을 설명하지 못하는 것 같다는 것을 발견한다. 처음 믿음들의 옳음에 대해 의심을 하게 되자 지혜는 일어나고 있는 일을 설명할 새로운 믿음들을 형성하기 시작했다. 수정된 믿음들에 기초하여 행동을 한 후 지혜는 학교, 경찰, 법, 당국에 관한 자신의 수정된 믿음들을 뒷받침하는 것처럼 보이는 반응을 경험했다. 이 수정된 믿음들은 그녀로 하여금 "국민을 보호하는 법이 있어도 국민이 자신의 권리를 찾기 위해 싸우지 않으면 이 법이 전혀 효과가 없다는 것을 알게 되었다."는 결론으로 이끌면서 자기의 최초 믿음들이 하지 못했던 방식으로 상황을 이해하는 데 도움이 되었다. 자신의 경험에 관해 비판적으로 반성한 후 지혜는 수정된 믿음들이 최초 믿음들보다 더 정확하다는 것을 확신하였다.

이 글은 지혜가 믿음을 형성하고 개선하는 과정을 보여준다. 이 과정은 대략 다음과 같이 진행된다.

① 일어나 있는 일을 설명하기 위해 믿음을 형성한다(이 최초의 믿음은 종종 우리의 과거 경험에 기초하고 있다).
② 이 믿음에 기초하여 행동함으로써 이 믿음들을 시험한다.
③ 행동이 바라는 목표를 산출하지 못할 경우에 이 믿음을 수정(또는 개선)한다.
④ 수정된 믿음에 기초하여 행동함으로써 수정된 믿음을 재시험한다.

믿음을 형성하고 개선해나가는 이 과정에서 비판적 사고의 역할은 대단히 중요하다. 비판적 검토의 과정으로 인해 우리는 경험을 통해 다양한 상황에 대해 좀 더 잘 이해할 수 있고, 이 상황들에 대해 좀 더 효과적으로 제어할 수 있을 것이기 때문이다. 이 과정에서 비판적 사고를 하기 위한 물음들은 다음과 같다.

- 우리의 믿음이 얼마나 효과적으로 일어나고 있는 일을 설명하는가?
- 이 믿음이 어느 정도로 세계에 관한 우리의 다른 믿음들과 정합하는가?
- 이 믿음이 얼마나 효과적으로 미래에 일어날 일을 예측하는 데 도움이 되는가?
- 이 믿음이 어느 정도로 강한 이유와 증거에 의해 뒷받침되는가?

6. 간접 경험에 기초한 믿음

우리는 살면서 많은 것을 경험한다. 하지만 나 한 사람의 직접 경험만 가지고 나의 모든 믿음을 형성할 수는 없다. 우리들 각자는 한 사람에 불과하다. 우리는 어떤 시간에 한 장소에만 있을 수 있다. 그것도 그 장소에서 한정된 시간 동안만 있을 수 있다. 그래서 믿음을 형성할 때 우리는 자신의 직접 경험에도 의존하지만 다른 사람들의 직접 경험에 의존하게 된다.

나는 내가 태어났다고 전해들은 그 날 실제로 태어났다.
세균은 실제로 존재한다.
내 머릿속에는 뇌가 들어 있다.

이런 진술들에 대한 믿음은 우리의 직접 경험을 넘어선 이유나 증거에 기초하고 있다. 우리가 가진 모든 믿음 중 우리의 직접 경험에 기초한 믿음은 알고 보면 얼마 되지 않는다. 사실상 거의 모든 믿음이 우리에게 증거를 제공한 다른 사람들의 경험에 근거를 두고 있다. 다른 사람이 우리에게 제공하는 정보는 말이나 글의 두 가지 기본 형태로 제공된다. 다시 말해 문서 증언과 구두 증언 두 가지 형태로 전해진다.

다른 사람들이 믿으라고 제공하는 정보를 검토할 때는 직접 경험에 대해 했던 것과 마찬가지로 비판적 사고를 해야 한다. 다른 사람의 믿음을 비판적으로 검토하면서 우리는 우리의 개인적 경험에 기초한 믿음을 검토했을 때 추구했던 정확성과 완전성을 추구해야 한다. 그러다 보면 우리는 다른 사람들이 제시하고 있는 정보를 뒷받침하는 이유나 증거에 관심을 갖게 된다. 우리는 주어진 정보를 뒷받침하는 것처럼 보이는 이유나 증거를 검토함으로써 그 정보가 얼마나 정확한지, 설명력 있는지, 정합성 있는지를 평가하려고 노력해야 한다.

그렇지만 다른 사람들이 제공하는 정보에 의존할 때 또 다른 측면을 생각할 필요가 있다. 그것은 정보 자체도 중요하지만 그 정보를 제공하는 정보 원천에 관한 것이다. 정보를 제공하고 있는 그 사람이 얼마나 신뢰할 만한가? 직접 경험을 할 수 없는 상태에서 누군가의 도움을 필요로 할 때 우리는 신뢰할 만하다고 생각되는 사람, 즉 정확한 정보를 제공할 것으로 생각되는 사람을 찾아야 한다. 그래서 간접 경험에 기초한 믿음의 경우에 비판적 사고를 할 때는 정보와 정보 원천 두 가지 모두에 관해 생각하는 것이 필요하다. 이 점을 염두에 두고 정보를 평가할 때 우리가 제기할 비판적 물음은 다음과 같다.

① 정보가 얼마나 신뢰할 만한가?
  • 제시된 주요 아이디어는 무엇인가?
  • 정보를 뒷받침하는 이유나 증거는 무엇인가?
  • 정보가 정확한가? 그르다고 믿는 어떤 것이 있는가?
  • 빠졌다고 믿는 어떤 것이 있는가?

② 정보 원천이 얼마나 신뢰할 만한가?
  • 정보 원천이 무엇(누구)인가?
  • 이 정보 원천의 관심사나 목적은 무엇인가?
  • 정보 원천의 관심사나 목적이 선택된 정보에 어떻게 영향을 미쳤는가?
  • 이러한 관심사와 목적들이 이 정보가 제시되는 방식에 어떻게 영향을 미쳤는가?

연습문제

1. 믿음은 사실을 서술하는 역할도 하지만 해석, 평가, 결론, 예측의 역할도 많이 한다. 다음 믿음들이 어떤 역할을 하고 있는지 말해보라.
   (1) 시는 단순하게 표현할 수 없는 인간의 복잡하고 깊은 감정이나 관념을 전달할 수 있다.
   (2) 우진이는 텔레비전 만화를 너무 많이 본다.
   (3) 비판적 사고를 하다 보면 정보를 잘 습득할 수 있을 뿐만 아니라 통찰력을 가지고 성숙된 판단을 내릴 수 있게 될 것이다.
   (4) 세계화, 국제화가 진행될수록 우리나라와 다른 나라와의 교역이 계속해서 증가할 것이다.
   (5) 다른 행성에도 생명체가 살고 있다.

2. 다음 진술들에서 "안다"가 적절하게 사용되었는지 부적절하게 사용되었는지 지적하고, 그 이유를 밝혀라.
   (1) 나는 화성에 생명체가 있다는 것을 <u>안다</u>.
   (2) 나는 2 + 2 = 5임을 <u>안다</u>.
   (3) 나는 지리산의 해발고도가 1915m임을 <u>안다</u>.
   (4) 나는 DNA가 이중나선 구조로 되어 있음을 <u>안다</u>.

3. 다음 믿음들의 정확성 정도를 결정하고, 그 이유를 말해보라(믿음의 정확성 정도: 완전히 정확하다, 일반적으로 정확하다, 때로 정확하다, 명백히 정확하지 않다).
   (1) 나는 논술형 문제가 선다형 문제보다 더 어렵다고 믿는다.
   (2) 나는 중형 판결이 범죄 방지 효과가 있다고 믿는다.
   (3) 나는 100년 전보다 지금 우리나라의 인구가 더 많다고 믿는다.
   (4) 나는 내가 태어난 생년월일과 시간이 나의 운명을 결정한다고 믿는다.
   (5) 나는 네가 로또 복권을 사서는 절대 부자가 되지 못할 것이라고 믿는다.

4. 다음 물음에 답함으로써 해당 주제에 대한 나의 믿음을 확인해보라. 각각의 주제에 대한 나의 믿음이 앞의 세 단계 중 어떤 단계에 있는지 말해보라. 아울러 그런 믿음을 갖게 된 이유나 근거가 무엇인지 생각해보라(이유나 근거를 생각할 때는 권위, 문서, 사실적 증거, 개인적 경험의 네 범주를 염두에 둘 필요가 있다).

   (1) 신이 존재하는가?

   (2) 인간 복제 연구가 계속되어야 하는가?

   (3) 여성이 낙태를 결정할 권리가 있는가?

   (4) 설령 우리의 개인적 자유를 어느 정도 박탈한다 해도, 정부가 테러리즘으로부터 사회를 지키기 위한 조처를 취해야 하는가?

   (5) 중한 범죄인을 사형에 처하는 것이 정당한가?

   (6) 외계인이 어떤 형태로든 지구를 방문했는가?

   (7) 회복불능의 불치병을 앓고 있는 죽음이 임박한 환자에게 의사의 도움으로 삶을 마감하도록 허용해야 하는가?

5. 친구나 아는 사람 중에 종교, 정치, 학문, 인생 같은 중요한 어떤 주제에 대해 어떤 믿음을 갖고 있다가 지금은 더 이상 그 믿음을 갖고 있지 않은 사람을 찾아보라. 자연스럽게 대화하면서 다음 질문들을 던지고 답을 확인해보라.

   (1) 그 믿음은 무엇인가?

   (2) 무엇을 증거로 그 믿음을 지니게 되었는가?(개인적 지각 경험에 기초하였는가, 아니면 말이나 글로 된 자료에 기초를 두었는가? 그 자료들은 무엇인가?)

   (3) 그로 하여금 그 믿음을 바꾸게 만든 것은 무엇인가?

   (4) 믿음을 바꿀 필요가 있다는 것을 발견했을 때 느낌이나 태도는 어땠는가?

   (5) 믿음을 바꾼 일에 관하여 지금은 어떻게 느끼고 있는가?

제**11**장

언어와 사고

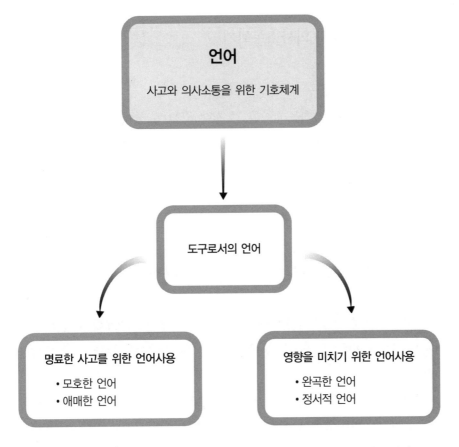

언어

사고와 의사소통을 위한 기호체계

도구로서의 언어

명료한 사고를 위한 언어사용
- 모호한 언어
- 애매한 언어

영향을 미치기 위한 언어사용
- 완곡한 언어
- 정서적 언어

언어를 효과적으로 사용함으로써 우리는 효과적으로 생각하고 다른 사람들과 효과적으로 의사소통할 수 있다.

1. 다른 사람들과 의사소통하기

1) 언어와 의사소통

지금까지 세계를 이해하는 방식들, 즉 지각, 믿음, 앎 등에 관해 비판적으로 사고함으로써 우리의 사고 능력을 다듬고 향상시킬 수 있다는 것을 공부하였다. 그런데 사고를 이해하고 발전시키기 위해 사용되는 도구는 언어다. 우리는

- 읽기를 통해 다른 사람들의 생각을 배운다.
- 쓰기를 통해 우리 자신의 생각을 표현한다.
- 말하기와 듣기를 통해 다른 사람과 생각을 교환한다.

언어를 사용하는 능력이 없다면 우리는 우리의 생각을 전개할 수 없을 것이다. 더 나아가 언어를 사용하는 능력이 없다면 우리는 아예 생각조차 할 수 없을 것이다.

언어 없는 세상을 생각해보라. 우리가 갑자기 말하고, 쓰고, 읽는 능력을 상실했다고 생각해보라. 우리의 유일한 표현 수단은 툴툴거림, 부르짖음, 제스처밖에 없다. 세상사람 누구나 다 언어를 상실했다고 생각해보라. 그런 세상은 어떤 세상일까? 언어는 다른 사람들과의 관계에서 근본 토대를 형성한다. 언어는 우리가

사고, 느낌, 욕구, 경험을 다른 사람에게 전달하고, 또한 그들이 우리에게 전달하는 수단이다. 상호간에 맺어지는 이 역할로 인해 우리는 서로 결속하고, 관계를 맺게 된다. 언어가 없으면 우리는 아마 다른 사람들과 의사소통하는 데 계속해서 실패하게 될 것이고, 심지어는 그 사회 속에서 효과적으로 구실을 다하려는 노력도 가망 없다는 것을 알게 될 것이다. 실제로 지금까지 인류가 이룩한 모든 업적과 성취는 서로 의사소통하는 우리의 능력에 기초를 두고 있다. 의사소통 없이는 사회적 협동 체제가 무너질 것이고, 우리 사회는 사실상 원시 상태로 되돌아갈 것이다. 그리고 이 의사소통의 가장 중요한 도구가 바로 언어다. 다시 말해서 언어야말로 우리의 모든 사회 활동과 관계를 가능하게 만드는 뼈대인 셈이다.

의사소통을 할 수 있게 만드는 이 언어라는 도구는 보통 다음과 같은 기능을 한다.

- 확인: 우리의 경험을 확인한다(또는 명명한다).
  예: "저건 지리산 반달곰이야!"
- 구별: 우리의 경험들을 서로 구별한다.
  예: "지리산 반달곰은 코알라곰보다 크다."
- 기술: 이 경험들을 다른 사람들에게 기술한다.
  예: "지리산 반달곰은 검은색 광택이 있고, 가슴에 반달 모양의 무늬가 있으며, 잡식성 동물이다."
- 관계 맺음: 이 경험들을 다른 경험이나 관념들과 관계 맺는다.
  예: "지리산 반달곰은 다산성의 상징으로 대접받으며, 많은 사람이 좋아하는 대상이다."

2) 낱말과 기호

인간으로서 우리는 기호화할 수 있는 능력, 즉 어떤 것으로 다른 어떤 것을 나타낼 수 있는 능력을 가지고 있기 때문에 우리의 사고와 감정을 공유할 수 있다. 낱말(word)은 우리가 일상생활에서 사용하는 가장 흔한 기호(symbol)다. 낱말 그 자체는 원래 아무 의미 없는 표시나 소리에 지나지 않는다. 하지만 우리는 낱말을 통해 대상을 지시하거나, 생각을 표현하거나, 경험의 여러 측면을 나타낸다. 예컨대 요트라는 낱말은 바람을 이용해 물에서 앞으로 나아가는 돛단배를 나타 낸다. 그래서 요트를 말하거나 씀으로써 우리는 우리가 생각하고 있는 종류의 것 을 전달할 수 있다. 물론 이 기호를 사용할 때 우리가 언급하는 것을 다른 사람이 이해하고자 한다면, 그는 먼저 이 기호(요트)가 실제로 물 위에 떠서 바람에 의해 추진되는 배를 나타낸다는 데 동의해야 한다. 만일 다른 사람들이 우리와 일치하 지 않는다면, 우리는 전달하고 싶은 것을 전달할 수 없을 것이다. 물론 염두에 두 고 있는 대상을 다른 사람에게 직접 가리킬 수는 있다. 하지만 그보다는 기호를 사용하는 것이 훨씬 더 편리하다.

언어 기호(낱말)는 두 가지 다른 형태를 띤다. 즉 언어 기호는 표시로 씌어지거 나 소리로 말해진다. 따라서 요트라는 기호도 볼 수 있게 씌어지거나 들을 수 있 게 말해질 수 있다. 어느 쪽이든 그 기호가 의미하는 것에 대해 이해를 공유하면 우리는 그것을 다른 사람에게 전달할 수 있다.

3) 언어의 기호적 특성

어떤 점에서 언어는 기호로 이루어진 건축용 벽돌들 집합과 비슷하다. 이 벽돌 들은 크기에 따라 다음과 같은 순서로 정리될 수 있다.

글자 → 낱말 → 문장 → 문단 → 에세이, 논문 → 책

위 순서에서 보듯이 기본 벽돌은 글자인데, 이것은 다양한 소리를 기호화한다. 글자의 소리들은 언어의 음성학적 토대가 된다. 글자들은 결합해서 낱말이라 불 리는 더 큰 벽돌 집합을 형성한다. 낱말들은 "신발, 배, 사과, 책상 …" 하는 식으 로 우리가 경험하는 세계의 다양한 측면들을 나타내는 데 사용된다. 그래서 낱말 은 사물, 사고, 느낌, 욕구를 기호화한다고 할 수 있다. 모든 언어는 그 언어의 낱 말들을 어떻게 쓰고 어떻게 발음하는지 말해주는 규칙이 있다. 우리가 어떤 낱말 을 읽거나, 듣거나, 생각할 때, 그 낱말은 보통 우리에게 다양한 관념과 느낌을 불 러일으킨다. 우리 마음속에서 어떤 낱말이 불러일으키는 모든 관념과 느낌들의

조합은 우리에게서 그 낱말의 "의미"를 이룬다.

언어 규칙들은 또한 문장이라 불리는 다양한 결합을 만들어내기 위해 낱말들을 조직하는 법을 말해준다. 문장은 "개가 책상 위에 있다."나 "나는 어쩐지 로또 복권에 당첨될 것 같다."처럼 우리 경험의 여러 다른 측면들 사이의 관계를 나타내는 데 사용될 수 있다. 그래서 문장은 우리 경험의 대상, 사고, 느낌, 욕구 사이의 관계들을 기호화한다고 할 수 있다.

일단 형성된 문장들은 좀 더 큰 여러 집단, 즉 문단, 에세이, 논문, 책 등으로 결합될 수 있다. 이처럼 좀 더 크고 복잡한 언어 기호들의 결합은 우리 경험 측면의 많은 것을 나타내고 표현하는 데 사용된다. 물론 낱말이 사고나 느낌을 완전하게 전달할 수 없는 경우가 종종 있고, 경험에 대한 기술도 실제로 경험하는 것의 대용품은 아니다. 경험에 대한 기술이 경험 그 자체는 아니기 때문이다. 그런데도 언어는 사고나 느낌을 전달하는 가장 효과적이고 강력한 도구다.

기호화된 것을 명료하게 전달할 수 있는 능력은 언어를 효과적으로 사용하는 기본 척도이다. 그렇지만 우리가 경험한 것을 기술하는 것이 언어의 중요한 기능이긴 하지만, 이 기능이 언어의 유일한 기능은 아니다.

① "사랑해."
② "일어나 문 닫아라."
③ "아, 이런!"
④ "이제 두 사람이 남편과 아내가 되었음을 선언합니다."

이 문장들은 경험을 기술하고 있지 않다. ①의 "사랑해."라는 말은 상대방에게 비슷한 감정이 일어나길 바라면서 어떤 사람에 대한 감정을 표현한다. ②는 다른 사람의 행동을 지시하기 위해 사용한다. ③은 통상 재채기 같은 것을 한 후에 나오는 반응으로 상황이나 경험을 기술하고 있지 않다. ④는 그럴 만한 권한을 가진 사람이 적당한 상황—결혼식—에서 결혼을 성립시키고 있는 말이다.

이처럼 언어는 우리 삶에서 정보를 기술하거나 전달하는 일을 포함하여 여러 가지 다양한 기능을 한다. 언어는 사실상 우리의 생각, 느낌, 행동의 모든 측면과 관련이 있다. 그 결과 낱말이나 문장의 의미를 이해하기 위해서는 우리는 언어가 사용되는 방식과 상황을 비판적으로 검토해야 한다.

2. 명료한 사고를 위한 언어 사용

1) 명료한 언어와 명료한 사고

언어는 사고를 반영하며, 사고는 언어에 의해 형성된다. 언어는 사고 유형들에 의해 움직이는 도구다. 언어는 우리의 사고, 느낌, 경험을 기호를 통해 나타내는 힘이 있기 때문에 우리가 사고를 할 때 가장 중요한 도구다. 사고와 의사소통은 두 가지 다른 과정임이 분명하다. 하지만 이 두 과정은 서로 분리하거나 구별할 수 없을 정도로 밀접하게 관계되어 있다. 언어와 사고는 밀접하게 관계되어 있기 때문에 우리가 한 과정을 얼마나 잘 해내는가는 다른 과정을 얼마나 잘 해내는가와 직접적 관계가 있다. 대부분의 경우에 명료하게 생각하고 있으면, 우리는 그것을 언어로 명료하게 표현할 수 있다. 불명료한 사고를 할 때는 우리가 상황에 대해 명료한 이해를 못하고 있거나, 이러한 사고를 표현할 올바른 언어를 알지 못할 때가 많다. 사고가 정말로 명료하고 정밀하다는 것은 이러한 사고를 표현할 낱말들을 알고, 그래서 그것을 언어로 표현할 수 있다는 것을 의미한다.

사고와 언어의 관계는 상호작용적이다. 즉 두 과정 모두 여러 가지 방식으로 끊임없이 영향을 주고받는다. 술꾼은 자신의 인생이 실패했다고 느끼기 때문에 술을 마시게 된다. 그리고 이번에는 술을 마시다 보니까 할 일을 제대로 못하게 되어 인생이 실패로 돌아간다. 언어와 사고의 관계 역시 마찬가지로 악순환에 빠질 수 있다. 우리의 언어 사용이 변변치 못할 때—즉 모호하고, 일반적이고, 불분명하고, 정밀하지 못하고, 어리석고, 부정확할 때—우리의 사고 역시 변변치 못하게 된다. 그리고 사고가 변변치 못하면 우리의 언어 사용 역시 변변치 못하게 되는 것이다. 요컨대 **명료하고 정밀한 언어는 명료하고 정밀한 사고로 이끈다.**

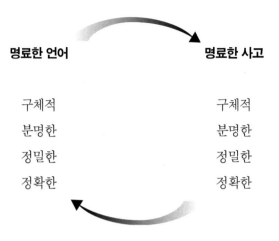

2) 모호한 언어

우리는 자신이 경험한 내용을 기술할 때 정확하고 정밀한 낱말을 사용하지 않는 경우가 많다. 그 대신 세계에 대한 우리의 많은 기술은 매우 부정확하고 막연한 낱말들이 포함된다. 그처럼 막연하고 구체적이지 못한 낱말을 모호한(vague) 낱말이라 한다. 모호한 언어 사용은 명료한 사고를 방해하는 장애가 된다.

나는 어제 <u>멋진</u> 시간을 가졌다.
그것은 <u>흥미로운</u> 책이다.
그 여자는 <u>늙었다</u>.

이 진술들에서 밑줄 친 낱말들은 화자가 전달하려고 하는 사고, 느낌, 경험에 대한 정확한 기술을 제공하지 않기 때문에 모호하다. "그 여자는 늙었다."를 생각해보자. "늙었다"는 말을 들으려면 몇 살이면 된다고 생각하는가? 60세? 70세? "늙었다"는 낱말은 명확한 경계선을 갖는 것 같지 않기 때문에 모호하다. 만일 늙은이에 대한 나의 생각과 다른 사람의 생각을 비교한다면, 아마 차이를 발견할 수 있을 것이다. 우리가 어렸을 때는 20대 청년도 늙어 보일 것이다. 20대 때는 30대가 늙어 보이고, 30대 때는 40대가 늙어 보인다.

적당히 얼버무린 언어는 사고나 감정을 잘 기술하지 못하며, 그런 언어를 쓰게 되면 우리는 그 경험을 직접적이거나 정확한 방식으로 전달할 수 없다. 글을 잘 쓰는 사람은 자신의 경험을 실제로 생생하게 떠올릴 수 있을 정도로 명료하게 기호화하는 재능을 갖고 있는 사람이다. 우리는 그가 그 경험을 했을 때 가졌던 것과 같은 사고, 감정, 지각을 공유함으로써 그에 동화될 수 있다. 아래 글을 보라.

> 영화 플래툰은 베트남 전쟁을 소재로 한 무시무시한 영화다. 이 영화는 1년의 전쟁 기간 동안에 있었던 소대원들의 경험을 보여준다. 이 영화는 손에 땀이 나게 하고, 흥미로운 줄거리를 가지고 있으며, 도덕적 결벽주의자들을 위한 영화는 결코 아니다. 주요 인물, 특히 찰리 쉰은 매우 훌륭하다. 나는 이 영화를 몹시 좋아했다.

이 글은 모호한 언어를 사용하여 막연한 호감을 표현하고 있을 뿐이다. 다시 말해 이 글은 영화를 본 소감이 어떤 것이었는지 정확한 언어로 설명하지 않고 있다. 따라서 이런 식의 글은 글쓴이의 경험을 성공적으로 전달하지 못한다.

모호한 언어를 명료화하는 한 가지 전략은 6하 원칙을 활용하는 것이다. 즉 누가, 언제, 어디서, 무엇을, 어떻게, 왜라는 물음을 던지고, 그 물음에 답해 보는 것이다.

누가: 그 영화에 관련된 사람들은 누구였는가? (배우들, 감독, 제작자, 등장인물 등)

언제: 영화 속 사건이 언제 일어났는가? (역사적 상황)

어디서: 그 영화는 어디서 만들었는가? (물리적 위치, 문화적 배경 등)

무엇을: 영화에서 무슨 일이 일어났는가? (배경, 사건들, 줄거리 전개 등)

어떻게: 영화는 사건들을 어떻게 묘사하는가? (배우들이 자신의 배역을 어떻게 만들어 내는가? 감독은 어떤 영화 기법을 사용하는가?)

왜: 나는 이 영화에 대해 왜 이러한 의견을 갖는가? (내가 그런 의견을 형성한 이유는 무엇인가?)

모호성은 언제나 정도 문제가 있다. 그래서 상황에 따라 요구되는 구체성이나 정밀성의 정도가 다르다. 하지만 가능하면 우리는 언어를 사용할 때 점점 더 구체적이고 정확하게 사용하려고 노력해야 한다.

3) 애매한 언어

사고나 감정을 명료하게 표현하는 데 방해가 되는 또 다른 장애는 애매성 (ambiguity)이다. 낱말은 다양한 영역의 경험을 나타내기 위해 사용된다. 그래서 한 낱말은 서로 다른 경험을 나타낼 수 있으며, 여러 가지 다른 의미를 가질 수 있다. 어떤 낱말이 둘 이상의 의미를 갖는데 그 중 어떤 의미로 사용되는지 분명치 않을 때 그 낱말을 애매하다고 한다. 애매한 낱말이 여러 의미 가운데 어떤 의미로 사용되는지는 보통 그 낱말이 사용되는 상황이나 맥락에 의해 결정된다.

낱말들이 모여 이루어진 문장도 애매할 수 있다. 만일 소진이가 우진이에게 "응분의 대가가 따르기를 바란다."라고 말한다면, 발언의 상황에서 소진이의 의도가 확인되지 않는 한 이 문장은 애매하다고 할 수 있다. 우진이가 잘되기를 바라는지 못되기를 바라는지 확실치 않기 때문이다. 행동이나 상황 또한 애매할 수 있다. 행동이나 상황은 두 가지 이상의 해석이 가능할 때 애매한 것으로 간주된다. 아는 사람이 갑자기 등을 찰싹 때릴 때 그 행동의 의미를 어떻게 해석해야 할지 확신하지 못하는 경우가 있는 것이다. 따라서 언어적 행동이건 비언어적 행동이건 애매한 경우에 우리가 가장 정확하고 올바른 해석에 이르기 위해서는 그 상황의 관련된 측면들을 주의 깊게 검토해야 한다.

3. 영향을 미치기 위한 언어 사용

언어는 사람들의 사고와 감정을 표현하고 구체화시키는 강력하고 복잡한 수단이다. 그렇지만 많은 개인과 집단이 우리의 사고와 감정, 그리고 그 결과로서의 우리의 행위에 영향을 미치는 데 관심이 있다. 따라서 다른 사람의 이런 시도에 무의식적으로 말려들어가는 것을 피하려면 우리는 언어가 어떻게 기능하는가를 잘 이해하고, 그 기능에 대해 비판적으로 사고할 필요가 있다. 어떤 것에 대한 무비판적 승인을 조장하기 위한 목적으로는 흔히 두 유형의 언어, 즉 완곡한 언어와 정서적 언어가 사용된다.

1) 완곡한 언어

완곡어법이란 퉁명스럽거나 상스럽거나 직설적인 방식의 말을 좀 더 기분 좋고 덜 불쾌한 방식의 말로 표현하는 것을 의미한다. 예컨대 죽음의 불유쾌함을 위장하기 위해 여러 가지 완곡어법이 있다. "떠났다", "하늘나라에 갔다", "생을 마감했다", "숨이 넘어갔다", "운명했다" 등.

사람들은 왜 완곡한 언어를 쓰는가? 아마도 인생의 "험한 고비"에서 주름살을 펴고, 참을 수 없는 것을 참을 수 있게 하고, 거슬리는 것을 거슬리지 않은 것으로 만들기 위해 그럴 것이다. 때로 사람들은 자신이 종사하고 있는 일을 좀 더 중요한 것처럼 만들기 위해서도 완곡어법을 쓴다. 그래서 청소부는 "환경미화원"으로, 외판원은 "현장 대리인"으로, 수위는 "관리인"으로, 보험사 영업사원은 "재정설계사"로 부른다.

완곡어법이 중요한 쟁점에 대해 잘못된 생각을 산출하기 위해 사용되면 위험한 것이 될 수도 있다. 예컨대 알코올중독자는 자신을 "사교적 술꾼"으로 기술하면서 그에게 필요한 문제와 도움을 회피하려 한다. 또 어떤 정치가는 자신의 발언에 대해 "진실과 다소 일치하지 않는다."는 식으로 말하는 수가 있는데, 이 말은 실은 그가 거짓말하고 있음을 의미한다. 가난한 달동네 지역을 "비표준적 주택지"로 기술하면 주민들의 형편없는 생활 상태를 적당한 것처럼 보이게 만들고, 적절한 조치가 필요한데도 이를 별로 중요하지 않은 것처럼 보이게 만든다. 극단적인 파괴적 힘을 보여주는 예로는 나치의 대량학살 사건에 대해 "마지막 해결책"이나 "인종청소"와 같은 표현을 사용한 것인데, 이런 표현은 나치의 만행이 무해한 것처럼 보이게 만들려는 의도에서 나온 것이다.

다음은 조지 오웰(George Orwell)의 "정치와 영어"(Politics and English Language)라는 글에서 발췌한 글로 정부들이 그릇된 정책을 위장하고 합리화하기 위해 어떻게 완곡어법을 사용하고 있는지 보여준다.

오늘날 정치 연설과 글은 대부분은 옹호할 수 없는 것을 옹호하는 것이다. 인도에 대한 대영제국 통치의 지속, 러시아인들의 숙청과 추방, 일본에 대한 원자탄 투하와 같은 일을 옹호하는 사람들이 있지만, 대부분 사람들이 대하기에는 너무 잔인하고 공공연한 정당의 목적에 부합되지 않는 논증들을 통해서만 옹호할 수 있을 뿐이다. 이런 까닭에 정치 언어는 대체로 완곡어법, 논점 회피, 아주 막연하고 모호한 표현들로 이루어진다. 무방비 상태의 마을에 공중 폭격이 행해지고, 주민들은 폭격을 피해 사방으로 쫓겨 다니며, 가축들에 기관총이 난사되고, 축사에는 소이탄으로 인해 불이 붙는다. 그런데 이런 정책이 진정 조치라 불린다. 수백만 농부가 농장을 강탈당하고, 겨우 휴대할 수 있는 것만을 가지고 터덕거리는 걸음으로 고향을 떠날 수밖에 없도록 조치된다. 이런 조치는 인구 이전, 또는 국경지대 정화라 불린다. 아무런 재판 절차 없이 많은 사람이 수년간 감금되거나 곧바로 사살되거나 영양 부족으로 죽어가도록 북극 벌목지대에 보내진다. 이런 조치는 믿을 수 없는 분자들 제거라 불린다.

2) 정서적 언어

다음 낱말들을 보자.

섹시한	쓰레기 같은	딱 반할만한
군침 도는	피에 굶주린	수구꼴통
메스꺼운	빨갱이	매매춘
성폭력		

이런 낱말들은 대부분 우리의 감정을 자극한다. 사실 사람들에게 감정을 불러일으키는 이 능력은 언어가 지닌 비상한 힘의 원천이다.

언어가 우리의 사고와 행위에 영향을 미칠 수 있는 방식을 이해한다는 것은 언어의 정서적 차원을 이해한다는 것을 의미한다. 우리는 정서적 경험을 나타내기 위해 특수한 정서적 낱말들을 사용하곤 하는데, 이 정서적 낱말들은 강렬한 감정으로부터 아주 예민한 느낌에 이르기까지 인간의 다양한 감정을 상징한다.

정서적 언어는 종종 이중 역할을 한다. 즉 정서적 언어는 우리의 감정을 상징하고 표현할 뿐만 아니라 다른 사람들에게 그 감정을 일으키거나 자아낸다. "사랑해."라고 말할 때 우리는 상대방에 대한 우리의 감정을 표현하고만 있는 것이 아니다. 상대방 또한 비슷한 감정이 일어나기를 희망하는 것이다. 사실적 정보를 교환할 때라도 우리는 말하고 있는 것에 대해 다른 사람이 관심을 갖도록 하기 위해 언어가 지닌 정서적 힘을 이용한다.

정서적 낱말들의 의미와 힘에 관해 생각하는 한 가지 방법은 그 낱말들을 온건한 데서 강한 데에 이르기까지 단계적으로 보는 것이다.

포동포동함 → 비만 → 지나친 비만

한 사람의 몸 상태에 대해 어떤 낱말들을 가지고 표현하느냐에 따라 그에 대한 우리의 느낌이 달라진다. 우리는 대개 우리 자신을 호의적으로 지각하는 경향이 있다. 반면에 얼굴을 맞대고 이야기하는 상대에 대해서는 약간 덜 호의적으로 생각한다. 그리고 제3자에 대해서는 지금 여기 없기 때문에 더 강한 정서적 언어를 사용하기 쉽다.

나는 신념이 강한 사람이다(나 자신).
너는 완강하다(상대방).
그는 옹고집쟁이다(제3자).

정서적 낱말은 의견과 **사실**을 혼동하게 만드는 데 사용될 수도 있다. 언어의 정서적 사용과 정보적 사용을 결합할 때 이런 일이 일어난다. 비록 사람들이 사실적 정보를 제시하는 것처럼 보이지만, 실은 그들이 사실이 아닌 개인적 평가를 덧붙이고 있을 수 있다. "서울은 불결하고 위험천만한 돼지우리와 같다. 바보천치나 거기서 살고 싶어 할 것이다."를 생각해보라. 화자가 사실적 정보를 제시하는 체 하지만, 이 말은 자신의 의견을 제시하기 위해 정서적 언어를 사용하고 있다. 물론 정서적 사용의 경우에도 이처럼 부정적 사용만 있는 것은 아니다. "남숙은 사람이 지닐 수 있는 가장 따뜻한 마음을 가졌고, 현명하고 매력 있는 여자다."라는 진술 또한 긍정적 감정을 드러낸다는 점을 제외하면 언어의 정서적 사용과 정보적 사용을 혼동하도록 만들고 있다.

정서적 낱말의 출현은 보통 사실이 아닌 개인적 의견이나 평가가 진술된다는 표시다. 화자는 자신의 판단을 사실로서 인정받고 싶어 하기 때문에 자신의 의견을 단순한 의견과 동일시하지 않는다. 이런 경우에 언어의 정보적 사용과 정서적 사용의 결합은 우리를 오도할 수 있으며, 위험하기까지 하다.

연습문제

1. 다음은 성경 창세기 11장에 나오는 바벨탑 이야기다. 이 글을 읽고 물음에 답해 보라.

> 온 땅의 구음(口音)이 하나요 언어가 하나이었더라. 이에 그들이 동방으로 옮기다가 시날 평지를 만나 거기 거하고, 서로 말하되 자, 벽돌을 만들어 견고히 굽자 하고, 이에 벽돌로 돌을 대신하며 역청으로 진흙을 대신하고, 또 말하되 자, 성과 대(臺)를 쌓아 대 꼭대기를 하늘에 닿게 하여 우리 이름을 내고 온 지면에 흩어짐을 면하자 하였더니, 여호와께서 인생들의 쌓는 성과 대를 보시려고 강림하셨더라. 여호와께서 가라사대 이 무리가 한 족속이요 언어도 하나이므로 이같이 시작하였으니 이후로는 그 경영하는 일을 금지할 수 없으리로다. 자, 우리가 내려가서 거기서 그들의 언어를 혼잡케 하여 그들로 서로 알아듣지 못하게 하자 하시고, 여호와께서 거기서 그들을 온 지면에 흩으신고로 그들이 성 쌓기를 그쳤더라. 그러므로 그 이름을 바벨이라 하니 이는 여호와께서 거기서 온 땅의 언어를 혼잡케 하셨음이라. 여호와께서 거기서 그들을 온 지면에 흩으셨더라.

(1) 이야기 속의 사람들이 건설하고 있던 도시와 탑 쌓는 일을 중단하기로 결정한 이유를 설명해보라.

(2) 이 이야기는 인류가 각각 제 자신의 언어, 관습, 세계에 관한 사고방식을 가지고 서로 다른 인종과 문화들로 분열되는 것을 상징화한 것처럼 보인다.

① 언어 공유가 왜 사람들을 하나로 결속시키는 데 기여하는가?

② 다른 언어로 말하는 것이 왜 사람 집단들 사이에 그처럼 심층의 분열을 일으키는가?

2. 다음 글을 읽고 물음에 답해보라.

> 나는 정말로 그곳을 매우 좋아한다. 그곳은 아주 좋은 학교다. 사람들은 멋이 있고, 교수님들은 재미있다. 그곳에서는 여러 가지 다른 일을 많이 할 수 있으며, 학생들은 그런 일을 하면서 좋은 시간을 보낸다. 어떤 과목들은 어렵지만 내가 충분히 열심히 공부하면 좋은 결과가 나올 것이다.

(1) 이 글은 매우 일반적이고 막연한 표현으로 씌어 있다. 예컨대 "사람들은 멋이 있다."고 말하면서도 왜 사람들이 멋있다고 생각하는지 구체적이고 특수한 기술을 제시하지 않는다. 다음과 같은 표현들을 가지고 위 글을 좀 더 구체적인 글로 수정해보라.

- 사람들은 만나는 사람마다 반갑게 인사를 한다.
- 우리 과 학생들은 저마다 나한테 자기소개를 한다.
- 나는 학과 방에 가면 언제나 환영받는다는 느낌을 갖는다.
- 교수님들은 학과 모든 학생에게 특별한 관심을 보인다.

(2) 위 진술들이 인용된 글보다 구체적 표현들이긴 하지만, 여전히 좀 더

구체적인 진술로 만들 수 있다. 좀 더 구체적인 진술들로 만들어보라.

① 사람들은 만나는 사람마다 반갑게 인사를 한다.

_____

② 우리 과 학생들은 저마다 나한테 자기소개를 한다.

_____

③ 나는 학과 방에 가면 언제나 환영받는다는 느낌을 갖는다.

_____

④ 교수님들은 학과 모든 학생에게 특별한 관심을 보인다.

_____

3. 다음 글들에서 정서적 언어의 예들을 확인하고, 글쓴이가 사람들의 사고와
   감정에 영향을 주기 위해 그 언어를 어떻게 사용하고 있는지 설명해보라.

(1) 나는 굴욕적으로 참아 왔지만 이 폭정의 발굽 앞에 도전장을 던진다.
    나는 이제부터 인종차별을 말하고, 내일도 인종차별, 영원히 인종차별
    을 말할 것이다.
    　　　　　　　　　　　　　　　　　　　　　　　　　　– 조지 C. 월리스

(2) 나에게는 오늘 꿈이 있습니다.
    나는 언젠가 모든 계곡이 높아지고, 모든 언덕과 산이 낮아지며, 울퉁
    불퉁한 곳이 평평해지고, 굽은 곳이 반듯해지며, 주의 영광이 나타나
    고, 모든 육신이 함께 그것을 보게 되는 꿈을 갖고 있습니다. 이것이
    우리의 희망입니다. 이것이 내가 남부로 되돌아가면서 지니고 가는 신
    앙입니다. 이 신앙을 통해 우리는 절망의 산에서 희망의 돌을 만들어
    낼 수 있을 것입니다. 이 신앙을 통해 우리는 서로 다투는 우리나라의
    반목과 갈등을 아름다운 형제애의 교향곡으로 바꾸어놓을 수 있을 것
    입니다. 이 신앙을 통해 우리는 언젠가는 우리가 자유롭게 될 것임을

알고 함께 일하고, 함께 기도하며, 함께 투쟁하고, 함께 감옥에 가며, 자유를 위해 함께 일어설 수 있을 것입니다.

— 마틴 루터 킹

제 12장

개념 형성하기와 적용하기

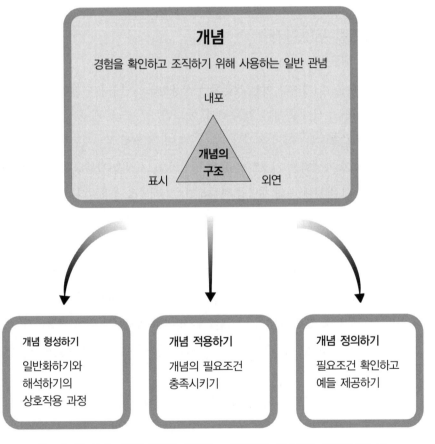

우리는 개념을 통해 경험한 것들을 확인하고, 구별하고, 기술하고, 관계를 맺는다.

1. 개념이란 무엇인가?

우리는 생각을 할 때마다 어떤 개념들을 사용한다. "민주주의"에 대해 생각하고 있다면, 우리의 생각 속에는 "민주주의" 개념이 작동한다. 개념은 이처럼 생각할 때 우리가 숨을 쉬는 공기와 같다. 사실상 우리는 경험하는 모든 것을 개념화한다. 그리고 그 개념화를 기초로 믿음을 형성하고, 지식을 획득하고, 추리를 한다. 우리는 경험한 것에 대해 개념을 형성하고, 그 개념을 적용한다. 우리는 이 일을 일상적으로 그리고 자동적으로 하기 때문에 보통은 우리 자신이 이런 일을 하고 있다는 것을 인식하지 못한다. 우리는 가정을 당연시한 것처럼 개념 또한 당연시하는 경우가 많다. 하지만 우리가 명확히 자각하지 못한다고 해서 개념을 사용하고 있지 않은 것은 아니다. 따라서 개념을 사용하고 있는지 여부가 문제가 아니라 우리가 사용하고 있는 개념이 무엇인지를 명확히 파악하는 일이 중요하다. 특히 어떤 주제에 대해 생각할 때 우리가 사용하고 있는 핵심 개념을 파악하는 것이 무엇보다도 중요하다.

개념이란 우리의 경험을 확인하고 조직하기 위해 사용하는 일반 관념이다. "개" 개념을 생각해보자. 이 개념은 동물이고, 보통 네 개의 다리와 하나의 꼬리를 가지고 있으며, 짖는 것들을 확인하거나 기술하는 데 사용된다. 이 개념은 진영이가 집에서 키우고 있는 코코를 포함하여 모든 개를 나타낸다. 이 점에서 "개"

개념은 "코코"처럼 특수 개체를 지시하는 이름과 다르다. 이름 "코코"는 일반적 관념이 아니다. 그것은 특정 개를 나타낸다. 반면에 개념은 특수한 사물이나 개체를 포괄하는 일반 유형(개)을 기술한다.

낱말이 언어의 단위에 속한다면, 개념은 사고의 단위에 속한다. 그리고 낱말을 포함하여 많은 언어 기호는 개념을 나타낸다. 낱말의 일차적 기능이 개념을 나타내는 것이기 때문에 언어와 마찬가지로 우리는 개념을 통해 보통 다음과 같은 일을 한다.

- 우리 경험에서 다양한 것을 일정한 사물의 "종류"로서 확인한다.
- 이러한 종류의 사물을 다른 종류의 사물과 **구별**한다.
- 우리의 언어 기호를 이해하는 다른 사람들에게 이런 종류의 사물을 기술한다.
- 이런 종류의 사물을 다른 종류의 사물과 관계 맺는다.

병규가 아파서 병원에 갔다고 해보자. 병규는 의사에게 숨이 차고, 가끔 왼쪽 팔에 통증이 있다고 호소한다. 병규가 증상을 말한 후 의사는 몇 가지 질문을 던지고, 병규를 검사하며, 몇 가지 테스트를 한다. 기초적인 문제를 확인하는 의사의 능력은 다양한 인간의 질병에 대한 그의 지식에 의존할 것이다. 각 질병은 서로 다른 개념에 의해 확인되고 기술된다. 이 다양한 질병을 확인하는 일은 의사가 서로 다른 개념들을 **구별**할 수 있다는 것을 의미하며, 의사가 주어진 개념이 올바르게 적용되는 상황들이 어떤 것인지 안다는 것을 의미한다. 게다가 병규가 "뭐가 문제지요?"라고 물을 때 의사는 그 개념을 기술하고 그 개념(심장병)이 그의 증상과 어떻게 관계되어 있는지를 설명할 수 있다.

우리의 사고 능력이 발전함에 따라 우리는 점점 더 정확한 방식으로 우리의 세계를 기호화할 수 있게 해주는 개념들을 형성한다. 다행히 현대 의학은 우리를 괴롭히는 병들을 기술하고 설명하기 위해 꽤 정확한 개념들을 개발해왔고, 계속해서 개발하고 있다. 그래서 병규의 경우에 의사는 문제가 심장병이라고 결론지을 수 있었던 것이다. 물론 다른 개념들로 표상되는 다른 많은 종류의 심장병이 있으며, 환자

치료의 성공은 어떤 유형의 병을 갖고 있는지를 알아내는 일에 달려 있을 것이다.

2. 개념의 구조

이처럼 개념은 우리 경험의 다양한 측면들을 확인하고, 구별하고, 기술하고, 관련시키기 위해 사용하는 일반 관념이다. 개념을 통해 우리는 우리가 경험하는 세계를 의미가 있는 유형들로 조직할 수 있다. 그리고 이것이 바로 우리가 살면서 의미를 발견하고 창조하는 과정이다.

경험 조직자로서의 역할을 통해 개념은 우리 경험의 측면들을 그 유사성에 기초하여 하나로 묶는 쪽으로 작용한다. 필기도구로 사용하는 펜을 생각해보자. "펜" 개념은 내가 무언가를 쓰는 데 사용하는 유형의 대상을 나타낸다. 그러나 다른 사람들이 쓰는 데 사용하는 다른 모든 도구에 대해서도 그것들이 설령 내가 쓰는 것과 매우 다르다 해도 나는 "펜"이라 부른다. 따라서 "펜" 개념은 펜이 연필, 크레파스, 매직펜, 분필과 어떻게 다른지를 가리킴으로써 우리가 하는 경험의 대상들을 구별할 수 있도록 해줄 뿐만 아니라 어떤 물건들이 펜이라고 불려도 좋을 만큼 유사한지를 결정하는 데에도 도움이 된다. 우리가 여러 물건을 "펜"이라는 하나의 개념을 통해 어떤 집단에 집어넣을 때 우리는 그 물건들의 유사점에 초점을 맞추고 있는 것이다.

- 그것들은 잉크를 사용한다.
- 그것들은 쓰는 데 사용된다.
- 그것들은 손으로 잡는다.

하지만 우리는 그 물건들의 색깔, 크기, 상표 등과 같은 차이점들은 무시하고 있다.

우리 경험에서 어떤 것들 사이의 유사점을 보고 이름을 붙일 수 있다는 사실은 우리가 개념을 형성하는 방식이며, 우리가 경험하는 세계를 이해하는 데 결정적으로 중요하다. 만일 이런 일을 할 수 없다면, 세상의 모든 것은 각자 제 자신의 개별적 이름을 갖게 될 것이며, 저마다 서로 다른 것이 될 것이다. 세상의 모든 펜에 일일이 다른 이름을 붙이는 것을 생각해보라. 그러므로 일반 관념으로서의 개념은 우리에게 두 가지 중요한 일을 할 수 있도록 해준다.

① 개념은 우리 경험에서 다양한 사물들을 그것들 사이의 어떤 유사점들을 기초로 집단들로 묶을 수 있도록 해줌으로써 그것들이 서로 어떻게 유사한지를 나타낸다. 이 집단들은 "저것은 어떤 종류의 펜이다."처럼 각각의 것을 어떤 종류의 것으로 확인하는 수단을 제공한다.

② 개념은 우리가 경험하는 사물들을 구별할 수 있도록 해줌으로써 그 사물들이 서로 어떻게 다른지 나타낸다.

우리가 유사성에 기초하여 사물들을 집단으로 묶는 과정은 분류(classification)라 부른다. 분류는 내내 진행되어온 자연스러운 활동이다. 그렇지만 우리는 대부분 이 과정에 대해 의식하지 않는다. 그저 자동적으로 그렇게 할 뿐이다. 분류 과정은 우리가 세계를 정돈하고, 조직하고, 이해하는 중요한 방식이다. 두 사물이 정확히 똑같지는 않기 때문에 사물을 다양한 집단으로 분류하는 우리의 능력이야말로 우리로 하여금 사물들을 파악할 수 있도록 해주는 것이다. 펜을 지각할 때 우리는 그것을 전에 보았던 어떤 종류의 사물로 파악한다. 설령 전에 이 특정 펜을 보지 않았다 해도, 우리는 그 사물이 익숙한 사물집단에 속한다는 것을 안다.

개념의 구조는 다음과 같이 시각적으로 그려볼 수 있다.

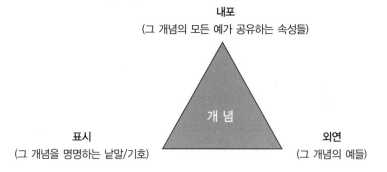

표시(sign)란 해당 개념을 명명하거나 지적하기 위해 사용되는 낱말이나 기호이다. 내포(intension)란 어떤 대상이 해당 개념의 예가 되기 위해 반드시 지녀야 하는 속성들이다. 반면에 외연(extension)이란 해당 개념이 지시하는 대상들이다. 요컨대 어떤 개념의 외연은 그 개념이 적용되는 사물들의 집합이고, 개념의 내포는 그 낱말이 적용되는 사물들을 결정하는 속성들의 집합이다. "삼각형" 개념을 생각해보자. 그 개념의 외연은 그 낱말이 지시하는 모든 삼각형들, 즉 다양한 종류의 정삼각형, 직각삼각형, 이등변삼각형들이다. 반면에 그 개념의 내포는 모든 삼각형들이 공통적으로 지니고 있는 속성들이다. 따라서 "세변으로 이루어져 있고, 내각의 합이 180도인 도형"이 삼각형 개념의 내포를 이룬다.

3. 개념 형성하기

우리는 살면서 경험한 내용을 조직하고, 그 순간에 일어나고 있는 일을 이해하며, 미래에 어떤 일이 일어날 것인지 예상하기 위해 늘 개념들을 형성하고 적용한다. 우리의 개념 형성은 보통 일반화하기와 해석하기의 두 과정으로 이루어진다. 일반화하기는 어떤 개념이 지시하는 사물들의 집단이 공유하는 공통 속성(유사성)에 초점을 맞추고, 해석하기는 그 개념의 예(외연)를 발견하는 일에 초점을 맞춘다. 공통 속성들은 그 개념을 우리가 경험하는 것에 적용하기 위해 충족시켜야 할 필요조건(necessary condition)을 형성한다. 개념을 형성할 때 이 두 과정은 서로 상호작용한다. 즉 개념을 형성하는 과정은 해당 개념의 외연과 내포 사이에서 이리저리 움직이면서 생각하는 일을 포함한다. 다음 대화를 보자.

슬기: 너의 "도시" 개념은 뭐지?

지혜: 글쎄, 전주처럼 서로 다른 사람들이 함께 사는 장소라는 생각이 드는데.

슬기: 우리가 사는 구역이 도시인가? 누가 뭐라고 해도 도시는 여러 사람들이 함께 사는 장소야.

지혜: 아냐. 구역은 도시의 부분일 수 있지만, 도시는 보통 서울처럼 그 속에 서로 다른

많은 구역을 가지고 있어.

슬기: 진안은 어때? 그곳이 도시인가? 어쨌든 진안도 여러 사람들이 함께 사는 여러 구역을 포함하고 있잖아.

지혜: 난 진안이 도시라고 생각하지 않아. 너무 작잖아. 나는 진안이 그저 읍에 불과하다고 생각해. 도시는 적어도 익산처럼 많은 사람이 살아야 해.

슬기: 그럼 전라북도는 어때? 그곳은 도시인가? 그곳은 여러 구역들이 있고, 서로 다른 많은 사람들이 함께 살고 있어.

지혜: 아닌데. 도는 보통 도시보다 커. 사실 도들은 그 속에 여러 개의 도시가 있어. 나는 도시가 좀 더 작은 지역에 집중되어 있어야 한다고 생각해. 그래서 난 도시가 전주처럼 큰 건물이나 도로들이 있고, 그 속에 사무실이나 교통의 흐름이 있어야 한다고 생각해.

슬기: 대전은 어때? 그곳은 도시인가? 난 대전이 지혜 네가 말한 속성을 모두 가지고 있다고 보는데.

지혜: 이제야 맞췄네!

이 대화를 보면 "도시" 개념을 형성하는 일과 그 개념을 다른 예들에 적용하는 일이 나란히 작용하고 있음을 알 수 있다. 우리는 일반화함으로써, 즉 서로 다른 것들의 유사점에 초점을 맞춤으로써 개념을 형성한다. 대화에서 일반화의 대상이 된 것들은 전주, 익산, 서울, 대전 등이다. 이 도시들 사이의 유사점에 주목하면 도시들이 공유하고 있는 속성의 목록을 작성할 수 있다.

① 여러 사람들이 함께 산다.
② 서로 다른 많은 구역이 있다.
③ 많은 사람이 거주한다.
④ 읍보다 크다.
⑤ 어느 정도 한정된 영역에 모여 있다.
⑥ 많은 건물, 도로, 사무실, 교통 등을 포함한다.

이 공통 속성들은 어떤 영역이 도시로 간주되기 위해 충족시켜야 할 조건으로 작용한다.

우리는 해석함으로써, 즉 개념의 여러 예(외연)를 찾고 그 예들이 앞에서 형성한 개념의 조건들을 만족시키는지 봄으로써 개념을 적용한다. 위 대화에서 한 사람은 "도시" 개념을 다음 예들에 적용하려 한다.

① 구역
② 진안
③ 전라북도
④ 대전

제시된 예들 각각은 도시 개념에 대한 새로운 조건을 시사하며, 이 새로운 조건들은 도시 개념이 어떻게 적용되는지를 명료화하는 데 도움이 된다. 따라서 어떤 개념을 가능한 여러 가지 예에 적용해보는 것은 그 개념에 대한 우리의 관념을 발전시켜 점점 더 예리하게 다듬도록 만든다.

우리가 전개하고 있는 일반적 개념과 특수한 예들 사이에서 앞뒤로 움직임에 따라 해당 개념에 대한 우리의 관념은 점점 더 예리하고 정밀해진다. 일반화하기와 해석하기의 이 앞뒤 움직임은 상호작용 과정이다. 개념 형성하기는 이 두 작용을 모두 함께 수행해야 하는데, 그 이유는 다음과 같다.

① 우리는 어떤 개념이 어떻게 적용될 수 있는지 알지 못하는 한 그 개념을 형

표 12.1   일반화하기와 해석하기를 통해 개념 형성하기

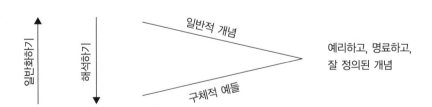

성할 수 없다. "도시"의 예들이 어떤 것일지에 대해 정말로 전혀 모른다면, 우리는 모호하거나 일반적으로조차 그 개념을 형성할 수 없다.

② 개념의 예들이 어떤 것인지 알지 못하는 한 그 개념의 예를 모을 수 없다. 다양한 것들 사이의 유사점에 기초하여 "도시" 개념에 대해 약간의 관념이라도 갖지 않는 한 우리는 어디서 그 개념의 예들을 찾을지 알 수 없다.

4. 개념 적용하기

경험을 이해하는 일은 일어나고 있는 일을 설명하는 올바른 개념을 찾는 일을 의미한다. 우리가 선택한 개념이 상황에 맞는지 결정하기 위해서는 그 개념을 형성하는 조건들이 충족되는지 결정해야 한다. 그리고 그 상황에 어떤 일이 일어나고 있는지 알 수 있도록 어떤 개념이 적용되는지 알아내려면 우리는 다음과 같은 일을 해야 한다.

① 그 개념의 경계선을 형성하는 속성들에 대해 의식해야 한다.
② 그 경험이 그런 조건들을 충족시키는지 결정해야 한다. 왜냐하면 그 경험이 그런 조건들을 충족시킬 경우에만 우리가 그 개념을 그 상황에 적용할 수 있기 때문이다.

해당 개념의 조건들이 정확히 무엇인지 결정하려면 다음 물음을 던지면 된다.

어떤 것이 이 조건을 충족시키지 않는다고 할 경우에 그래도 그것이 여전히 이 개념의 예일까?

이 물음에 대한 답이 "아니오"—즉 어떤 것이 이 조건을 충족시키지 않는다면 그것은 이 개념의 예가 되지 못한다—라면 그 조건은 이 개념의 필요조건이 아니라고 보면 된다.

"개" 개념을 생각해보자.

① 동물이다.
② 보통 네 개의 다리와 하나의 꼬리를 가지고 있다.
③ 우편배달부를 문다.

이 중 어떤 것이 "개" 개념의 예가 되기 위해 충족시켜야 할 조건인가? ①과 ②가 "개" 개념을 적용하기 위해 충족시켜야 할 조건임은 분명하다. 위 물음을 적용하여 ①과 ②의 두 조건을 충족시키지 않는 어떤 것이 있다면, 그것은 개가 아니기 때문이다. 즉 동물이 아니고, 보통 네 개의 다리와 하나의 꼬리가 없으면, 그것은 "개" 개념의 예가 아니기 때문이다. 그렇지만 이 말이 ③에는 적용되지 않는다. 설령 어떤 것이 우편배달부를 물지 않는다 해도, 그것이 여전히 "개" 개념의 예일 수 있다. 비록 많은 개가 실제로 우편배달부를 문다 해도, "우편배달부를 문다"는 특성은 개가 되기 위한 필요조건이 아니기 때문에 그렇다.

물론 ①과 ②를 충족시키면서도 개가 아닌 것들이 있을 수 있다. 고양이는 보통 네 개의 다리와 하나의 꼬리가 있으며, 동물이기도 하다. 이것은 ①과 ②가 "개" 개념의 필요조건일 뿐 충분조건이 아님을 의미한다. 그래서 우리는 이 조건들 외에 다른 추가 조건들을 확인해야 한다. 어떤 개념의 조건들을 모두 확인하고 나면, 이 조건들은 그 개념의 적용을 위한 필요조건이면서 동시에 충분조건, 즉 필요충분조건이 된다.

어떤 대상, 관념, 경험에 어떤 개념을 적용할 때 우리는 그 대상, 관념, 경험을 그 개념의 조건들에 의해 정의되는 사물들 집합에 넣음으로써 분류를 하고 있다. 개별 대상들은 우리가 분류하기까지는 특정 집합에 속하지 않는다. 사실상 같은 대상이 여러 가지 다른 방식으로 분류될 수 있다. 예를 들어 토마토는 우리의 필요나 관심사에 따라 과일로 분류될 수도 있고, 야채로 분류될 수도 있다. 길게 자란 풀과 썩은 나무들로 덮인 습지대를 놓고, 개발론자는 "냄새가 진동하는 늪이군. 방치하면 모기만 번창할 뿐이야. 저곳은 생산적으로 사용할 수 있도록 쓰레기 매립장을 만들어야 해."라고 말하는가 하면, 환경론자는 "생태학적 가치가 높은

습지군. 이런 곳을 필요로 하는 많은 희귀 동식물이 있지. 장마철에는 물을 흡수
해 홍수를 막아주는 곳이야."라고 말할 수도 있다. 이런 식으로 우리는 우리가 경
험하는 많은 것들을 개인적 필요, 관심사, 가치, 욕구 때문에 다른 사람들과 다르
게 분류한다. 우리의 분류 방식은 우리가 세계를 보는 방식을 반영하는 것이다.

5. 개념 정의하기

1) 내포적 정의

개념을 정의할 때 우리는 그 개념의 내포를 이용해 정의할 수도 있고, 외연을
이용해 정의할 수도 있다. 우선 내포를 이용해 정의할 때 우리는 보통 그 개념이
언제 적용될 수 있는지를 결정하는 필요조건들(공통속성들)을 확인한다. "말" 개
념을 생각해보자.

① 크고 강한 동물.
② 견고한 발굽이 있는 네 개의 다리.
③ 미끈한 갈기와 꼬리.
④ 짐 끌기나 실어 나르기, 기수 실어 나르기 등을 위해 오래 전에 길들여짐.

"말" 개념의 공통 속성들을 이해함으로써 우리는 어떤 것이 말의 예(외연)로서
의 자격을 지니기 위해 충족시켜야 할 조건들을 이해한다. 이런 정의를 통해 우리
는 어떤 상황에서 우리가 그 개념을 적용할 수 있는지를 안다. 즉 경마장을 달리는
동물, 마차와 탈것을 끄는 동물, 목장에서 사람들을 태우는 동물 등에 적용할 수
있는지를 안다. 게다가 그 조건들을 이해하게 되면 우리는 그 개념이 어떤 것들에
적용될 수 있는지를 안다. 얼룩말이 말과 닮아 보인다 해도, 해당 개념에 대한 내
포적 정의를 이해한다면 우리는 "말" 개념을 얼룩말에 적용하지 않을 것이다.

내포적 정의와 관련해서는 전통적으로 만족스러운 정의인지 알아보는 규칙들
이 있다.

내포적 정의의 규칙

① 정의는 불명료하거나 은유적이어서는 안 된다.

정의가 불명료하면 개념이 사용되는 방식을 제대로 설명할 수 없다. 그리고 수사적이거나 은유적인 표현을 사용하여 정의를 하게 되면 감정적인 어떤 느낌을 줄지 모르지만 개념의 의미를 명료하게 전달할 수 없다.

② 정의는 긍정 표현이 가능한 경우에 부정 표현으로 제시되어서는 안 된다.

정의는 개념이 무엇을 의미하는지를 설명하려는 것이지 그것이 의미하지 않는 것을 설명하려는 것이 아니다.

예: "소파는 침대도 아니고 의자도 아닌 가구의 일종이다."

③ 정의는 순환적이어서는 안 된다.

순환적 정의는 어떤 개념이 도로 그 자신에 의해 정의되는 정의이다. 이런 정의는 실질적으로 개념에 대해 해명해주는 요소가 없다.

예: "총각은 총각이다."

④ 정의는 너무 넓어서는 안 된다.

개념이 정상적으로 적용되는 대상을 넘어서 다른 대상에까지 적용되면 그 정의는 너무 넓다.

예: "총각은 미혼 남자다."

⑤ 정의는 너무 좁아서는 안 된다.

너무 좁은 정의는 정의되는 개념이 실제로 적용되는 대상들보다 더 적은 대상들에 적용되는 정의이다.

예: "총각은 25세 이상 미혼 남자다."

⑥ 정의는 정의되는 것의 정의특성(defining characteristics)을 진술해야 한다.

개념을 정의할 때는 우연적 특징을 들어 정의를 하면 안 된다. 해당 개념이 적용되는 대상들이 그 개념이 적용되기 위해 지녀야 하는 필요조건들을 기술해야 한다.

예: "인간은 깃털 없는 두 발 동물이다."

2) 외연적 정의

정의는 또한 정의된 개념의 예, 즉 외연을 이용할 수도 있다. 다음 정의를 보자.

> 식용의: 두꺼비에 대해 벌레, 뱀에 대해 두꺼비, 돼지에 대해 뱀, 사람에 대해 돼지, 벌
> 레에 대해 사람의 관계로 먹기 좋고 소화하기에 안전한.

내포적 정의는 어떤 개념의 예를 제시하지 않으면서 그 개념을 특징짓는 속성들만을 전문적으로 열거하기 쉽다. 예를 들어 유치원에 다니는 인서에게 "말" 개념에 대해

> 말: 네 발 짐승. 초식성. 40개 이빨. 즉 24개의 어금니, 4개의 송곳니, 12개의 앞니. 봄
> 에 털갈이. 습지대에서는 꼬리도 털갈이함. 발굽이 단단하지만 쇠로 만든 편자를
> 신길 필요가 있음.

이라는 정의를 제시한다고 해보자. 말 개념의 내포에 대한 이런 식의 전문적 기술에 의존하는 정의는 인서에게는 별 도움이 되지 않는다. 이런 경우에는 말에 해당하는 동물과 그렇지 않은 동물을 직접 지시하는 것이 좋은 방법이다. 그림책에 나와 있는 말들이나 동물원의 말들, 다시 말해 말 개념의 외연들을 직접 가리키는 것이 좋은 방법이다. 비록 내포적 정의처럼 속성들을 나열하는 것은 아니지만, 외연을 이용한 정의는 내포적 정의를 명료화하고 보완하고 확장하는 데 유용한 경우가 있다.

표 12.2 개념 정의하기

내포적 정의	상호보완	외연적 정의
그 개념의 일반적 성질을 확인하는 일. 이 정의를 통해 개념이 언제 올바르게 적용될 수 있는지를 결정한다.		그 개념의 실제 적용 사례들을 실증하기 위해 중요한 예들, 즉 그 개념의 일반적 성질을 구체화하는 예들을 사용하는 일.

지금까지 논의한 개념화 과정을 이해하고 그 과정에 정통함으로써 우리는 앞 장에서 공부한 언어와 사고의 밀접한 관계를 좀 더 충분히 이해할 수 있다. 이 과정은 두 과정이 하나가 되어 의미와 이해를 만들어내는 식으로 작용한다. 낱말들이 무한히 다양한 언어적 표현을 산출하기 위해 언어 규칙들에 따라 결합되는 것처럼, 개념들은 무한 차원의 사고를 창조하기 위해 사고 유형들에 따라 서로 결합된다.

연습문제

1. 아래의 각 개념은 가능한 몇 가지 속성을 기술하고 있다. 각 기술에 대해 그 개념의 필요조건인지 아닌지 밝혀라. 필요조건이 아니라면 왜 아닌지 설명하라.

   예: 아이

   ① 어리다.

   ② 생물학적 아버지와 어머니가 있다.

   ③ 게임하는 것을 좋아한다.

   설명: ③ 은 필요조건이 아니다. 물론 많은 아이가 게임을 좋아한다. 하지만 어떤 사람이 게임을 즐기지 않더라도 여전히 그는 아이일 수 있다.

   (1) 경찰관

   　　① 제복을 입는다.

   　　② 법을 집행하도록 되어 있다.

   　　③ 배지와 총을 갖고 있다.

   　　설명: _____

   　　_____

   (2) 종교

   　　① 영적 신념들의 집합이 있다.

② 사람들이 신을 예배한다.

③ 신도들이 모이는 곳이 있다.

설명: _____

_____

(3) 음악

① 리듬과 멜로디가 있다.

② 다양한 악기에 의해 만들어진다.

③ 사람들이 그것에 맞추어 노래하고 춤출 수 있다.

설명: _____

_____

2. 우리는 대부분 대학에서 전공 분야의 핵심 개념들을 이해하고, 응용하고, 관계 맺는 것을 배운다. 개념을 형성하고 적용하는 능력을 개발함으로써 우리는 우리가 배우는 분야를 이해하는 데 필요한 개념들에 더 정통할 수 있다. 다음 글을 읽은 후 물음에 답하라.

창의적 사고와 비판적 사고

가드너 린드제이(Gardner Lindzey)

캘빈 S. 홀(Calvin S. Hall)

리처드 F. 톰슨(Richard F. Thomson)

창의적 사고란 어떤 문제에 대해 새롭거나 개선된 해결책의 발견이라는 결과를 가져오는 사고다. 비판적 사고는 제시된 해결책들이 효과가 있을 것인지 알아보기 위해 그 해결책들을 검토하고 시험하는 것이다. 창의적 사고는 새로운 아이디어를 낳는 쪽으로 이끄는 반면에, 비판적 사고는 아이디어를 결점이나 결함이 있는지 시험한다. 두 사고 모두 효과적인 문제 해결에 반드시 필요하지만,

두 가지는 양립불가능하다. 다시 말해 창의적 사고는 비판적 사고를 방해하고, 비판적 사고는 창의적 사고를 방해한다. 창의적으로 생각하기 위해서는 우리는 우리의 사고를 자유롭게 흘러가도록 놓아두어야 한다. 그 과정이 자발적일수록 그만큼 더 많은 아이디어가 산출될 것이고, 효과적 해결책이 발견될 가능성도 높아진다. 안정된 아이디어의 흐름은 원료를 제공한다. 그러고 나면 비판적 판단이 이용할 수 있는 가능성 중에서 가장 효과적인 해결책을 고름으로써 최상의 아이디어를 선택해 세련되게 다듬는다. 비록 우리가 두 유형의 사고에 따로따로 종사해야 한다 할지라도, 효율적인 문제 해결을 위해서는 두 사고가 모두 필요하다. …

창의적 사고에 대한 금지사항들

순응—다른 모든 사람처럼 되고 싶은 욕구—은 창의적 사고를 막는 맨 처음의 장벽이다. 사람들은 웃음거리가 되거나 조롱거리가 된다고 생각하기 때문에 새로운 아이디어를 표현하는 것을 두려워한다. 이 감정은 유아시절로 거슬러 올라가는데, 이 시기는 사람들의 상상력이 풍부한 자발적 아이디어들이 부모나 나이든 사람들에게 웃음을 유발할 수 있었을 것이다. 청소년기에 순응은 청소년들이 동료와 다르게 되는 것을 두려워하기 때문에 강화된다. 그렇다면 역시 역사는 혁신자들이 종종 비웃음의 대상이 되고 박해를 받기까지 한다는 것을 가르쳐준다.

검열—특히 스스로 알아서 하는 검열—은 창의성에 대한 두 번째 중요한 장벽이다. 외적인 아이디어 검열, 즉 현대 독재정권들의 사상 통제는 극적이고 보도가치가 있지만, 내적 검열은 보다 효과적이고 신뢰할 수 있는 것이다. 외적 검열은 단지 금지된 사상의 공개적 배포를 금할 뿐이고, 그 사상은 여전히 사적으로 표현될 수 있다. 그러나 자신들의 사상에 놀란 사람들은 자신들 문제에 대한 창의적 해결책을 생각하기보다는 감정적으로 반응하기 쉽다. 때로 그들은 그런 사상을 억누르기까지 하며, 그래서 그들은 자신들이 실존한다는 것을 의식하지 않는다. 프로이트는 이처럼 내면화된 검열을 **초자아**(superego)라 불렀다. …

창의적 사고의 세 번째 장벽은 여전히 일상적으로 아이들에게 가해지는 **엄격한 교육**이다. 반 편성, 암기, 단체훈련은 당대의 공인된 지식을 주입시키는 데 도움이 되지만, 교실에서 이 방법은 학생들에게 새로운 문제를 해결하는 법이나 낡은 문제에 대한 관례적 해결책을 개선하는 법을 가르칠 수 없다.

한편 교육에서 진보 운동은 종종 창의적 사고에 대한 강조로 인해 지적 불성실과 기본 기술 및 사실을 숙지하지 못하도록 조장한다는 점을 근거로 비판을 받아왔다. …

창의적 사고의 네 번째 장벽은 **빨리 답을 찾으려는 커다란 욕구**다. 그러한 강한 동기는 종종 우리의 의식을 좁히고 부적합하고 성급한 해결책을 승인하도록 조장한다. 사람들은 매일 삶의 요구와 책임으로부터 벗어날 때 최상의 창의적 사고를 하기 쉽다. 발명가, 과학자, 예술가, 작가, 관리직들은 종종 판에 박힌 일과로 시달리지 않을 때 창의적 사고의 대부분을 해낸다. 휴가의 가치는 사람들로 하여금 제자리로 돌아왔을 때 일을 더 잘할 수 있게 해준다는 점이 아니라 오히려 휴가 동안 새로운 아이디어를 탄생할 수 있도록 해준다는 점이다.

공상을 하는 사람은 종종 시간을 낭비한다고 비판받는다. 하지만 공상이 없다면, 사회의 진보는 상당한 정도로 더 늦어질 터인데, 왜냐하면 공상을 통해 우리는 독창적인 아이디어를 발견하기 때문이다. 이 말은 모든 공상이나 한가한 명상이 유효하고 실행가능성이 있는 아이디어를 가져온다는 것을 시사하지 않는다—그와는 거리가 멀다. 그러나 생각된 수천 가지 아이디어 가운데 어딘가에서 하나의 유용한 아이디어가 나타날 것이다. 천 개의 보잘것없는 아이디어를 산출하지 않으면서 이 하나의 아이디어를 발견하는 것은 창의적 사고에서 엄청나게 절약을 하는 일일 것이다. 그러나 그러한 절약은 일어날 것 같지 않으며, 창의적 사고가 그 결과가 유용하든 유용하지 않든 대체로 즐거운 일이기 때문에 특히 그렇다.

비판적 사고

창의적 사고는 우리가 잠재적으로 유용한 아이디어를 분류해 세련되게 다듬고자 한다면, 비판적 사고가 뒤따라야 한다. 비판적 사고는 본질적으로 아이디어를 시험하는 작업이다. 그것이 효과가 있을까? 그것에 잘못된 점이 무엇인가? 어떻게 하면 그것을 개선할 수 있을까? 이런 물음들은 새로 부화한 아이디어들에 대한 비판적 검토에 의해 대답되는 물음들이다. 당신이 매우 창의적일 수는 있지만, 만일 당신이 어떤 아이디어가 실용적이고 합리적인지 결정할 수 없다면 당신의 창의성은 별로 유익한 귀결로 이끌지 못할 것이다. 그러한 구별을 하기 위해서는 당신은 약간의 거리를 유지하고 초월해야 하며, 그래야만 당신 자신의 아이디어를 객관적으로 평가할 수 있다.

비판적 사고는 아이디어의 실용성을 판단할 약간의 기준을 요구한다. 예컨대 만일 어떤 공동체가 범죄에 관해 무언가 조치를 취하기 원한다면, 그 공동체는 제시된 척도들에 어떤 제한을 가할 것인지를 결정해야 한다. 한 가지 제한은 이용할 수 있는 돈의 액수다. 범죄를 억제하기 위한 많은 제안은 공동체가 기꺼이 지불하거나 지불할 수 있는 것보다 많은 비용이 들어간다.

비판적 사고의 경로에는 어떤 장벽이 서 있는가? 하나는 공격적이고 파괴적인 것이라는 두려움이다. 우리는 아이 때 비판적이지 말 것, 누군가 다른 사람, 특히 나이든 사람이 말하는 것과 다르게 하지 말 것을 배운다. 이 장벽은 종종 또 다른 장벽, 즉 우리 자신의 생각에 대한 과대평가를 포함한다. 우리는 우리가 창조한 것을 좋아하며, 종종 다른 사람이 우리의 창조물을 혹평하는 것을 꺼린다. 대체로 자신감이 없는 사람일수록 자신들의 원래 생각에 완강하게 매달린다.

마지막으로 창의적인 것에 대해 지나치게 강조하게 되면 비판적 재능이 개발되지 않은 채로 남아 있을 수 있다는 것을 다시 한 번 지적할 필요가 있다. 학생들의 창의성을 자극하려는 열망에서 선생들은 종종 비판적이기를 꺼린다. 의도하지 않은 한 가지 결과는 그 학생들이 비판적으로 생각하는 것을 배우지 못한다는 것이다. 이것은 불행인데, 왜냐하면 대부분의 사람에게 있어서 인생은 창의적 사고와 비판적 사고의 균형을 요구하기 때문이다.

비판적 태도

비판적 사고와 비판적 태도는 중요한 차이가 있다. 비판적 사고는 문제에 대한 타당하고 실제적인 해결책에 도달하려 한다. 그래서 그 해결책이 아무리 많이 거부되고 버려진다 할지라도, 그 최종 목표는 건설적인 것이다. 한편 비판적 태도는 의도에 있어서 파괴적이다. 비판적 태도를 가진 사람은 오로지 비판을 위해 비판을 하는 경향이 있다. 그러한 태도는 인지적인 것이 아니라 감정적인 것이다.

이 인용문의 필자들은 두 가지 주요 개념—"창의적 사고"와 "비판적 사고"—를 논의하고 있다.

(1) 이 개념들 각각에 대한 필자들의 기본 정의를 기술하라.

　　창의적 사고:

　　_____

　　_____

　　비판적 사고:

　　_____

　　_____

(2) 이 두 가지 독특한 사고방식의 개발에 도움이 되거나 방해가 된다고
　　필자들이 믿는 요인들을 기술하라.

　　창의적 사고:

　　_____

　　_____

　　비판적 사고:

　　_____

　　_____

(3) 필자들의 창의적 사고 개념이 그들의 비판적 사고 개념과 어떻게 유사
　　한지, 또는 어떻게 다른지 설명하라.

　　유사점:

　　_____

　　_____

　　차이점:

　　_____

　　_____

제 **13**장

관계 맺기와 조직하기

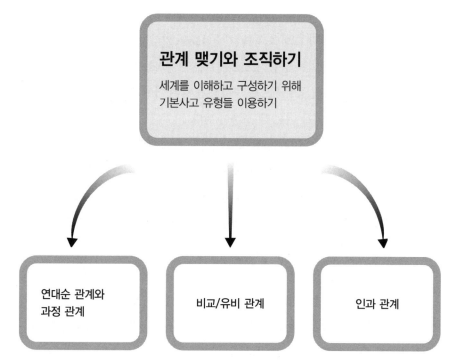

관계 맺기와 조직하기
세계를 이해하고 구성하기 위해
기본사고 유형들 이용하기

연대순 관계와
과정 관계

비교/유비 관계

인과 관계

1. 개념 관계 맺기와 조직하기

앞 장에서 개념을 통하여 우리가 경험한 것을 확인하고, 구별하고, 기술하고, 서로 관계를 맺게 할 수 있다는 것을 배웠다. 이런 일은 궁극적으로 우리가 경험하는 세계를 의미 있게 이해하기 위한 것이다. 세계에 대한 이해는 우리로 하여금 지각하고, 생각하고, 말과 그림을 통해 기술하도록 기다리고 있는 완제품으로 존재하지 않는다. 대신 우리는 능동적으로 세계를 구성하는 일에 참가한다. 이처럼 경험한 것을 개념을 통해 능동적으로 구성하는 것은 어떤 일이 일어나고 있고 우리가 무엇을 해야 하는지를 아는 데 도움이 된다.

개념, 사물, 사건들은 다양한 방식으로 관계를 맺고 조직될 수 있다. 그래서 같은 공간에 있는 같은 가구와 장식이라도 사람들마다 서로 다른 방식으로 배치할 수 있다. 또 같은 수업을 받는 학생들이 같은 주제에 관해 매우 다른 보고서를 작성할 수 있다. 이처럼 상이한 배치나 상이한 보고서 작성은 각자의 필요, 사고방식, 관심사, 미적 취향 등을 반영하는 것이다.

우리가 가진 자료를 관계 맺고 조직하는 이 모든 방식은 우리가 생각하거나 행동하거나 언어를 사용할 때 끊임없이 의존하는 기본 사고유형들을 반영한다. 이 기본 사고유형들은 우리가 세계를 구성하고 이해하는 과정의 핵심적인 부분이다. 이제 이 기본 사고유형은 다음과 같다.

연대순 관계와 과정 관계

- 연대순 관계: 사건들을 시간 순서에 따라 관계 맺는 것.
- 과정 관계: 어떤 사건이나 대상의 성장, 또는 발달의 국면들을 관계 맺는 것.

비교와 유비 관계

- 비교 관계: 유사점과 차이점에 의해 사물들을 같은 범주로 관계 맺는 것.
- 유비 관계: 서로 다른 범주에 속하는 사물들을 서로의 유사점에 의해 관계 맺는 것.

인과 관계

- 인과 관계: 어떤 사건이 다른 사건의 원인이 되거나 다른 사건을 야기하는 방식에 의해 사건들을 관계 맺는 것.

이 세 가지 기본 사고유형은 우리가 세계를 이해할 수 있도록 지각하고, 모양 짓고, 조직할 때 중요한 역할을 한다. 생각하기, 글쓰기, 말하기에서 우리는 바로 이 기본 사고유형들을 사용한다.

2. 연대순 관계와 과정 관계

연대순 사고유형과 과정 사고유형은 사건이나 관념들을 발생 시간에 따라 조직한다. 물론 두 유형은 초점이나 강조점에서 다르다. 연대순 사고유형은 어떤 것을 일련의 사건들이 발생한 순서에 따라 사건들의 계열로 조직한다. 과정 사고유형은 어떤 활동을 어떤 목표에 도달하는 데 필요한 단계들의 계열로 조직한다.

1) 연대순 관계
연대순 관계의 사고유형을 보여주는 쉬운 예는 주어진 시점에서 일어난 일을 기록하는 항해 일지나 일기다. 가장 오래되고 보편적인 형식의 연대순 표현은 내러티브(narrative, 서사)인데, 내러티브는 어떤 사람이 그가 했던 경험들에 관해 이야기하는 전달 방식이다. 모든 인간 문화는 가치와 전통을 한 세대로부터 다음 세대로 넘겨주는 내러티브를 사용해왔다. 호메로스의 『오디세이』 같은 작품은 좋은 예가 된다.

연대순 사고유형을 사용한 글이나 표현이 무조건 좋은 것은 아니다. 좋은 연대순 표현은 무언가를 성취하고 어딘가에 도달할 수 있도록 해주는 것이어야 한다. 다시 말해 어떤 목적이 있어야만 한다. 그 목적은 어떤 주제에 대해 좀 더 많은 정보를 제공하거나, 어떤 관념을 예증하거나, 우리를 특수한 사고방식으로 인도하거나, 또는 그저 우리를 즐겁게 해주는 것일 수도 있다. 훌륭한 연대순 표현은 일어난 사건들을 보고만 하는 것이 아니다. 대신 초점과 목적이 있고, 정돈된 구조(줄거리)를 지니고 있으며, 의미 있는 관점을 표현한다.

2) 과정 관계

시간에 따라 정돈되는 또 다른 사고유형은 과정 관계다. 이 관계는 사건이나 경험의 성장과 전개의 국면들을 관계 맺는 데 초점을 모은다. 우리는 이 세상에 태어난 이후 우리 인생의 모든 국면의 과정들과 연관되어 있다. 이를테면 키 크기

표 13.1 연대순 관계

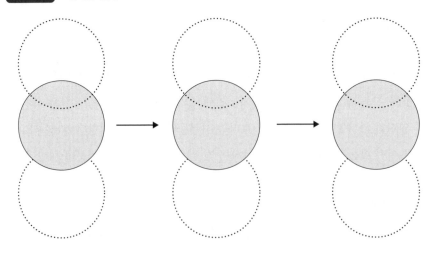

와 같은 우리의 자연적 과정, 자전거 조립하기와 같은 기계적 과정, 탁구 배우기와 같은 물리적 과정, 시 쓰기와 같은 창조적 과정 등과 연관되어 있다. 과정 서술은 연대순 서술과 중요한 점에서 다르다. 내러티브와 같은 연대순 서술은 보통 어떤 사건을 통해 개인이나 개인들이 겪은 독특한 경험을 시간 순서에 따라 서술한다. 반면에 과정 서술은 같은 사건을 경험하는 모든 개인이 되풀이해서 밟을 수 있는 단계들에 대한 일반적 서술이다.

과정 분석은 두 가지 기본 단계가 포함된다. 첫 번째 단계는 우리가 부분이나 단계들로 분석하는 과정이다. 두 번째 단계는 처음부터 끝까지 이 부분이나 단계들을 통하여 과정의 움직임을 설명하는 것이다. 우리가 확인하는 단계들은 개별적이고 독립적이어야 하며, 반복되어서도 안 되고, 중요한 것을 빠뜨리지 않아야 한다.

과정 분석을 할 때 우리는 보통 두 가지 목표를 염두에 둔다. 하나는 사진 찍기, 타이어 교체하기 같은 어떤 활동을 수행하는 법을 다른 사람에게 가르치는 것이다. 다른 하나는 어떤 과정을 수행하는 법을 가르치는 것이 아니라 그 과정에 대한 정보를 주는 것이다. 예를 들어 생물학 시간에 선생은 식물이 어떻게 기능을 하는지 이해시키기 위해 광합성 과정을 설명할 수 있는데, 이때 햇빛을 엽록소로 바꾸는 일을 어떻게 시작해야 하는지 가르치지 않는다.

표 13.2 　과정 관계

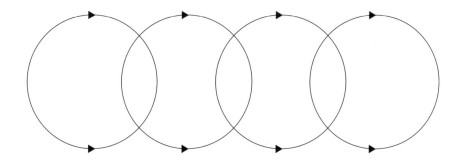

3. 비교 관계와 유비 관계

비교(comparison)와 유비(analogy) 사고 유형은 서로 다른 대상, 사건, 관념들 사이의 유사점과 차이점에 초점을 모은다. 비교 사고유형은 사물들을 그 유사점과 차이점들에 의거하여 **똑같은** 범주 속에서 관계 맺게 한다. 예컨대 집이나 차와 같은 중요한 것들을 구입할 때 우리는 대체로 여러 제조회사와 모델, 가격 등을 검토하면서 조직적으로 비교한다. 이때 비교는 유사점과 차이점을 토대로 그것들을 평가하는 것이다. 그렇지만 유비 사고유형은 사물들을 그 유사성에 의거하여 **전혀** 다른 범주들 속에서 관계 맺게 한다. 예컨대 미팅에 나갔다가 마음에 들지 않는 상대를 만났을 때 "폭탄이군."하는 경우를 생각해보라. 분명히 사람과 폭탄은 다른 범주에 속하지만, 이 유비는 둘 사이의 어떤 유사점들(사람들이 기피하고, 두려워한다는 점 등)을 환기시킨다.

1) 비교 관계

지난 몇 달 동안 우리가 구입한 물건에 대해 생각해보자. 그 물건은 옷, 책, CD, DVD 플레이어일 수 있다. 그런 물건들을 사면서 우리는 상표, 색깔, 크기, 비용 등 많은 구체적 정보를 주목한다. 물건을 사러 가서 우리는 같은 유형의 다른 물건들, 즉 쳐다보기는 했지만 사지는 않았던 물건들을 검토하는 데 많은 시간을 소비한다. 그리고 나서 어떤 물건을 사기로 결정할 때에는 이미 다양한 물건들을 비교한 뒤일 것이다.

보통 비교는 의식하지 못한 채로 이루어지는 수가 많다. 식당에 가서 메뉴를 고를 때, 가게에 가서 어떤 물건을 살 때, 극장이나 버스에서 좌석을 고를 때, 우리는 거의 자동적으로 우리가 선택하려고 하는 것들 사이의 유사점과 차이점을 찾고 있다. 그리고 이 유사점과 차이점들이 우리가 결정을 내릴 때 중요한 역할을 한다.

그렇지만 때로 우리는 충동적으로 결정을 내린다. 즉 아무런 생각이 없거나 비교 검토 없이 결정을 내린다. 어쩌면 누군가가 우리에게 그렇게 하라고 말하기 때문에 그런 결정을 내릴 수도 있고, 텔레비전 광고의 영향을 받았기 때문에 그런 결정을 내릴 수도 있다. 하지만 이런 결정은 효과가 없는 경우가 흔하다. 이와 달리 비판적으로 비교 검토를 할 때 우리는 지성적인 결정을 내리는 데 도움이 될 정보를 얻을 수 있다.

당연한 일이지만 비교할 때 우리가 사용하는 모든 요인이 결정을 내릴 때 똑같이 중요한 것은 아니다. 그렇다면 어떤 요인들이 다른 요인들보다 중요하고, 어떤 정보가 다른 정보보다 더 적절한 관련이 있는지 어떻게 결정하는가? 유감스럽게도 이런 물음에 답하는 간단한 공식은 없다. 예를 들어 전에 완성했던 목록들을 검토하고, 그 물건을 사기로 한 결정에서 중요한 역할을 했던 요인들에 표시를 해보자. 이 요인들은 가장 중요하고, 가장 관련 있으면서 우리의 필요와 목적을 반영한다고 판단했던 비교 정보를 나타낸다. 만일 예산이 한정되어 있다면, 가격차가 결정에서 중요한 핵심 역할을 할 것이다. 돈이 최우선 목표가 아니라면 물건의 품질이나 다른 요인이 역할을 할 수도 있다. 그래서 비록 어떤 요인들이 가장 중요한지를 결정하는 간단하고 쉬운 방법은 없지만, 우리의 결정에 영향을 미치고 있는 요인들을 자각하는 것이 도움이 된다고 할 수 있다.

비교를 할 때 피해야 할 함정은 다음과 같다.

- 불완전한 비교
  너무 적은 비교점들에 초점을 모을 때 문제가 발생한다. 예컨대 우리는 수술할 유능한 의사를 찾으면서 각각의 의사나 병원이 부과하는 수술비만 주목할 수 있다. 하지만 비록 돈이 중요한 비교점일 수 있다 해도, 의료 수련, 경험, 추천, 성공률 같은 다른 비교점들을 간과하는 것은 어리석은 일일 것이다.
- 선택적 비교
  이 문제는 비교 상황에 대해 한쪽으로 치우친 견해를 취할 때 발생한다. 이때 우리는 비교되는 것들의 한쪽 면에 유리한 점은 주목하지만 다른 쪽에 유리한 점은 간과한다. 예를 들어 가은이 도움을 청하기 위해 믿을 수 있는 친구를 한 사람 선택해야 하는 상황이라고 하자. 가은은 가장 친하기도 하고 아주 오래전부터 알아왔던 세은을 주목한다. 하지만 가은은 지난 몇 차례 무언가를 요구했을 때 세은이 자신을 실망시켰다는 사실을 간과한다.

표 13.3   비교 관계

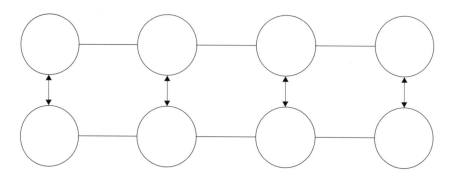

2) 유비 관계

비교 관계는 메뉴판에서 물건을 고르는 일처럼 똑같은 일반 범주 속에서 두 항목 사이의 유사점과 차이점을 검토하는 일이 포함된다. 그렇지만 똑같은 범주에 속하는 사물들에 주목하지 않는 또 다른 종류의 비교가 있다. 그러한 비교를 바로 유비(analogy)라 한다. 유비는 한 범주의 개념을 다른 범주의 개념과 똑같다(유사하다)고 말함으로써 명료화하거나 조명하려고 한다.

유비의 목적은 앞에서 말한 비교의 목적과는 다르다. 유사한 것들을 비교하는 일의 목적은 보통 선택을 하는 것이며, 비교하기의 과정은 결정을 내릴 때 필요한 정보를 제공해주기 위한 것이었다. 그렇지만 유비의 주요 목표는 선택하기나 결정하기가 아니다. 유비는 우리의 이해를 조명하는 것이다. 서로 다른 것들 사이의 유사점을 확인하는 일은 종종 이 다른 것들을 새로운 시각, 즉 우리가 전에 보아 왔던 것과 다른 관점에서 보도록 자극한다. 유비를 통해 우리는 비교되는 사물들에 대해 좀 더 명료하고 좀 더 완전한 이해에 도달할 수 있다.

"인생은 바둑이다." 이 진술은 얼핏 보기에 공통점이 없는 것처럼 보이는 두 가지, 즉 인생과 바둑을 비교하고 있다. 이 두 가지가 많은 점에서 서로 닮지 않았음에도 불구하고, 우리는 이 진술을 통해 두 가지가 아주 중요한 어떤 유사점들이 있음을 보기 시작한다. 두 가지 모두 시작과 끝이 있다. 한 판의 바둑이 진행되는 과정에서 좋을 때와 나쁠 때가 있듯이 인생에서도 잘 나갈 때와 못 나갈 때가 있다.

우리는 종종 다른 사람에게 우리의 논지를 이해시키기 위해 유비를 사용한다. 적절히 사용하면 유비는 우리가 전달하려 하는 것을 예증하고 설명하는 데 효과적이다. 우리의 경험을 표현할 올바른 말들을 찾는 데 어려움이 있을 때 특히 유비가 중요하다. 강렬하고 복잡 미묘한 감정이나 정서를 직설적인 말로 표현하기는 어렵다. 이를테면 내가 이성에게 느끼는 강렬한 사랑의 감정은 말로 표현하기 어렵다. 이런 경우 우리가 전달하려 하는 느낌을 설명하고 명료하게 전달하기 위해서는 다음의 유사점들에 주목함으로써 "봄에 피는 첫 장미"와 비교할 수 있을 것이다.

첫 장미처럼 이것은 내 인생에서 첫 번째 위대한 사랑이다.
망가지기 쉽지만 나긋나긋한 장미 꽃잎처럼 내 감정은 부드럽고 예민하다.
장미의 아름다움처럼 내 사랑의 아름다움은 시간이 지날수록 더할 것이다.

단순한 규정을 거부하는 감정이나 경험을 전달하는 일 외에 유비는 복잡한 개념을 설명하려 할 때도 유용하다. 예컨대 우리는 눈을 카메라 렌즈, 몸의 면역체계를 방위군과 비교할 수 있다. 이런 식으로 유비는 비교의 요점들을 비추는 이미지를 불러일으킴으로써 복잡한 개념을 조명한다.

유비는 두 부분, 즉 원 주제와 비유 주제(원 주제가 비교되고 있는 것)로 이루어진다. 사랑을 봄의 첫 장미와 비교할 때 원 주제는 우리의 사랑 느낌과 누군가에 대한 관심인 반면에, 비유 주제는 우리가 그러한 느낌을 드러내고 표현하기 위해 비교하고 있는 것, 즉 봄의 첫 장미다.

유비에서 원 주제와 비유 주제는 빤하거나(명시적) 함축적(암묵적)일 수 있다. 이에 따라 직유와 은유가 나누어진다. "비에 흠뻑 젖은 저 친구는 물에 빠진 생쥐 같다."를 생각해보자. 이 진술은 직유로 알려진 빤한 유비다. 왜냐하면 이 진술은 원 주제(비에 젖은 친구)와 비유 주제(물에 빠진 생쥐)의 연관을 비유어 **같다**를 사용하여 명시적으로 지적하고 있기 때문이다. 반면에 "비에 흠뻑 젖은 저 친구는 물에 빠진 생쥐다."는 비유를 만들고 있다는 사실을 지적하는 낱말을 전혀 사용하지 않았기 때문에 은유로 알려진 함축적 유비를 만들고 있다.

4. 인과 관계

인과적 사고유형은 사건들이 서로에게 미치는 영향이나 효과에 의거해 사건들을 관계 맺는다. 예컨대 고은이 자신의 팔을 세게 꼬집으면, 고은은 아픔을 느낄 것이다. 팔을 꼬집는 일은 원인이고 아픔을 느끼는 것은 그 결과다. 이때 고은은 원인과 결과 관계를 실증하고 있는 셈이다. 원인이란 다른 어떤 것(보통 "결과"라 불리는 것)을 초래하는 일에 책임 있는 어떤 것이다. 그래서 꼬집기(원인)는 통증(결과)을 초래한다. 우리가 인과적 진술을 만들면, 우리는 두 사건 사이에 인과 관계가 있다고 진술하고 있는 것이다.

물론 우리가 인과적 진술을 할 때 항상 원인이라는 말을 사용하는 것은 아니다. 다음 진술을 보자.

비타민 C를 많이 복용한 일이 실제로 내가 앓았던 독감을 낫게 해주었다.
나는 모닥불에 너무 가까이 갔기 때문에 젖은 신발과 함께 발도 익는 사고를 당했다.

원인이라는 말을 명시적으로 사용하지는 않았지만, 이 진술들은 모두 인과적 진술을 하고 있다.

우리는 흔히 인과적 진술을 만들며, 인과 관계에 의거해 생각한다. 사실상 우리가 하는 많은 사고의 목표는 어떤 일이 왜 일어났는지, 또는 어떤 일이 어떻게 일어났는지를 알아내는 것인데, 왜냐하면 사태가 왜 그리고 어떻게 일어나는지 알아낼 수 있을 때 비로소 우리가 미래에 어떤 일이 일어날 것인지 예측할 수 있을 것이기 때문이다.

한편 일상에서 원인과 결과를 쉽게 확인할 수 있도록 인과 관계가 빤하게 나타나는 경우는 드물다. 원인과 결과는 보통 다음과 같이 세 가지 복잡한 유형으로 나타난다.

1) 인과 사슬

충석의 과학철학 보고서는 월요일 아침이 기한이다. 과학철학 교수는 학기 초에 논리 실증주의의 귀납주의와 칼 포퍼의 반증주의를 장단점을 중심으로 비교 검토하라는 과제를 부과했었다. 충석은 그 동안 책과 논문 등 자료를 차곡차곡 수집하였다. 이제 보고서를 작성하기 위해 주말 전체를 비워놓고, 막 시작하려 하고 있는데 전화가 온다. 3학년을 마치고 군대에 간 해봉이다. 휴가를 나왔는데, 같이 술 한 잔 하자고 한다. 충석은 내심 걱정이 되었지만 좋다고 말한다. 토요일 밤 늦게까지 해봉과 술을 마신 충석은 일요일 오전에 늦게 일어난다. 아침 겸 점심을 먹고 책상에 앉아 보고서를 작성하려는데 위가 쓰려오기 시작한다. 어제 먹었던 굴 요리가 문제를 일으킨 것 같다. 3시간 뒤 겨우 정신을 차려 작업을 계속한다. 충석은 커피 물을 올려놓고 작업을 시작한다. 새벽 3시쯤 되었을 때 충석은 더 이상 작업을 할 수 없을 정도로 진이 빠진다. 2시간만 자고 나서 하자! 그래도 나머지 작업을 한두 시간이면 충분히 할 수 있다고 생각한 충석은 시계를 5시에 맞추어놓는다. 충석이 일어났을 때 시계는 9시를 가리키고 있다. 맙소사! 알람이 작동하지 않았던 것이다! 2교시 수업은 1시간밖에 안 남았고, 충석은 시간에 맞게 보고서를 작성할 수가 없다. 학교에 가면서 충석은 이 비참한 상황에 대해 왜 그렇게 되었을까 생각해본다.

위 글에서 알 수 있듯이 인과 사슬은 한 가지 사건이 다른 사건으로 인도하고, 이 다른 사건은 또 다시 다른 사건으로 인도하면서 사슬을 이루고 있다. 그에 따라 나오는 결과의 단 한 가지 원인은 없다. 전체적으로 연결된 원인들의 끈이 있다. 이 끈에서 어떤 원인이 "진짜" 원인인가? 우리의 답은 상황에 대한 우리 자신의 관점에 의존하는 경우가 많다. 보고서 미완성의 원인을 충석은 시계 고장으로 볼지 모르겠다. 하지만 교수는 원인을 불성실한 일반적 생활태도나 전체적 계획의 결여로 볼 수도 있다. 예기치 않은 문제들이 충석의 목표를 달성하지 못하도록 막았던 막판의 순간까지 사태를 방치한 것은 충석의 생활태도에 문제가 있다고 볼 수 있기 때문이다.

인과 사슬의 구조는 다음과 같다.

인과 사슬

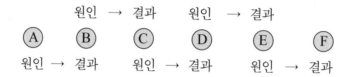

2) 기여 원인

인과 관계가 사슬을 이루는 유형 외에 어떤 결과를 산출하는 데에는 여러 원인이 동시에 작용할 수 있다. 이 경우에 서로 다른 몇 가지 원인이 각자 따로 작용하면서 각각의 원인은 최종 결과를 일으키는 일에 기여한다. 그래서 이런 원인들을 기여 원인(contributory causes)이라 한다. 이런 상황이 일어날 때 각각의 원인은 다른 원인들의 작용을 뒷받침하고 강화시키는 데 기여한다. 기여 원인들의 구조는 다음과 같다.

기여 원인들

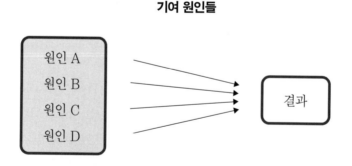

학기말이다. 충석은 학교에서 보고서 작성, 기말시험 준비 등으로 무척 힘들게 지내고 있다. 충석은 잠을 충분히 자지 못하고, 밥맛이 없어 식사도 하는 둥 마는 둥 한다. 설상가상으로 충석은 여자친구 지현과 심한 논쟁을 벌임으로써 감정적으로 몹시 스트레스를 받고 있다. 충석은 이런 상황이 끊임없이 자신을 괴롭히고 있음을 발견한다. 게다가 날씨가 추워지면서 독감이 기승을 부리고, 주변의 몇몇 친구들이 감기에

걸려 있다. 어느 날 저녁 강의실에서 집으로 돌아가는 길에 충석은 예기치 않은 겨울 비를 만나 흠뻑 젖는다. 집으로 돌아왔을 때 충석은 한기를 느낀다. 눈을 떴을 때 충석 은 입 속에 체온계가 물려 있음을 발견한다. 충석은 아파서 병원에 실려 온 것이다!

충석이 아프게 된 "원인"은 무엇인가? 이 상황에서 충석이 병을 일으키게 된 것의 원인은 한 가지가 아니다. 저항력이 낮아진 일, 비에 젖어 떨게 된 일, 다양 한 병균과 바이러스에 노출된 일, 육체적으로 탈진한 일, 적절히 먹지 못한 일 등 아마도 여러 요인들이 같이 작용해서 병을 일으켰을 것이다. 다시 말해 하나의 요 인만으로는 병을 일으키기에 충분하지 못했을 것이다.

3) 상호작용 원인

인과 관계를 검토하다 보면 원인들이 고립해서 작용하는 경우는 거의 없다는 것을 알 수 있다. 대신 원인들은 다른 요인들에 영향을 미치고, 또 영향을 받는다.

충석은 과학철학 수업시간에 몇몇 학생과 함께 발표를 하기로 되어 있다. 충석은 칼 포퍼의 반증주의를 맡았다. 차례가 다가오면서 충석은 걱정이 되면서 입이 바싹바 싹 마르기 시작한다. 이것은 충석의 목소리를 쉰 것처럼 나오게 만들면서 입술과 목 을 마르게 하는 결과를 낳는다. 꼭 개구리 같은 소리를 낼 것 같다는 사실이 충석의 두려움을 증가시킨다. 그리고 이것은 다시 충석의 쉰소리를 더욱 나쁜 것, 즉 침묵으 로 만듦으로써 입을 마르게 하고 충석의 목을 더 수축시킨다.

이 상황은 서로 다른 요인들이 어떤 것에서 다른 것으로 이리저리 미치는 상호 영향을 통하여 서로 관계될 수 있는 방식을 나타낸다. 상호작용적 사고유형을 포 함하는 이런 유형의 인과 관계는 우리의 경험을 조직하고 이해하는 데 매우 중요 하다. 예를 들어 가족이나 팀 같은 사회적 관계를 이해하기 위해서는 우리는 각 개인이 그 집단의 다른 성원들에게 영향을 미치고 영향을 받는 복잡한 방식을 이 해해야 한다. 한 쪽이 일방적으로 영향을 미치고 다른 한 쪽이 일방적으로 영향을 받는다는 식으로 이해해서는 안 되는 것이다. 생물학적 체계를 이해할 때도 마찬가지다. 우리의 심장, 간, 뇌 같은 기관이 어떻게 기능을 하는지 이해하려면 우리는 그런 기관이 생물학적 체계의 다른 모든 부분들과 맺는 복잡하고 상호작용적인 관계를 이해해야 한다.

이 장에서는 몇 가지 기본 사고유형을 살펴보았다. 개념은 사고의 어휘, 즉 우리가 세계를 나타내기 위해 사용하는 일반 관념이다. 사고유형은 우리가 세계를 이해할 수 있도록 개념들을 관계 맺고 조직하게 해주는 수단이다. 연대순 관계와 과정 관계, 비교 관계와 유비 관계, 인과 관계와 같은 기본 사고유형은 저마다 과거에 일어났던 일, 현재 일어나고 있는 일, 미래에 일어날 일을 알아내는 데 도움이 된다. 우리는 이 사고유형들을 세계가 존재하는 방식을 드러내고, 우리가 경험하는 사건들을 해석하기 위해 사용한다. 우리 모두는 이런 활동을 독특한 방식으로 수행하며, 우리 자신의 독특한 세계관을 형성한다. 우리가 우리 마음의 개념적 어휘를 관계 맺고 조직하는 능력을 세련되게 다듬을수록 우리는 창의적 사고력과 더불어 세계에 대한 좀 더 정확한 이해를 발전시키게 될 것이다.

연습문제

1. 다음 내러티브를 읽고 물음에 답하라.

돌아가자, 그러나 집은 아니다

마리아 뮤니츠(Maria Munitz)

쿠바와의 외교 관계를 회복하는 일과 관련된 모든 회담에도 불구하고, 친구와 친척을 방문하기 위해 돌아오는 쿠바 망명객들의 수가 점점 증가하면서 나는 시종 "돌아갈 겁니까?"라는 질문을 받는다. 나는 계속해서 "내가 가야 할 무슨 이유가 있는가?"라고 자문해왔다. 나는 답을 찾기 전까지 힘들게 오랫동안 생각해야 했다. 그렇다.

나는 다섯 살 무렵 부모님과 함께 미국에 왔다. 우리는 할아버지와 할머니, 숙부와 숙모, 여러 명의 사촌을 남기고 떠나왔다. 나는 브룩클린의 중류층이 사는 지역에서 성장했다. 한 사람을 제외하고 내 친구는 모두 미국인이었다. 나는 가족 외에 쿠바인을 거의 알지 못한다. 나는 종종 마이애미에 사는 친척들을 방문할 때 거북함을 느끼는데, 그것은 그곳이 아주 딴 세상이기 때문이다. 마이애미에 사는 쿠바인들의 생활방식이 나에게는 매우 낯선 것 같고, 나는 너무 "미국화"되었다는 비난을 받는다. 그러나 내가 지금 미국 시민이긴 하지만, 누군가가 국적을 물을 때면 나는 언제나 주저 없이 "쿠바인"이라고 대답했다.

밖으로는 미국인, 안으로는 쿠바인.

최근 나는 대체로 카스트로 정권에 찬성하는 사람과 대화를 했다. 우리는 쿠바 정치에 대해 이야기를 나누었는데, 그 토론이 아주 무심결에 나온 것이었는데도 내면에서 오래된 노여움이 치솟는 것을 느꼈다. "미국" 생활을 한 16년 후에도 나는 여전히 그 혁명을 초연함이나 객관적인 태도를 가지고 볼 수 없다. 나는 혁명의 결과를 사회적, 정치적, 경제적 용어들로 해석할 수 없다. 그런대로 너무 많은 기억이 남아 있는 것이다.

그리고 이 사람에게서 쿠바 상황에 대해 이야기를 들으면서 나는 어린 소녀로서 내가 숙모들과 할머니들 꿈을 꾸다가 깨어나 울고 그들을 얼마나 그리워했는지 기억하기 시작했다. 나는 어머니가 전화로 당신 어머니와 이야기할 때마다 했던 떨리는 목소리와 슬픈 표정을 기억했다. 나는 어떻게 하다가 운송 중에 잃어버린 많은 편지와 사진에 대해 생각했다. 그리고 대화를 계속하면서 나는 미국 세계에서 라틴계 사람이 자라는 것이 얼마나 어려웠는지 기억하기 시작했다.

그것은 영어를 거의 알지 못한 채 유치원에 가는 것을 의미했다. 나는 이 나라에서 불과 몇 개월 있었을 뿐이었으며, 비록 들은 것을 많이 이해하긴 하지만 나 자신의 생각을 별로 잘 표현해낼 수가 없었다. 학교에 간 첫 날 나는 한 어린 여자애가 선생님에게 한 다음 말을 기억한다. "하지만 우리가 어떻게 저 애와 놀 수 있죠? 저 애는 말도 못하는 멍청이란 말이에요!" 나는 어떻게 할지 몰라 심한 무력감을 느꼈는데, 마음속으로는 "나도 네가 말하는 것을 전부 이해할 수 있단 말이야!"라고 외치고 있었기 때문이었다. 그러나 나는 내 생각을 말로 표현할 수 없었고, 내 생각을 전달할 수 없다는 사실이 나를 두렵게 했다.

좀 더 나이가 들었을 때 라틴계는 자동적으로 학교 수업시간에 책을 가장 느리게 읽는 사람으로 분류된다는 것을 의미함을 알았다. 그때쯤 나는 영어를 유창하게 구사할 수 있었지만, 선생들은 항상 내가 약간 문맹이거나 느리다고 가정하곤 했다. 나는 한 선생님이 내가 미국 학생들만큼 잘 읽고 쓸 수 있다는 사실을 발견하고 깜짝 놀랐던 일을 기억한다. 쉽사리 믿지 않으려 하는 그녀의 태도 때문에 나는 놀랐다. 어린이로서 나는 라틴계가 항상 내가 다른 사람들만큼 훌륭하다는 것을 증명하는 일을 의미한다는 것을 깨닫기 시작했다. 더 나이가 들었을 때 내가 다른 사람들보다 더 낫다는 것을 증명하는 것은 자존심 문제가 되었다.

어른으로서 나는 이런 기억들을 감수하면서 별로 상처를 받지 않는다. 나는 쿠바인을 그다지 많이 보거나 듣지 않는다. 나는 억양을 가지고 이야기하지 않으며, 내 영어는 내 스페인어보다 훨씬 낫다. 나는 내 진로를 시작하고 있으며, 내 앞에 펼쳐진 많은 가능성들을 고대하고 있다.

그러나 내 마음속에서는 작은 목소리가 끊임없이 "뭔가 빠졌어. 그걸로 충분하지 않아."라고 말하고 있다. 그리고 이것이 내가 지금 "돌아가고 싶습니까?"라는 질문을 받으면 "예"라고 자신 있게 대답하는 이유다.

나는 쿠바인들에게 "상처를 제쳐두고 용서하고 잊어야 할 때입니다."라고 말하지 않는다. 내 삶의 모든 것을 그토록 심하게 바꾸어 놓고 상처를 남긴 사건을 잊는다는 것은 불가능하다. 하지만 나는 내가 정치에 대해 점점 더 관심이 덜하기 시작하고 있음을 발견한다. 그리고 나는 할머니를 남기고 떠나온 아이(그리고 그 아이와 같은 다른 많은 사람들)에 관해 기억하면서 좀 더 많은 관심을 갖기 시작하고 있다. 나는 언젠가는 쿠바로 돌아가야 하는데, 이는 내가 그 어린 소녀를 더 잘 알고 싶기 때문이다.

지난 16년 동안의 내 삶을 되돌아보려고 노력할 때 나는 마치 영화가 한참 상영되고 있는 극장 속으로 걸어 들어간 것처럼 느낀다. 그리고 시작 부분을 보고 이해하지 못하는 한 내가 그 영화의 나머지 부분을 충분히 이해하거나 즐기지 못하지 않을까 걱정한다. 그리고 나에게 그 시작은 쿠바이다. 나는 다시 "집에" 가고 싶지 않다. 우리 모두가 뒤에 남기고 떠나온 삶과 집은 오래전에 사라졌다. 우리 집은 여기 있으며 나는 행복하다. 하지만 나는 여전히 쿠바에 있는 내 가족과 이야기할 필요가 있다.

모든 이주자와 마찬가지로 내 가족과 나는 거의 무에서 새로운 삶을 건설해야 했다. 그 일은 어려운 때가 많았지만, 나는 그 분투가 우리를 강하게 만들었다고 믿는다. 내 기억 대부분은 좋은 것이다.

하지만 나는 나의 문화유산을 보존하고 갱신하고 싶다. 나는 내 안에 살아 있는 "라 쿠바나"(la Cubana)를 지키고 싶다. 나는 돌아가고 싶은데, 그것은 뒤로의 그 여행이 또한 안으로의 여행을 의미할 것이기 때문이다. 그때만이 나는 내 인생의 빠진 조각을 보게 될 것이다.

(1) 표 13.1의 도표를 지침으로 사용하여 필자의 삶의 핵심 사건들과 그 사건들 사이의 관계를 시각적으로 표현해보라.

(2) 필자가 이 내레이션을 쓰면서 달성하려 하는 목적이 무엇인가?

(3) 필자가 목적을 달성하려고 하면서 전개하는 핵심 논점이 무엇인가?

2. 컴퓨터 조립이나 자전거 조립하기처럼 일상에서 흔히 접할 수 있는 기계 조립을 하나 선택해 과정 분석을 해보라. 표 13.2를 지침으로 이용하라.

3. 식당에 가서 여러 메뉴 중 하나를 고른다고 생각하고 표 13.3을 이용해 표를 만들어보라. 유사점과 차이점을 통해 최종적으로 선택한 메뉴를 고른 이유를 설명해보라.

4. 다음 글은 유비 사고유형을 사용하고 있다. 글을 읽고 비교되고 있는 주요 관념들을 확인한 다음, 그것들 사이의 유사점을 말해보라. 유비가 논의되고 있는 주제를 조명하는 데 어떻게 도움이 되는지 설명해보라.

산악 안내자는 진짜 선생처럼 조용한 권위가 있다. 그는 우리가 기꺼이 그의 노력에 합류할 정도로 신뢰감과 자신감을 불러일으킨다. 안내자는 지도자 역할을 받아들이지만, (오르는 높이에 의해 측정되는) 성공이 그 집단의 각 성원 간의 긴밀한 협조와 적극적 참여에 달려 있다는 것을 인식한다. 그는 전에 그 지역을 건넌 적이 있고 경계표에 익숙하지만, 각각의 여행은 새롭고 그 자체로 두려움과 흥분을 야기한다. 반드시 필요한 기술들은 완벽하게 익혀야 한다. 그런 기술들이 없으면 재앙이 나타난다. 상황은 예리하게 초점을 모으고 정신을 집중할 것을 요구한다. 부주의와 오판, 또는 나태는 그 모험을 좌절시킬 수 있다. 그 선생은 변호인도 아니고, 연기자도 아니고, 행상인도 아니지만, 지구상에서 가장 흥분되고 가장 적게 알려진 지역에 대해 공동 책임을 가지고 하는 탐험에 대한 자신 있고 열정 있는 안내자다.

5. 다음 글을 읽고 인과 관계에 대한 선장의 추정이 어떤 결함이 있는지 지적하라.

에셀과 내가 델로스에서 그리스 미코노스 섬으로 되돌아오고 있을 때 우리 배는 커다란 폭풍과 만났다. 그리스인 선장은 괜찮을 것이라고 말하면서 우리를 안심시켰다. 그는 성모 마리아에게 기도를 했기 때문에 안전하고 건강하게 목적지에 당도할 것임을 안다는 것이었다.

"성모 마리아가 우리를 도울 것이라는 것을 어떻게 그렇게 확실하게 압니까?"
내가 물었다.

"미코노스 섬에 세워진 그 많은 작은 교회들을 보지 못했습니까? 바다에 심한 폭풍이 닥칠 때마다 선장들은 성모 마리아에게 교회를 세우겠다고 약속합니다."

"하지만 기도를 했으면서도 살아 돌아오지 못한 선장들이 세운 교회들은 어디에 있지요?"

선장은 대답을 하지 못했다.

—하이 럭클리스 · 샌드라 오도, 『명료한 사고』

제 14 장

보고하기,
추리하기, 판단하기

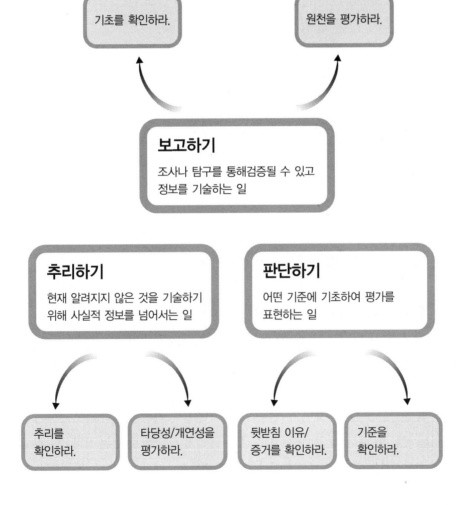

기초를 확인하라.

원천을 평가하라.

보고하기

조사나 탐구를 통해검증될 수 있고 정보를 기술하는 일

추리하기

현재 알려지지 않은 것을 기술하기 위해 사실적 정보를 넘어서는 일

판단하기

어떤 기준에 기초하여 평가를 표현하는 일

추리를 확인하라.

타당성/개연성을 평가하라.

뒷받침 이유/ 증거를 확인하라.

기준을 확인하라.

1. 믿음의 기본 유형

앞 장에서 우리는 세계 속에서 우리가 구성하고 조직하고 발견하는 관계가 우리의 기본 사고유형을 표현한다는 것을 배웠다. 이 기본 사고유형은 연대순과 과정 관계, 비교와 유비 관계, 인과 관계였다. 이제 이 장에서는 10장 믿음과 앞에서 공부했던 믿음의 기본 유형을 살펴보기로 하자. 믿음은 개념과 더불어 세계에 대한 우리의 이해와 행동의 주요 도구다. 좀 더 구체적으로 믿음은 세계에 관해 우리가 옳다고 받아들이는 해석, 평가, 결론, 예측이다.

모든 믿음이 다 똑같은 것은 아니다. 믿음은 대개 3가지 기본 유형으로 나누어진다. 3가지 기본 유형은 보고, 추리, 판단이다.

① 보고: 내가 타고 다니는 버스가 오늘 늦었다.
② 추리: 내가 타고 다니는 버스가 아마 내일도 늦을 것이다.
③ 판단: 버스 운행 체계는 신뢰할 수 없다.

위 진술들을 검토해보면 우리는 각각의 진술들이 다른 유형의 정보를 제공한다는 것을 알 수 있다. 첫 번째 진술 ①은 우리가 검증할 수 있는 상황이나 사태를 보고한다. 우리는 적당한 조사나 탐구를 행함으로써 버스가 오늘 실제로 늦었는지를 검사할 수 있다. 이처럼 조사나 탐구를 통해 검증될 수 있는 방식으로 세계를 기술할 때 우리는 세계에 관한 사실적 정보를 보고한다고 한다.

진술 ②는 보고를 하고 있는 진술 ①과는 다른 종류의 정보를 제공한다. 이런 진술은 검증될 수 없다. 버스가 실제로 내일도 늦을 것인지 결정할 방법이 없다. 비록 이런 진술이 사실적 정보에 기초를 두고 있다고 해도, 이런 진술은 현재 알려지지 않은 것에 관한 진술을 만들기 위해 사실적 정보를 넘어서고 있다. 우리가 사실적 정보에 기초를 두지만 현재 알려지지 않은 것에 관한 진술을 만들기 위해 이 정보를 넘어서는 방식으로 세계를 기술하면, 우리는 세계에 관한 결론을 추리한다고 한다.

마지막으로 진술 ③은 사실적 보고도 아니고 추리도 아니다. 이런 진술은 버스 운용 체계에 대해 화자의 평가를 표현하는 방식으로 세계를 기술한다. 이 평가는 화자가 버스 서비스를 신뢰할 수 없는 것으로 판단하는 데 사용하고 있는 어떤 기준이나 표준에 기초를 두고 있다. 이처럼 어떤 기준이나 표준에 기초한 평가를 표현하는 방식으로 기술할 때 우리는 판단한다고 한다.

우리는 끊임없이 우리의 경험을 이해하기 위해 세계를 기술하고 조직하는 이 다양한 방식, 즉 보고하기, 추리하기, 판단하기를 사용한다. 보통은 우리가 이런 활동을 하고 있다는 것을 의식하지 못하지만 이 세 활동은 함께 작용해 세계에 대한 우리의 이해를 돕고 있다.

표 14.1   믿음의 3가지 기본 유형

보고하기	추리하기	판단하기
탐구나 조사를 통해 검증될 수 있는 방식으로 세계를 기술하기	사실적 정보에 기초를 두지만 현재 알려지지 않은 것에 관한 진술을 하기 위해 이 정보를 넘어서는 방식으로 세계를 기술하기	어떤 기준들에 기초한 평가를 표현하는 방식으로 세계를 기술하기

2. 보고하기

보고를 하는 진술은 가장 정확한 믿음을 표현한다. 사실적 믿음은 보통 우리의 감각을 이용하여 검증가능하기 때문에 이런 특성을 갖는다. 아래 진술을 보자.

집 밖에 젊은 여자가 빨간 모자를 쓰고 비를 맞고 있다.

이 진술은 원리적으로 우리의 직접 감각경험에 의해 검증될 수 있기 때문에 사실적인 것으로 간주된다. 여기서 원리적으로라고 말하는 것이 중요한데, 이는 우리가 경험하는 것을 검사할 때 관련된 감각들을 모두 사용하는 것은 아니기 때문이다. 위 진술의 경우 우리는 젊은 여자의 모자를 만지거나 몸 검사를 하지 않고 그저 보는 것만으로도 만족할 것이다. 하지만 필요하다면 이러한 추가 행위들을 원리적으로 수행할 수 있다. 게다가 직접 검사할 위치에 있지 않는 경우를 감안해도 원리적으로라는 말이 의미가 있다.

지리산의 해발고도는 1915m이다.
달에는 큰 산과 분화구가 있다.
내 피부는 병균들로 덮여 있다.

이 진술들 역시 사실적 진술로 간주된다. 이는 우리가 비록 감각을 이용해 당장 이 진술들을 검증할 수 없다 할지라도, 지리산에 가거나, 로켓을 타고 달에 가거나, 강력한 현미경으로 피부를 검사한다면 이 진술들은 원리적으로 검증될 수 있기 때문이다.

우리는 보고를 통해 사실적 정보를 다른 사람에게 전달한다. 보고는 경험한 어떤 것에 대한 기술인데, 이 기술은 가능한 한 정확하고 완전한 방식으로 전달된다. 보고를 통해 우리는 우리의 감각 경험을 다른 사람들과 공유할 수 있으며, 이 상호 공유를 통해 우리가 경험한 것을 넘어서 많은 것을 배울 수 있다.

세계에 관한 우리의 의견 교환과 정보 축적에서 그처럼 중요한 역할을 하기 때문에 사실적 보고는 가능한 한 정확하고 완전한 것이 중요하다. 우리의 지각이나 관찰은 종종 정확하거나 완전하지 않은 경우가 있다. 그래서 관찰을 통한 사실적 보고에 대해서는 그 정확성에 대한 물음이 제기될 수 있다. 비를 맞으며 빨간 모자를 쓰고 있는 젊은 여자에 관한 진술의 경우에 우리는 다음과 같은 질문을 제기할 수 있다.

- 그 여자는 실제로 젊은가, 아니면 그저 젊어 보일 뿐인가?
- 그 여자가 실제로 여자인가, 아니면 여자로 변장한 남자인가?
- 그 여자가 실제로 모자를 썼는가, 아니면 다른 어떤 것을 썼는가?

관찰에 따른 난점들 외에도 우리가 세계 속에서 보는 이른바 "사실들"은 세계가 어떻게 작동하는가에 관한 우리의 일반적 믿음에 의존한다. 민규가 삶의 의욕을 잃고 빌딩 꼭대기에서 아래로 뛰어내렸다고 하자. 왜 민규의 몸은 빌딩 꼭대기에서 아래로 떨어졌는가?

① 물체는 언제나 위가 아니라 아래로 떨어지기 때문에.
② 육체 속 영혼이 지구의 영혼과 결합하고 싶어 했기 때문에.
③ 민규의 몸이 그저 중력법칙을 따르고 있었기 때문에.

우리는 ③을 택하면서 이것을 사실적 진술로 간주하려 할 것이다. 하지만 뉴턴의 중력법칙이 나오기 전에는 사람들이 ①이나 ②같은 답을 택했을 것이다. "인간은 날 수 없다."와 같은 진술에 대해서도 마찬가지다. 사람들이 이런 진술을 할 때 그들은 자신들이 "사실적 진술"을 하고 있다고 생각했다. 하지만 지식과 이해가 증가하면서 이른바 이 "사실적 진술들"은 내내 부정확한 것으로 드러났고, 더 나은 믿음들로 대치되었다. 그리고 이 더 나은 믿음들은 세계를 좀 더 정확하고 예측 가능한 방식으로 설명한다. 그래서 일반적 진술의 경우에는 지금 사실적으로 정확하다고 간주되는 믿음이라 하더라도 미래에 좀 더 정확하고 예측 가능한 믿음들로 대치될 가능성을 배제해서는 안 된다.

3. 추리하기

다음 상황에 대해 생각해보자.

> 태원의 룸메이트 영광이가 공부를 별로 하지 않았던 논리학 시험에서 A학점을 받
> 았다. 콧노래를 부르면서 만면에 웃음을 띤 채 태원에게 다가온 영광은 "오늘 한 턱
> 낼께."라고 말한다. 태원은 영광의 마음 상태에 대해 어떤 결론을 내릴까?
>
> 한밤중이고 도서관이 닫히려는 참이다. 집에 가기 위해 문 쪽으로 향할 때 태원은
> 영광이 어기적거리는 걸음으로 발을 질질 끄는 것을 본다. 영광의 윗옷이 마치 임신
> 한 여성의 배처럼 불룩 솟아 있다. "무슨 일이야?"라고 묻자 영광은 째려보면서
> "쉬!" 한다. 영광이 도서관 문에 도착하기 바로 전 책 더미가 윗옷에서 미끄러져 바닥
> 에 떨어진다. 태원은 어떤 결론을 내릴까?

아마 태원은 다음 결론을 내릴 것이다.

① 영광이가 기분이 좋다.
② 영광이가 도서관 책을 훔치고 있다.

비록 이 결론들이 합리적이라 할지라도, 그것들은 사실적 보고가 아니다. 이 결론
들은 **추리**의 결과다. 태원은 영광의 "기분 좋음"이나 "절도"를 직접 경험하지 않
았다. 대신 태원은 영광의 행동과 상황에 의거하여 그런 결론을 추리했다.

이 예로부터 우리는 사실적 믿음이 원리적으로 직접 관찰에 의해 검증될 수 있
는 반면에 **추리적 믿음**은 직접 검증될 수 있는 것을 넘어선다는 것을 알 수 있다.
이 예에서 영광의 행동에 대한 태원의 관찰은 태원으로 하여금 직접 관찰하고 있
지 않은 것—"영광이가 기분이 좋다."와 "영광이가 책을 훔치고 있다."—을 추리
하게 이끌었다. 이런 식의 간단한 추리는 실은 우리가 내내 하는 일이다. 이런 추
리는 우리가 직접 경험을 넘어선다는 것을 의식도 하지 못할 정도로 자동적으로
이루어지며, 우리는 관찰한 것과 추리한 것의 예리한 경계선을 긋는 데 어려움을

겪는다. 우리가 그러한 추리를 하는 것은 빈칸을 채우고 우리 감각들에 제시된 조각 감각들을 완성함으로써 우리로 하여금 상황을 완전한 그림으로 볼 수 있게 만든다. 우리의 그림에는 또한 가까운 미래에 일어날 일에 대한 예측도 포함된다. 이 예측 또한 우리가 이미 알려진 것으로부터 현재 알려지지 않은 것을 결정하려고 하기 때문에 추리다.

물론 추리는 틀릴 수 있으며, 실제로도 그런 일이 빈번하다. 그 동안의 경험을 토대로 4교시 수업이 12시 50분에 끝날 것이라고 추리하는데, 선생은 좀 더 일찍 또는 좀 더 늦게 끝낼 수도 있다. 사실적 보고를 하는 믿음조차도 절대적으로 확실한 것이 아니지만, 추리적 믿음은 사실적 믿음보다 훨씬 더 불확실하다. 따라서 우리는 두 가지를 구별할 필요가 있다. 세계에 대한 정확한 생각을 갖는 일은 우리의 믿음이 얼마나 확실한지 평가하는 능력에 달려 있다. 그러므로 우리는 추리와 보고를 구별하고, 그 다음에 우리의 추리가 얼마나 확실하거나 불확실한지 평가하는 것이 대단히 중요하다. 이 일은 문제를 성공적으로 해결하기 위해 어떤 조처를 취할 것인지 결정하는 일에도 매우 중요하다.

관찰한 것과 추리한 것의 구별은 법정에서 특히 중요하다. 법정에서는 보통 증인이 추리한 것이 아니라 관찰한 것만을 증언할 것을 요구한다. 다음 증언을 보자.

> 저는 세영이가 젊은 여자를 때려눕힌 후 곧바로 횡단보도를 급히 건너는 것을 보았습니다. 그는 젊은 여자의 핸드백을 손에 들고 가능한 한 빨리 그 자리를 탈출하려 하고 있었지요. 그는 정말이지 겁을 먹고 있었습니다. 저는 세영이가 언제나 다른 사람들을 이용한다는 것을 알기 때문에 놀라지 않았습니다. 그가 절도를 한 것은 처음이 아닙니다. 바로 지난주에도 교회에서 헌금함에 들어 있던 돈을 훔쳤거든요. 그는 한 동안 그 이야기를 자랑삼아 떠벌이고 다녔습니다.

법정에서 이런 식으로 증언을 하면 변호인은 이런 식의 진술이 증인이 추리를 통한 결론을 이야기한다고 지적하면서 기록에서 삭제할 것을 요청할 것이다. 그리고 관찰한 것만을 증언하라고 요구할 것이다.

하지만 이론상으로 보고와 추리가 구별될 수 있다 해도, 실제로는 사실적 보고만 이야기하면서 다른 사람들에게 사태를 전달한다는 것은 거의 불가능하다. 이런 경우 추리를 그 추리가 기초를 두고 있는 관찰 가능한 증거와 함께 진술하는 것이 좋다. 예를 들어 "영광은 논리학에서 A학점을 받았기 때문에 기분이 좋다."는 식으로 표현하면 좋을 것이다. 우리가 하는 예측들 중 많은 것이 우리의 과거 경험과 현재 우리가 가지고 있는 정보에 기초한 추리들이다. 이러한 추리들을 뒷받침하는 적절한 이유가 있는 것처럼 보일 때조차도 이 추리들은 종종 불완전한 정보나 예상치 못한 사건들로 인해 틀린다. 따라서 추리를 할 때에는 보고를 할 때보다도 각별히 더 조심할 필요가 있다. 게다가 지금까지 살펴본 추리들은 비교적 단순한 추리들이다. 살아가면서 우리가 만드는 추리는 이보다 훨씬 더 복잡하다. 사실상 세계에 관한 우리 지식의 대부분은 체계적이고 논리적인 방식으로 복잡한 추리를 만드는 우리의 능력에 달려 있다. 그렇지만 추리가 복잡하다고 해서 그것이 곧 정확하다거나 올바르다는 것을 의미하지 않는다.

4. 판단하기

사실적 보고와 추리 외에 또 다른 종류의 믿음 유형은 판단이다. 판단이란 어떤 것에 대해 어떤 기준에 입각하여 내리는 평가를 표현하는 것이다. 다시 말해 보고와 추리가 실제로 일어나고 있는 일을 알아내는 데 도움을 주기 위한 것이라면, 판단은 일어나고 있는 일이나 일어날 일에 대한 우리의 평가를 표현하기 위한 것이다. 아래 예를 보자.

① 내 새 차가 구입한 지 6개월 동안에 세 번 고장 났다(사실적 보고).
② 내 새 차는 아마 계속해서 문제를 일으킬 것이다(추리).
③ 내 새 차는 불량품이다(판단).

③에서 새 차를 "불량품"이라고 말할 때 우리는 어떤 기준에 입각하여 차에 대해

판단을 내리고 있다.

판단을 내릴 때 우리는 종종 승인이나 불승인, 또는 찬성이나 반대의 감정을 표현한다. 이를테면 새 차가 좋은 차 또는 나쁜 차라고 판단을 내릴 때 우리는 그 차에 대한 우리의 승인이나 불승인의 감정을 표현할 수 있다. 하지만 경우에 따라서는 우리의 개인적 승인이나 불승인의 감정 같은 주관적 요인을 무시할 필요가 있다. 특히 법정에서의 판단은 평가를 개인적 선호가 아니라 법률에 기초를 두어야 한다.

다른 사람들과 의견이 불일치할 때 보통은 그 불일치가 판단의 차이에서 비롯되는 경우가 많다. 따라서 판단의 차이에서 비롯되는 의견의 불일치가 발생하면 우리는 다음 두 가지 물음에 주목할 필요가 있다.

- 판단의 기초로 사용되는 기준이나 표준이 무엇인가?
- 이 기준이나 표준들을 정당화하는 이유가 무엇인가?

모든 판단이 똑같이 좋거나 똑같이 형편없는 것은 아니다. 판단의 신뢰성은 그 판단을 내리는 데 사용된 기준, 그리고 이 기준을 뒷받침하는 증거나 이유에 달려 있다. 판단의 질은 판단을 내릴 때 우리가 기초로 삼고 있는 기준, 그리고 그 기준을 뒷받침하는 이유에 달려 있는 것이다. 따라서 판단의 차이가 발생하면, 우리는 위 두 물음을 염두에 두고 상대방 판단의 기준과 내 판단의 기준을 확인하고, 각자의 판단에서 뒷받침 이유를 확인함으로써 어떤 판단이 더 나은 판단인지 결정할 수 있다.

판단이 어떻게 기능을 하는가를 이해하는 일 또한 어떤 상황에 관해 비판적으로 생각하는 데 도움이 된다. 예를 들어 "이 책은 아무 짝에도 쓸모가 없어!"라고 판단하게 되면, 이 판단은 더 이상의 탐구와 비판적 분석을 장려하지 않는다. 오히려 이런 판단은 더 이상의 탐구를 단념시킴으로써 그 책에 대한 비판적 분석을 방해할 것이다. 그리고 이런 판단은 때로 상황에 대한 명료하고 완전한 이해에 도달하기 전에 이루어지기 때문에 상황을 명료하고 완전하게 보지 못하도록 막는다.

지금까지 믿음의 3가지 기본 유형을 살펴보았다. 보고, 추리, 판단은 각각 우리가 세계 속에서 경험한 것을 조직하고 이해하려고 할 때 중요하고 독특한 역할을 한다. 우리는 이 세 유형의 믿음 각각을 인식하고 적절하게 사용할 줄 알아야 한다.

연습문제

1. 다음 진술들을 보고, 추리, 판단으로 구별해보라.
   (1) 내 다리가 쑤시기 시작한다.
   (2) 선정은 수업시간에 항상 늦는다.
   (3) 소진은 우진이 새 차를 운전하고 있는 것을 본다.
   (4) 논리학 교수는 정말 훌륭한 선생님이다.
   (5) 타이어 자국을 보니 그 사고는 가해자가 과속했기 때문에 발생했다.
   (6) 고은이 옆에만 앉으려 하는 것을 보니 충석이는 고은이를 좋아한다.

2. 다음은 명탐정 셜록 홈즈가 왓슨 박사를 만나면서 한 놀라운 추리다. 그가 추리한 결론을 확인한 다음, 어떻게 그런 결론에 도달할 수 있었는지 설명해보라.

> "처음 만났을 때 내가 자네는 아프가니스탄에서 왔다고 했을 때 놀란 것 같던데."
>
> "틀림없이 누군가에게 들었겠지."
>
> "천만에. 나는 자네가 아프가니스탄에서 왔다는 것을 알았어. 오랜 사고 습관 때문에 나는 중간 단계를 의식하지 않고도 재빨리 그 결론에 도달할 수 있었지. 그렇지만 그런 단계들이 있었어. 추론은 '자, 의사 풍의 신사가 왔는데, 군인 분위기를 풍긴다. 그렇다면 분명히 군의관이다. 그는 방금 열대지방에서 왔다. 왜냐하면 얼굴이 검은데, 이 검은 얼굴은 피부의 자연스런 색깔은 아니고 손을 보

니 깨끗하기 때문이다. 그의 야윈 얼굴이 분명히 말해주는 것처럼 그는 힘든 일과 병으로 고생을 했다. 그의 왼쪽 팔은 상처가 있었다. 그는 그 팔을 딱딱하고 부자연스럽게 하고 있다. 열대지방 어디에서 영국 군의관이 그렇게 많은 고생을 하고 팔을 부상당할 수 있을까? 분명히 아프가니스탄이지.' 전체 사고는 1초도 걸리지 않았어. 그래서 나는 자네가 아프가니스탄에서 왔다고 말했고, 자네는 놀랐던 거야."

—코난 도일, 『주홍색 연구』

3. 다음은 불완전한 예상치 못한 사건들로 인해 부정확한 추리의 예들이다. 불완전한 정보나 예상치 못한 사건들이 어떤 것인지 생각해보고, 잘못된 점을 지적해보라.

(1) "창조 이후 그렇게 많은 세기를 거치면서 누군가가 지금까지 알려지지 않은 가치 있는 어떤 땅을 발견할 것 같지는 않습니다."

—1492년 콜럼버스 항해 전
스페인 페르디난드 왕과 이사벨라 여왕의 자문단

(2) "원자분열에 의해 산출되는 에너지는 아주 보잘것없는 종류의 것이다. 원자 변형으로부터 힘의 원천을 기대한 사람은 공상을 이야기하고 있는 것이다."

—1933년 최초의 원자분열 실험 후 노벨상 수상자 러더포드

(3) "그 〔원자〕폭탄은 절대 폭발하지 않을 것이며, 나는 전문가로서 폭발성 물질에 대해 말하고 있습니다."

—1945년 미국 대통령 자문 배네바 부시

4. 다음 물음에 대한 답으로 나의 판단을 내리고, 그런 판단을 내리는 기준을 확인하라. 기준을 확인한 다음에는 그 기준을 뒷받침하는 이유가 무엇인지

생각해보라.

(1) 우리나라에서 역대 대통령 중 가장 위대한 대통령은 누구인가?

(2) 올해 프로야구 팀 중 최고의 팀은 어떤 팀인가?

(3) 최근 방영되는 텔레비전 드라마 중에서 최고의 드라마는 무엇인가?

(4) 이번 학기 수업 받는 과목 중 최고의 과목은 무엇인가?

5. 우리가 내리는 판단 중 많은 판단이 도덕적 판단, 즉 다른 사람들과의 관계 속에서 "올바른" 행위와 "그릇된" 행위에 관한 결정들이다. 도덕적 갈등 상황에서 어려운 결정을 내려야 할 때 다음과 같은 지침들이 있다. 이 지침들 각각에 대해 생각해보고, 장단점에 대해 논의해보라.

(1) 나는 관련된 모든 사람에게 최선인 것을 하겠다(도덕에 대한 공리주의 이론).

(2) 나는 부모나 선생 또는 선배 같은 권위의 조언에 따르겠다(도덕에 대한 권위주의 이론).

(3) 나는 나를 행복하게 하는 것이면 무엇이든 하겠다(도덕에 대한 쾌락주의적 이론).

(4) 나는 신이나 성경이 올바르다고 말하는 것을 하겠다(도덕 유신론).

(5) 나는 나 자신의 상황을 개선하는 것이면 무엇이든 하겠다(도덕에 대한 실용론).

(6) 나는 무엇을 해야 할지 모르겠다(도덕 불가지론).

(7) 나는 내 양심에 따르겠다(도덕에 대한 심리학적 이론).

제3부

비판적 사고와 논리

3부는 비판적 추론을 통해 훌륭한 논증을 구성하는 일과 관련되어 있다. 비판적 사고의 핵심은 누가 뭐라고 해도 훌륭한 논증(또는 추리)을 구성하는 데 있다. 따라서 3부에서는 먼저 논증의 일반적 기능을 설명하고, 논증 구성하기와 확인하기, 그리고 평가하기의 내용을 설명한다. 그런 다음 연역논증, 귀납논증, 그릇된 논증을 구별하고, 각 논증의 기본 특성을 설명한 다음, 우리가 일상에서 자주 사용하는 논증의 기본 유형들을 소개한다. 3부를 통해 우리는 비판적 사고의 꽃이 논증이며, 그래서 바로 이 점에서 비판적 사고가 논리와 맺는 직접적 관계를 알 게 될 것이다.

제 15장

논증 구성하기와 평가하기

논증 구성하기
- 결정
- 설명
- 예측
- 설득

논증 확인하기
- 전제 지시어
- 결론 지시어

논증

어떤 결론을 뒷받침 하기 위해
어떤 이유를 제시하는 사고 형태

논증 = 전제 + 결론

논증 재구성하기
- 표준 형식
- 자비의 원리

논증 평가하기
- 진리성
- 타당성
- 건전성

앞의 1부 2장에서 우리는 목적, 핵심 물음, 가정, 정보, 개념, 추리, 함의와 귀결, 관점 등 사고의 8요소에 대해 공부하였다. 이 중 추리(inference) 요소는 사고의 꽃이라 할 수 있을 정도로 특히 중요하다. 추리란 우리가 가지고 있는 정보를 기초로 새로운 결론을 끌어내는 정신의 작용을 일컫는다. 우리가 어떤 것에 대해 생각할 때마다 우리는 어떤 관점에서 어떤 목적을 위해 어떤 물음에 답하려고 하면서 어떤 이유나 정보, 가정을 기초로 결국은 어떤 함의와 귀결을 갖는 추리를 한다. 따라서 우리가 어떤 것에 대해 생각을 한다는 말은 결국은 그것에 대해 어떤 추리(또는 추론)를 하고 있다는 말이다. 다시 말해서 우리가 생각을 하는 것은 궁극적으로 어떤 추리를 하기 위해서다. 따라서 우리가 생각을 할 때마다 그 생각에서 가장 중요한 요소는 바로 추리가 된다.

이 추리가 말이나 글, 즉 언어로 표현되었을 때 그것을 논증(argument)이라 한다. 이 장에서는 이제 사고의 요소 중 추리와 관계가 있는 이 "논증"에 대해 알아보고, 논증 구성하기, 논증 확인하기, 논증 재구성하기, 논증 평가하기에 대해 공부하기로 하자.

1. 논증 구성하기

1) 논증이란

우리는 날마다 어떤 것을 행하고 어떤 것을 믿을지 등과 관련하여 온갖 메시지들의 폭격을 받는다. 이 음료를 사라, 저지방 음식을 먹어라, 모 후보를 찍어라, 음주운전하지 말라, 담배를 끊어라, 어떤 회사의 제품을 불매 운동하라, 낙태는 살인이다, 외계인이 지구를 방문했다, 경제는 건전하다, 성장보다 분배가 중요하다 등등. 이런 메시지들 중 우리는 어떤 것은 그냥 무시하고, 어떤 것은 무비판적으로 순종하며, 어떤 것은 무비판적으로 거부한다. 하지만 어떤 메시지들에 대해서는 우리는 그것에 대해 생각하면서 "왜 내가 그것을 해야 하지, 또는 왜 하지 말아야 하지?"나 "왜 내가 그것을 믿어야 하지, 또는 믿지 말아야 하지?"라고 질문을 제기할 수도 있다.

"왜?"라는 질문을 던질 때 우리는 그렇게 하도록 요구받고 있는 것을 행하거나 그렇게 믿도록 요구받고 있는 것을 믿을 이유(reason)를 묻고 있다. 왜 나는 저지방 음식을 먹어야 하는가, 왜 나는 음주운전하지 말아야 하는가, 왜 나는 담배를 끊어야 하는가? 왜 경제를 건전하다고 보아야 하는가? 이런 식의 물음에 대한 답은 우리가 믿거나 행하는 것에 대한 이유가 된다. 이처럼 어떤 주장을 뒷받침하기 위해 이유들을 제시할 때 우리는 논증을 제시하고 있다.

논증이란 뒷받침 관계를 유지하고 있는 이유와 결론(conclusion)이라 할 수 있다. 좀 더 정확하게 말하면 논증이란 여러 개의 진술이 서로 뒷받침 관계를 유지하고 있는 진술 집단이다. 논증은 결론과 그 결론에 대한 이유가 되는 적어도 하나 이상의 진술로 이루어진다. 이 이유를 제시하는 진술은 전제(premise)라 한다. 따라서 논증은 전제(들)와 결론으로 이루어진다.

논증 = 전제(들) + 결론

다음 대화를 보자.

해철: 대마 소지죄로 10년 형 받은 연예인 얘기 들었니? 나는 이 판결이 아주 부당한 판결이라고 생각해. 폭력, 강도, 강간, 심지어 살인을 저지른 자들도 10년 형을 받는 경우는 드물어. 그리고 이런 범죄들은 타인의 권리를 침해하지만 대마초는 그렇지 않지 않니?

한나: 좀 과하게 처벌한 것 같네. 하지만 너는 약물이 우리나라 청소년들에게 심각한 위협이 된다는 것을 알아야 해. 약물 중독자들을 봐. 생활은 완전히 망가지고 과다투여로 일찍 죽는 사람도 있어. 그리고 이들은 약물 습관을 지속하기 위해 범죄를 저지르기도 해. 그래서 때로는 일벌백계 차원에서 누군가를 본보기로 삼을 필요도 있는 거야.

해철: 말도 안 돼. 우선 본을 보이기 위해 누군가를 불공정하게 처벌할 권리는 없어. 그리고 대마를 피우는 것은 헤로인이나 코카인 같은 약물을 이용하는 것과는 전혀 달라. 그러기 때문에 대마를 법으로 막아서는 안 된단 말이야.

한나: 동의할 수 없어. 설령 대마가 다른 약물들보다 덜 위험하다 해도 그것을 피우는 것은 확실히 네게 좋지 않아. 그리고 네 건강에 위협이 되는 것이 합법화되어야 한다는 데 동의할 수 없어.

해철: 담배와 알코올은 어때? 우리는 이런 것들이 위험하다는 것을 알아. 의사들은 흡연이 폐암이나 심장질환에 영향을 미치고, 알코올이 간을 손상시킨다고 해. 하지만 누구도 대마가 건강에 위협이 된다는 것을 증명한 사람은 없어. 그리고 설령 건강에 해롭다 해도 담배와 알코올만큼 해롭지는 않아.

한나: 말 잘 했어. 실은 난 담배와 알코올이 합법화되어야 한다는 것도 확신하지 않아. 그리고 어쨌든 그런 것들은 이미 합법이야. 건강에 나쁜 것들이 이미 합법이라고 해서 건강에 해로운 또 다른 약물을 합법화할 이유는 없어.

해철: 그런 식이라면 금지해야 할 것이 너무 많아. 우리 주변을 잘 살펴봐. 자동차 운전은 다른 어떤 약물보다도 생명을 해칠 수 있는 위험요소가 있어. 그리고 우리가 먹는 많은 음식도 우리를 죽일 수 있어. 중금속에 오염된 생선은 심장질환을 일으킬 수 있고, 인공 조미료는 암을 유발할 수 있어.

한나: 운전과 위험 약물은 큰 차이가 있어. 사회는 사람들을 그런 것들로부터 보호해야 할 책임이 있어. 그런 것들을 합법화하는 것은 그것을 사용하도록 조장하는

것과 같단 말이야.

해철: 나는 여전히 대마가 위험하지 않다고 생각해. 대마는 헤로인처럼 중독성이 없고, 해롭다는 증거도 없어. 결과적으로 무해한 것은 합법화되어야 해.

한나: 헤로인처럼 물리적 중독성은 없는지 모르지만 사람들이 시간이 지나면서 점점 더 사용하는 경향을 보이기 때문에 심리적 중독성이 있다고 생각해. 대마를 피우다 적발된 몇몇 사람의 몰골을 봐. 그들이 정상이라고 생각하니?

해철: 네가 대마에 대한 경험이 적기 때문에 그런 생각을 하는 것 같아. 그리고 어쨌든 어떤 것이든 지나치면 해가 되는 거야. 운동 같이 좋은 것도 너무 많이 하면 해가 되잖아. 대마도 적당히 피우면 괜찮아. 오히려 조금 피우고 나면 집중이 더 잘 되는 측면이 있단 말이야. 이것은 내 실제 경험이야.

한나: 실제로는 네 뇌를 손상시키고 있어. 너는 그저 약물 습관을 합리화하려고 하고 있어. 대마는 집중을 시키는 게 아니라 현실로부터 멀어지게 하고 있어. 나는 사람들이 그것을 조절할 수 있다고 생각하지 않아. 대마를 피워 인생을 포기하거나, 인생을 제대로 살기 위해 대마를 피우지 않거나 둘 중 하나야. 중간은 없어.

해철: 대마는 불법이기 때문에 조직폭력배가 기승을 부리고 돈을 벌지. 대마가 합법이었다면, 정부는 담배나 알코올처럼 세금을 부과할 수 있고, 그 돈으로 다른 데에 유용하게 쓸 수도 있는데 말이야.

한나: 정부가 무언가로부터 세수를 늘릴 수 있다는 것이 곧 그것이 합법화되어야 한다는 것을 의미하는 것은 아니지. 우리는 매춘이나 강도짓을 합법화한 다음 그 수입에 대해 과세할 수도 있어. 하지만 그렇게 하면 안 되지 않니?

위 대화는 두 사람이 대마의 합법화 문제를 둘러싸고 벌이는 토론이다. 토론은 비판적 사고를 촉진시킬 수 있는 중요한 방편이다. 다른 사람들과 함께 문제를 토론하는 것은 우리의 정신을 능동적으로 움직이게 하고, 질문을 제기하며, 문제를 다른 관점에서 보게 하고, 우리의 주장을 뒷받침하는 이유를 개발하도록 자극한다. 주목할 것은 두 사람이 대화를 전개하면서 각자 논증을 구성하고 있다는 사실이다.

서두에 해철은 대마 소지죄로 10년 형을 부과한 일에 대해 다음 논증을 구성한다.

〔논증 1〕 (해철)

전제: 대마 소지는 아무도 해치지 않기 때문에 심각한 범죄가 아니다.

전제: 피해자의 권리를 침해하면서도 가해자들이 그처럼 중한 형을 받지 않는—폭력, 강도, 강간, 살인 같은—좀 더 심각한 범죄들이 있다.

결론: 그러므로 대마 소지에 대해 10년 형은 부당한 판결이다.

반면에 한나는 다음과 같이 〔논증 2〕를 구성한다.

〔논증 2〕 (한나)

전제: 약물은 우리나라 청소년들에게 매우 심각한 위협이 된다.

전제: 많은 범죄가 약물 습관을 지속하기 위한 일과 연관되어 있다.

결론: 그러므로 사회는 때로 상황의 심각성을 알릴 본보기를 만들어야 한다.

위 대화에는 이외에도 몇 개의 논증이 더 들어 있다. 대화 속에서 두 사람은 각자 자신이 옳다고 생각하는 주장을 개진하면서 그 주장의 이유들을 제시하고 있는데, 이런 일은 대화나 토론에서뿐만 아니라 혼자 생각할 때에도 우리가 늘 하는 일이다. 그런 의미에서 우리는 무언가에 대해 생각하고 말하면서 그 이유를 생각할 때는 거의 언제나 논증을 구성하는 일에 종사하고 있다고 할 수 있다.

2) 논증과 추리

논증과 추리는 밀접한 관계가 있다. 논증과 추리는 둘 다 서로 관계를 맺고 있는 전제와 결론으로 이루어진다. 추리란 이미 알고 있는 것으로부터 새로운 지식이나 믿음에 도달하는 과정이다. 이때 우리는 이미 알거나 믿는 것으로부터 이 전제들에 기초한 결론을 끌어내려고 한다. 논증과 추리의 주요한 차이는 논증이 언어적 대상, 즉 우리가 보거나 들을 수 있는 일군의 진술인 반면에, 추리는 언어적인 것이 아니라 심리적 과정을 일컫는 말이라는 것이다. 다시 말해서 우리 마음속에서 이유를 기초로 결론을 끌어내는 과정을 추리라고 한다면, 이 추리가 언어로 표현된 것이 바로 논증이다. 따라서 논증의 결론은 진술인 데 비해 추리의 결론은 의견이나 믿음이나 판단이다.

우리가 추리가 아니라 논증에 주목하는 이유는 객관적 평가 문제와 관계가 있다. 추리를 평가하기 위해서는 결론과 그 결론을 끌어낸 전제 사이의 관계를 고찰해야 한다. 하지만 이 일이 이루어지려면 결론이 언어로 진술되어야 하고, 전제도 언어로 진술되어야 한다. 다시 말해서 추리의 이유나 증거가 언어로 진술되었을 때 우리는 어떤 논증의 전제를 확인한 셈이 되고, 추리의 결론이 언어로 진술되었을 때 그 논증의 결론을 확인하는 셈이 된다. 추리를 언어로 진술하면 이런 식으로 논증이 되는데, 이처럼 논증이 되었을 때에야 비로소 객관적인 논리적 분석과 평가를 할 수 있게 되는 것이다. 그냥 마음속에만 담아둘 뿐 언어로 표현하지 않는다면 당사자를 제외한 그 누구도 추리에 대해 객관적 평가를 할 수 없게 될 것이다.

한편 다양한 상황에서 다양한 목적을 위해 추리를 이용할 수 있는 것처럼, 우리가 논증을 구성하는 데에는 여러 가지 목적이 있을 수 있다. 그 목적들은 대략 다음과 같다.

① 결정: 우리는 결정하기 위해 논증을 구성한다.

전제: 내 인생을 통하여 나는 전기에 관심을 가져왔다.

전제: 전기공학 분야에는 매력적인 직업 기회가 많다.

결론: 그러므로 나는 전기공학자가 되는 쪽으로 노력할 것이다.

② 설명: 우리는 설명하기 위해 논증을 구성한다.

전제: 집을 나서려는 순간 갑자기 급한 전화가 와서 시간이 소요되었다.

전제: 교통사고 때문에 예기치 않은 교통정체가 있었다.

결론: 그러므로 나는 약속시간에 늦었다.

③ 예측: 우리는 예측하기 위해 논증을 구성한다.

　전제: 어떤 운전자들은 고속국도에서 제한속도가 100km건 110km건 제한속도보
　　　　다 더 빨리 달릴 것이다.

　전제: 차 사고는 과속 때 일어날 가능성이 높다.

　결론: 그러므로 서해안 고속국도의 110km 제한속도는 자동차 사고 증가를 가져
　　　　올 것이다.

④ 설득: 우리는 설득하기 위해 논증을 구성한다.

　전제: 과도한 흡연은 폐암을 일으킬 수 있다.

　전제: 부모가 흡연을 하는 아이들은 커서 흡연에 빠질 가능성이 많다.

　결론: 그러므로 아이가 있는 부모는 흡연을 삼가야 한다.

2. 논증 확인하기

훌륭한 논증을 구성할 수 있기 위해서는 우리는 이미 구성된 논증을 평가하는
일에 능숙해야 한다. 그리고 논증을 평가하기 위해서는 먼저 논증 구조에 대한 정
확한 분석이 있어야 한다. 이 일을 위해 우리는 어떤 것이 논증인지 아닌지 결정
하고, 논증일 경우 그 구조가 명확히 드러나도록 재구성한 다음, 최종적으로 훌륭
한 논증인지 아닌지 결정해야 한다. 이 과정을 정리하면 대략 다음과 같다.

논증 확인하기 → 논증 재구성하기 → 논증 평가하기

먼저 논증을 확인하는 일부터 살펴보기로 하자. 논증은 전제와 결론으로 이루
어진다. 따라서 하나의 주장이나 진술만으로는 논증이 되지 못한다. 논증은 적어
도 두 개 이상의 진술로 이루어진다. 다음 진술들의 예를 보라.

① 밤늦게 비가 올 것 같다.

② 세계는 환경 재앙에 직면해 있다.

③ 밤늦게 비가 올 것 같다. 나는 일기예보에서 밤늦게 비가 올 것 같다고 말하는 것을 들었는데, 일기예보는 신뢰할 만하다.

④ 기상학자들은 세계가 환경 재앙에 직면하고 있다고 예측하는데, 그들은 이 분야의 전문가들이다.

①과 ②는 논증이 아니다. 반면에 ③과 ④는 논증이다. ①과 ②는 설령 옳다 하더라도 아무런 이유나 근거를 제시하지 않은 채 주장만 하고 있기 때문에 논증이 아니다. 반면에 ③과 ④는 주장을 제시하면서 그 주장에 대한 이유를 제시하고 있기 때문에 논증이다.

따라서 일차적으로 어떤 주장이 제시될 때 그 주장에 대한 이유나 근거가 제시되고 있는지 아닌지가 중요하다. 아무런 이유 없이 단순한 나열을 하고 있을 뿐이라면 논증이 아니며, 무언가 이유나 근거를 대고 있다면 그것은 논증이다.

3. 논증 재구성하기

1) 표준형식

논증임을 확인했으면 그 논증의 전제와 결론을 확인해야 한다. 그리고 그렇게 확인된 전제와 결론은 논증의 구조가 명확히 드러나도록 하기 위해 **표준형식** (standard form)으로 적는 것이 편리하다. 논증의 표준형식은 보통 확인된 전제들을 모두 적고 그 다음에 "그러므로"를 뜻하는 $\therefore$ 표를 붙여 결론임을 나타낸다.[20] 논증의 표준형식은 다음과 같다.

---

20) 논증을 표준형식으로 적는 것은 수학에서 이차방정식을 표준형식으로 정리하는 것과 비슷하다. 이차방정식 $ax^2 + bx + c = 0$은 $bx + ax^2 + c = 0$으로 적을 수도 있고, $c + ax^2 + bx = 0$으로 적을 수도 있지만, x에 관해 내림차순으로 정리하여 $ax^2 + bx + c = 0$으로 적는 것이 여러모로 편리하다.

전제 1

전제 2

- •
- •
- •

∴ 결론

예를 들면 다음과 같다.

철학과 졸업생은 누구나 인식론 수업을 필수로 받았다.

인광은 철학과 졸업생이다.

∴ 인광은 인식론 수업을 받았다.

하지만 일상의 말이나 글 속에서 이처럼 깔끔하게 표준형식으로 정리된 논증은 좀처럼 보기 드물다. 일상의 말이나 글에서 논증이 나타날 때에는 말이나 글의 중간에 논증만 분리되어 드러나지도 않고 또 별다른 표시도 없는 것이 보통이다. 뿐만 아니라 대개는 전제와 결론도 분명하게 표시되어 있지 않으므로 전제와 결론을 구분해 확인해야 한다. 표준형식에서처럼 전제가 반드시 결론보다 먼저 진술되는 것도 아니다. 때로는 결론이 논증의 맨 끝에 오고, 때로는 맨 앞에 오며, 때로는 중간에 나오기도 한다. 예컨대 다음은 위 표준형식으로 적은 논증이 일상에서 나올 수 있는 예들이다.

- 철학과 졸업생은 누구나 인식론 수업을 받는데, 인광은 철학과를 졸업했다. 그러므로 인광은 인식론 수업을 받았음에 틀림없다.
- 인광은 인식론 수업을 받았다. 왜냐하면 인광은 철학과를 졸업했는데, 철학과 졸업생은 누구나 인식론 수업을 받았기 때문이다.
- 철학과 졸업생은 누구나 다 인식론 수업을 받았기 때문에 인광은 인식론 수업을 받았음에 틀림없다. 인광은 철학과를 졸업했으니까.

표 15.1 전제 지시어와 결론 지시어

전제 지시어	결론 지시어
왜냐하면	그러므로
이므로	이런 까닭에
이기 때문에	따라서
이니까	그러니까
인 까닭에	그래서
라는 이유로	당연히
결과적으로	

꼭 그런 것은 아니지만 대체로 논증은 전제와 결론을 확인시켜 주는 낱말이나 구절을 포함한다. 그래서 전제임을 암시하거나 나타내는 낱말을 "전제 지시어"라 하고, 결론임을 암시하거나 나타내는 낱말을 "결론 지시어"라 한다. 논증을 확인하고, 그 논증의 전제와 결론을 확인할 때는 바로 이 전제 지시어와 결론 지시어를 활용하면 편리하다.

이 지시어들은 논증이 포함하는 진술들의 부분이 아니다. 오히려 지시어들은 결론이나 전제를 소개하거나 형성하는 것이다. 따라서 논증을 재구성하기 위해 표준형식으로 적을 때는 지시어들을 생략해야 한다.

2) 자비의 원리

일상에서 접하는 많은 논증이 표준형식으로 표현되지 않는 이유가 또 있다. 일상의 논증은 논증자가 전혀 진술하지 않지만 암암리에 가정하고 있는 전제들에 의존할 수도 있다. 다음 논증을 보자.

양은은 약물을 복용하고 있다. 그러므로 그는 법을 위반하고 있다.

이 논증에서 논증자는 아마 "마약과 같은 비합법적 약물"이라는 좁은 의미로 "약물"을 사용하고 있을 것이다. 의약품을 포함하는 좀 더 넓은 의미로 보게 되면

이 논증은 분명히 올바른 논증이 아니다. 감기약을 복용한다고 해서 불법이라고 할 수는 없을 테니까 말이다. 더 나아가 논증자는 명시적으로 진술하지 않았지만 그런 약물을 복용하는 것이 불법이라고 가정하고 있다.

논증 재구성은 본질적으로 해석 작업이다. 따라서 상대방의 논증을 해석하여 재구성할 때 따라야 할 일반적 지침이 있는데, 그것은 바로 자비의 원리(principle of charity)다. 자비의 원리란 어떤 사람의 논증을 재구성하는 과정에서 마치 논증을 제시한 사람이 자신의 논증을 평가하는 것 같이 논증을 제시하는 사람의 입장에 서서 가능한 한 최상의 논증이 되도록 논증을 재구성해야 한다는 원리다.

왜 자비의 원리를 따라야 하는가? 논증을 제시할 때 우리는 자신의 생각을 명료하게 표현할 수도 있고 못할 수도 있지만, 청자가 우리를 이해해주기를 바란다. 청자가 우리를 이해하려는 노력을 하지 않고 우리의 말을 단순하게 받아들여 그냥 반박하려 한다면, 우리는 그가 공정하지 않다고 느낀다. 우리는 그런 식으로 취급되는 것이 잘못이며 부당하다고 생각한다. 만일 그렇다면 우리도 다른 사람의 말을 똑같이 잘 받아들이려고 노력해야 한다. 즉 그들을 열심히 반박하거나 불신하려고 노력할 것이 아니라 그들을 이해하려고 해야 한다. 논증을 제시할 때 사람들은 거의 언제나 그들이 말하고 있는 것에 대해 이런저런 이유가 있다. 사람들이 완전히 비논리적인 경우는 거의 드물다. 하지만 사람들이 이유를 명료하게 표현하는 일에 연습이 잘 되어 있는 경우도 드물며, 경우에 따라서는 그런 일에 별 관심이 없는 경우도 있다. 그래서 다른 사람의 논증을 재구성할 때는 가능한 한 그들의 입장에 서서 최선의 논증이 되도록 해석하고 재구성해야 하는 것이다.

일상의 말이나 글에서는 진술을 할 필요가 없을 정도로 너무 뻔한 전제를 생략해버리는 경우가 있다. 철학과 졸업생 인광과 관련된 논증도 일상에서는 다음과 같이 제시되는 수가 많다.

- 인광은 인식론 수업을 받았음에 틀림없다. 철학과를 졸업했으니까.
- 인광은 인식론 수업을 받았음에 틀림없다. 철학과 졸업생 모두가 인식론 수업을 받았으니까.

따라서 이런 논증을 만나면 자비의 원리에 입각해 생략된 전제를 보충하여 다음과 같은 표준형식으로 재구성해야 한다.

철학과 졸업생은 누구나 인식론 수업을 필수로 받았다.

인광은 철학과 졸업생이다.

∴ 인광은 인식론 수업을 받았다.

4. 논증 평가하기

지금까지의 과정, 즉 논증 확인하기와 논증 재구성하기는 논증을 평가하기 위한 예비단계라 볼 수 있다. 이 예비단계를 정리하면 다음과 같다.

① 논증을 확인해야 한다. 단순한 주장과 논증은 구별해야 한다.
② 논증을 확인했으면 전제와 결론을 확인해 표준형식으로 적어야 한다.
③ 논증이 불완전하면 생략된 전제를 보충한다든지 하는 식으로 최선의 논증으로 재구성해야 한다.

이제 논증을 평가하기 위해서는 논증의 두 측면을 독립적으로 검사할 필요가 있다. 논증의 전제는 결론에 대한 이유나 증거로서 제시되는데, 이에 따라 우리는 전제를 다음 두 측면에서 관찰할 수 있다. 즉

1. 결론을 뒷받침하기 위해 제시된 전제들이 얼마나 옳은가?
2. 그 전제들이 결론을 어느 정도로 뒷받침하는가?

1) 진리성: 전제들이 과연 옳은가?

논증 평가의 첫 번째 측면은 결론을 뒷받침하기 위해 제시된 전제들의 진리성이다. 각각의 전제가 옳은가? 앞의 해철과 한나의 논증을 생각해보자.

〔논증 1〕(해철)

전제: 대마 소지는 아무도 해치지 않기 때문에 심각한 범죄가 아니다.

전제: 피해자의 권리를 침해하면서도 가해자들이 그처럼 중한 형을 받지 않는—폭력,
강도, 강간, 살인 같은—좀 더 심각한 범죄들이 있다.

결론: 그러므로 대마 소지에 대해 10년 형은 부당한 판결이다.

〔논증 1〕의 첫 번째 전제는 현재로서는 그것을 입증할 또 다른 증거가 필요하
다. 대마가 인체에 어떤 영향을 미치는지에 대한 정확한 의학적 조사 결과가 필요
할 것이기 때문이다. 두 번째 전제는 의심스럽다. 법원의 판결은 상황에 따라 다
르지만, 일반적으로 폭력, 강도, 강간, 살인 같은 심각한 범죄는 중형으로 다스려
야 한다. 진짜 쟁점은 대마 소지에 대한 특정 연예인에 대한 10년 형 판결이 대마
소지에 대한 다른 판결과 비교하여 적절한가 하는 것이다.

〔논증 2〕(한나)

전제: 약물은 우리나라 청소년들에게 매우 심각한 위협이 된다.

전제: 많은 범죄가 약물 습관을 지속하기 위한 일과 연관되어 있다.

결론: 그러므로 사회는 때로 상황의 심각성을 알릴 본보기를 만들어야 한다.

이 논증의 첫 번째 전제는 너무 모호하다. 우선 무엇보다도 "약물"의 의미가 분
명하지 않다. 헤로인 같은 약물이 매우 위험한 반면 아스피린 같은 약물은 이롭
다. 이 전제를 강화하려면 "헤로인, 코카인 같은 약물은 우리나라 청소년들에게
매우 심각한 위협이 된다."는 식으로 좀 더 구체적으로 진술해야 할 것이다. 게다
가 "우리나라의 일부 청소년들"이라는 한정표현을 추가하면 전제의 정확성이 증
가될 수 있을 것이다. 두 번째 전제도 모호하기는 마찬가지다. 마약류의 약물 습
관을 지속하기 위해 종종 범죄를 저지르는 경우도 있지만, 다른 많은 약물의 경우
는 그렇지 않은 경우도 많기 때문이다.

2) 타당성: 전제들이 결론을 어느 정도로 뒷받침하는가?

전제들이 옳은지 결정하는 일 외에 논증을 평가하는 일은 전제와 결론의 관계를 검토하는 일을 포함한다. 결론이 전제들로부터 따라 나올 만큼 전제들이 결론을 뒷받침할 때 그 논증은 타당하다(valid)고 한다. 그렇지만 결론이 전제들로부터 따라 나오지 않을 만큼 결론을 뒷받침하지 못한다면, 그 논증은 부당하다(invalid)고 한다. 타당한 논증은 전제가 옳다면 결론이 반드시 옳은 논증이고, 부당한 논증은 전제가 옳다고 해도 결론이 옳지 않을 수 있는 논증이다. 그래서 어떤 논증이 "타당하다"는 말은 만일 전제가 옳다면 결론이 반드시 옳을 수밖에 없는 방식으로 전제와 결론이 관계를 맺고 있다는 뜻이다. 타당성은 진술들의 집합인 논증의 속성이지 개개의 진술의 속성이 아니다. 반면에 진리성은 진술의 속성이지 논증의 속성이 아니다. 따라서 논증을 옳다고 말하는 것은 무의미하고, 진술을 타당하다고 말하는 것도 무의미하다.

타당성 개념에 초점을 맞추는 방법은 논증의 모든 전제들이 옳다고 가정한 다음 그 전제들이 결론을 얼마나 옳게 만드는지 결정해보는 것이다. 다음은 타당한 논증의 한 예다.

전제: 우리 건강에 위협이 되는 것은 무엇이든 합법화되어서는 안 된다.
전제: 대마는 우리 건강에 위협이 된다.
결론: 그러므로 대마는 합법화되어서는 안 된다.

이 논증은 타당한 논증이다. 왜냐하면 전제들을 옳다고 가정할 경우 결론이 필연적으로 옳기 때문이다. 물론 우리는 전제들 중 하나 또는 모두가 옳다는 데 동의하지 않을 수도 있다. 그럼에도 불구하고 이 논증은 전제들이 옳다고 가정할 경우 결론이 옳지 않을 수 없기 때문에 타당하다.

3) 건전성: 전제들이 모두 옳고, 논증이 타당한가?

논증이 옳은 전제들과 타당한 논증으로 구성되어 있으면, 그 논증은 건전하다(sound)고 한다. 그렇지만 그른 전제가 있거나, 논증이 부당하면 그 논증은 건전

표 15.2	건전한 논증
옳은 전제 타당한 구조	건전한 논증
옳은 전제 부당한 구조	건전하지 않은 논증
그른 전제 타당한 구조	건전하지 않은 논증
그른 전제 부당한 구조	건전하지 않은 논증

하지 않은 것으로 간주된다. 따라서 다음 도표가 가능하다.

이 도표로부터 우리는 "진리성"(truth)과 "타당성"(validity)이 같은 개념이 아님을 알 수 있다. 논증은 옳은 전제와 부당한 구조를 가질 수도 있고, 그른 전제와 타당한 구조를 가질 수도 있다. 두 경우 모두 건전한 논증이 아니다. 건전한 논증이 되려면 옳은 전제와 타당한 구조를 가져야 한다.

지금까지의 논의를 종합해보면, 논증을 평가하는 일은 전제의 진리성과 논증 구조의 타당성을 평가하는 일을 포함한다. 논증의 건전성은 전제들이 얼마나 정확하고 옳은지와 논증 구조가 얼마나 타당한지에 달려 있다. 논증의 건전성은 어떤 주장에 대한 정당화, 즉 그 주장의 승인가능성과 관련된다. 어떤 주장에 대한 정당화는 논증을 통해 제시되는데, 이 정당화는 두 가지 측면이 있다. 즉 하나는 전제가 모두 옳아야 한다는 것이고, 또 하나는 논증이 타당한 구조를 가져야 한다는 것이다. 따라서 어떤 논증이 건전한 논증이라면 그 논증의 결론은 정당화된다고 볼 수 있으며, 옳다고 승인해도 좋은 결론이다.

연습문제

1. 다음 주장들을 결론으로 삼고, 그 결론에 대한 이유를 생각하면서 논증을 구성해보라.

    (1) 북한은 핵 폐기 프로그램을 따르지 않을 것이다.

    (2) 북한은 결국 핵 폐기 프로그램을 따를 것이다.

    (3) 신은 실존한다.

    (4) 신은 실존하지 않는다.

    (5) 대마는 합법화되어야 한다.

    (6) 대마는 법으로 금지해야 한다.

2. 다음은 논증을 포함하고 있는 글이다. 전제와 결론을 확인하고, 표준형식으로 적어보라.

    (1) 홍길동은 정치인인데, 정치인들은 언제나 부정하므로 그도 부정할 것이다.

    (2) 가은은 시로부터 보상을 받아야 한다. 가은은 금간 도로 때문에 발을 헛디뎌 부상을 당했는데, 시 당국이 도로 보수에 대한 자신들의 태만을 인정하였기 때문이다.

    (3) 내가 차를 빨리 모는 것은 괜찮다. 왜냐하면 나는 차를 빨리 모는 것을 좋아하기 때문이다. 나는 우리가 하고 싶은 일을 할 자유가 있어야 한다고 생각한다.

    (4) 코코는 개다. 코코는 포유동물임에 틀림없는데, 모든 개는 포유동물이기 때문이다.

3. 다음은 전제가 생략되어 있는 논증들이다. 생략된 논증을 찾아 표준형식으로 적어보라.

    (1) 고은의 원룸에서 담배꽁초가 발견되었다. 그녀의 남자친구가 왔다갔음에 틀림없다.

(2) 소크라테스는 사람이다. 그러므로 언젠가 죽을 것이다.

(3) 영선은 집안 형편이 이렇게 어려운데도 놀고먹는다. 따라서 영선은 비난받아 마땅하다.

(4) 미미가 도둑질을 했다고? 신을 믿지 않는 모양이지.

(5) 홍석은 바보다. 그래서 그는 곧 돈을 잃어버리게 될 것이다.

(6) 성호는 착한 사람이다. 왜냐하면 성호는 어린이들에게 친절하기 때문이다.

(7) 희애는 비참한 처지에 있기 때문에 동료를 사랑한다.

4. 다음 논증들을 타당한 논증과 부당한 논증으로 구분한 다음, 타당한 논증들 중 건전한 논증을 찾아보라.

(1) 모든 포유동물은 죽는다.

　　모든 개는 죽는다.

∴ 모든 개는 포유동물이다.

(2) 만일 서울이 한국에서 가장 큰 도시라면, 부산은 한국에서 가장 큰 도시가 아니다.

　　서울은 한국에서 가장 큰 도시다.

∴ 부산은 한국에서 가장 큰 도시가 아니다.

(3) 의연은 한국에 있거나 아시아에 있다.

　　의연은 한국에 있다.

∴ 의연은 아시아에 있지 않다.

(4) 충석이 용기가 있다면, 저 귀여운 마유꼬에게 말을 걸었을 것이다.

　　충석은 마유꼬에게 말을 걸지 않았다.

∴ 충석은 용기가 없다.

(5) 영화 아마데우스를 좋아하는 모든 사람은 진정한 음악 애호가다.

　　소진은 아마데우스를 좋아한다.

∴ 소진은 진정한 음악 애호가다.

(6) 모든 새는 알에서 부화한다.

　　약간의 애완동물은 알에서 부화하지 않는다.

∴ 약간의 애완동물은 새가 아니다.

(7) 기아 타이거즈의 모든 선수는 훌륭한 야구선수가 아니다.

이승엽은 기아 타이거즈의 선수가 아니다.

∴ 이승엽은 훌륭한 야구선수가 아니다.

제 16장

연역논증 1: 명제논리의 논증

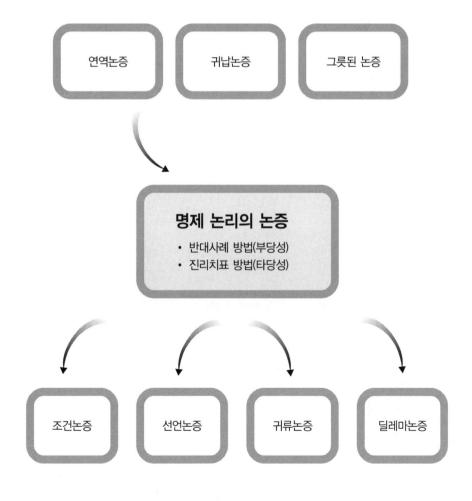

1. 연역논증, 귀납논증, 그릇된 논증

지금까지 논증에 대해 이야기한 사항은 모든 유형의 논증에 적용된다. 이제 논증의 유형에 대해 알아볼 차례이다. 우선 다음 논증들을 보자.

〔논증 1〕

　모든 인간은 죽는다.

　박찬호는 인간이다.

∴ 박찬호는 죽는다.

〔논증 2〕

　지금까지 관찰된 모든 인간은 심장이 있다.

∴ 모든 인간은 심장이 있다.

〔논증 3〕

　둘 더하기 둘은 넷이다.

∴ 지구는 둥글다.

논증은 뒷받침 관계를 유지하고 있는 진술 집단이며, 전제와 결론으로 구성된다. 훌륭한 논증은 전제와 결론이 올바른 관계를 맺고 있는 논증이다. 이제 전제와 결론 사이의 이 관계에 초점을 맞춘다면, 논증은 다음과 같이 세 유형으로 나눌 수 있다.

　① 연역적으로 타당한 논증
　② 귀납적으로 올바른 논증
　③ 그릇된 논증

우선 〔논증 1〕은 연역적으로 타당한 논증이다. 타당하다는 말은 전제가 옳을 경우 결론이 반드시 옳은 논증에 대해 적용된다. 다시 말해 타당한 논증은 만일 전제가 옳다면 결론이 그를 수 없다. 반면에 전제가 옳은데도 결론이 그를 수 있다면 그 논증은 부당한 논증이다. 모든 인간이 죽는다는 것이 사실이고, 박찬호 역시 인간이라는 것이 옳다면, 박찬호가 언젠가 죽는다는 것도 사실일 수밖에 없다. 〔논증 1〕의 결론이 그르기 위해서는 전제들 가운데 어느 하나나 둘 다 그르지 않으면 안 된다. 하지만 만일 두 전제가 모두 옳다면 결론은 반드시 옳을 수밖에 없다. 한편 〔논증 1〕은 박찬호가 언젠가 죽는다고 말하고 있는데, 이 주장은 실은 이미 두 전제에 의해 포함된 내용이다. 첫 번째 전제는 모든 인간이 죽는다고 말하고 있고, 두 번째 전제는 박찬호가 인간이라고 말하고 있기 때문이다. 이처럼 연역논증이 전제가 옳으면 결론이 옳을 수밖에 없는 이유는 결론의 주장 내용에 이미 전제에 의해 진술된 내용 아닌 것이 없기 때문이다. 〔논증 1〕과 같은 논증은 "연역적으로 타당한 논증"이라 부르고, 줄여서 말할 때는 그냥 "연역논증"이라 부른다.

반면에 〔논증 2〕는 전제는 옳고 결론이 그른 경우가 가능하다. 지금처럼 유전공학이 발달하다보면 언젠가 심장을 갖지 않은 인간을 관찰하는 일이 일어날지도 모르기 때문이다. 그러면서도 지금까지 심장 없는 인간이 관찰된 적이 없다는 사실은 앞으로도 그런 사람이 발견되지 않을 것이라는 데 대한 상당한 증거가 된다. 그래서 〔논증 1〕만큼은 아니지만 이 논증은 전제가 결론에 상당한 정도의 신뢰성

표 16.1	논증의 유형		

연역논증 (타당한 연역논증)	귀납논증 (올바른 귀납논증)	그릇된 논증
1. 만일 전제가 모두 옳다면 결론은 반드시 옳다(필연성).	1. 만일 전제가 모두 옳다면, 결론은 반드시 옳지는 않지만 옳음직하다(개연성).	1. 만일 전제가 옳다고 해도 결론이 그를 가능성이 있다.
2. 결론의 내용은 전제 속에 암암리에라도 이미 포함되어 있다(비확장성).	2. 결론은 전제 속에 없는 새로운 내용을 포함한다(확장성).	2. 전제와 결론 사이에 거의 아무런 관계가 없다.

을 부여한다. 〔논증 2〕는 만일 전제가 옳다면 결론이 반드시 옳은 것은 아니지만 그래도 결론을 옳음직하게 만드는 것이다. 논증 2는 전제가 지금까지 관찰된 인간에 대해서만 말하고 있는 반면에 결론은 아직 관찰되지 않은 인간에 대해서까지 말하고 있다. 이 경우 전제가 옳다 해도 결론이 그를 수 있는 이유는 결론이 전제에 들어 있지 않은 내용을 주장하기 때문이다. 이런 논증을 "귀납적으로 올바른 논증"이라 부르고, 줄여서 말할 때는 그냥 "귀납논증"이라 부른다.[21]

〔논증 3〕은 전제가 결론을 전혀 또는 거의 뒷받침하지 못한다. 그래서 이런 논증은 연역적으로나 귀납적으로나 거의 쓸모가 없는 논증이다. 다시 말해 둘 더하기 둘은 넷이 사실이라 해도 그것 때문에 지구가 둥글다는 것이 옳게 되는 것은 아니다. 이런 논증은 "그릇된 논증"이라 부른다.[22]

연역논증과 귀납논증은 각기 다른 기능을 수행한다. 연역논증은 전제의 내용을 명백하게 드러내는 일을 의도하고 있는 데 비해 귀납논증은 우리의 지식을 더 확장시키는 일을 한다. 이 점 때문에 연역논증이 전제의 내용의 확장을 포기함으로써 전제와 결론 사이의 필연성을 획득하는 반면에, 귀납논증은 전제와 결론 사이의 필연성을 포기함으로써 전제의 내용을 확장하게 된다. 연역논증은 완전히

---

21) 귀납적으로 올바른 논증이라 해도 연역적 관점에서는 부당한 논증이다. 연역에 대한 정의에 따르면, 전제가 옳다고 해도 결론이 그를 수 있으면 그 논증은 부당한 논증이기 때문이다.

22) 그릇된 논증들 중 겉보기에 전제가 결론을 입증하는 것처럼 설득력 있게 표현된 논증을 "오류논증" (fallacious argument), 또는 줄여서 "오류"(fallacy)라 부른다.

성공하거나 실패하거나 둘 중 하나다. 그래서 성공한 논증은 타당한 논증이 되고, 실패한 논증은 부당한 논증이 된다. 다시 말해 연역의 타당성에는 정도 문제가 있을 수 없다. 하지만 귀납논증은 사정이 다르다. 귀납논증은 전제가 결론에 제공하는 입증의 정도가 논증마다 차이가 있을 수 있기 때문이다. 요컨대 연역논증의 필연성(necessity)에는 정도 문제가 있을 수 없지만, 귀납논증의 전제가 결론에 부여할 수 있는 개연성(probability)에는 정도 문제가 있을 수 있다.

2. 연역논증 타당성 판단하기

1) 논증 형식과 타당성

연역논증의 타당성은 논증을 구성하고 있는 진술들의 내용에 의해서가 아니라 논증이 지닌 논리적 형식(form)에 의해 결정된다. 논증의 타당성이 그 형식에 의해 결정된다는 말은 무슨 뜻인가? 다음 두 논증을 보자.

〔논증 4〕

　　만일 내가 사람이라면, 나는 언젠가 죽는다.

　　나는 사람이다.

∴ 나는 언젠가 죽는다.

〔논증 5〕

　　만일 이동국이 프리미어리그에 진출한다면, 그는 네 번째 한국인 프리미어리그 선수가 된다.

　　이동국은 프리미어리그에 진출한다.

∴ 이동국은 네 번째 한국인 프리미어리그 선수가 된다.

〔논증 4와 5〕는 내용이 서로 다른 논증임에도 불구하고 둘 다 타당한 연역논증이다. 즉 전제가 모두 옳다면 결론이 반드시 옳다. 그렇다면 왜 내용이 다른데도

두 논증이 모두 타당할까? 그것은 두 논증 모두 타당한 형식을 지니고 있기 때문이다. 〔논증 4〕에서 "나는 사람이다."를 p로, "나는 언젠가 죽는다."를 q로 나타내보자. 그러면 논증 4는

만일 p라면, q
p
∴ q

가 된다. 〔논증 5〕도 "이동국은 프리미어리그에 진출한다."를 p로, "이동국은 네 번째 한국인 프리미어리그 선수가 된다."를 q로 나타낼 경우 똑같은 형식을 갖게 된다. 이 형식은 논리학에서는 다음과 같이 더 간단하게 표현된다.

p ⊃ q
p
∴ q

두 논증이 내용은 다르지만 형식은 같다는 것을 알 수 있다. 이 형식에 진술들을 대입시켜 이루어지는 논증은 예외 없이 두 전제를 옳다고 인정하면 결론도 반드시 옳을 수밖에 없다는 특징을 갖는다. 그래서 이 형식을 가진 논증은 모두 타당하다. 이 점은 p와 q에 그른 진술을 대입해도 그대로 성립한다. 이러한 논증 형식을 **타당한 형식**이라 한다. 따라서 타당한 논증이란 타당한 형식을 갖는 논증을 말한다. 오늘날 연역논리학을 흔히 **형식논리학**(formal logic)이라 부르는 것은 바로 연역논증의 타당성을 그 형식(form)이 보증하기 때문이다. 그리고 논리학자는 어떤 형식이 타당하고 어떤 형식이 부당한지를 판별하여 타당한 형식을 제시하기 위해 노력하는 사람이다.

2) 반대사례 방법
어떤 논증 형식이 타당하다는 말은 그 형식을 사용하여 만들어지는 모든 논증

이 옳은 전제와 결론을 가질 수 없다는 뜻이다. 다시 말해 어떤 논증 형식의 대입 실례가 되는 모든 논증이 예외 없이 전제가 옳다면 결론이 옳을 수밖에 없다는 뜻 이다. 따라서 어떤 논증이 지니고 있는 형식을 사용하여 전제는 옳은데 결론은 그른 논증을 하나라도 만들어낼 수 있으면 그 논증 형식은 타당하지 못하게 되고, 그에 따라 그 논증도 부당한 논증이 된다. 논증의 부당성을 증명하는 이 방법을 반대사례 방법(method of counter-example)이라 한다.

〔논증 6〕
　만일 전주가 춥다면, 서울은 눈이 올 것이다.
　전주는 춥지 않다.
∴ 서울은 눈이 오지 않을 것이다.

이 논증은 타당할까 부당할까? 우선 이 논증의 형식을 추상해보자. 논증 6의 형식은 다음과 같음을 알 수 있다.

만일 p라면, q
p가 아니다.
∴ q가 아니다.

이제 이 형식을 사용하면서 전제가 옳은데 결론이 그른 논증을 만들 수 있는지 보자.

〔논증 7〕
　만일 지희가 전주에 있다면, 지희는 한국에 있다.
　지희는 전주에 있지 않다.
∴ 지희는 한국에 있지 않다.

〔논증 7〕은 〔논증 6〕의 형식에서 p에 "지희가 전주에 있다."를 대입하고, q에

"지희는 한국에 있다."를 대입하여 만들어진 논증이다. 그런데 두 전제가 모두 옳은데 결론이 그른 경우가 가능하다. 예를 들어 지희가 서울에 있을 경우 결론이 그르게 된다. 따라서 위 논증 형식은 부당하며, 그에 따라 원래 논증인 〔논증 6〕도 부당한 것으로 판정된다.

반대사례 방법은 이런 식으로 논증의 부당성을 증명하는 효과적인 방법이다. 하지만 이 방법은 한계가 있다. 이 방법은 논증의 부당성을 판정하는 데에는 사용될 수 있지만 논증의 타당성을 판단하는 데에는 별 효과가 없다. 그래서 논증의 타당성을 판단하는 다른 방법을 생각해볼 필요가 있다. 하지만 그 전에 몇 가지 기본적인 연역논증 형식들을 살펴보기로 하자.

3. 조건논증

타당한 연역논증 중 가장 기초적인 것이라고 할 수 있는 논증은 조건논증이다. 조건논증을 이해하기 위해서는 먼저 조건진술(conditional statement) 또는 가언진술(hypothetical statement)을 이해할 필요가 있다. 조건진술은 만일로 시작되는 진술이다. 일상에서 흔히 가정법 문장으로 표현되는 진술이 이에 해당된다. 그래서 조건진술은 "만일 ⋯ 라면, ⋯ 이다."라는 연결사(논리적 결합사)에 의해 두 개의 단순진술이 결합되어 이루어진다.

만일 내가 철학자라면, 나는 인문학자다.

이 진술은 "나는 철학자다."와 "나는 인문학자다."라는 두 개의 단순진술로 이루어졌다. 이 진술은 앞의 진술이 옳다는 조건 아래 다른 진술이 옳다고 말한다. 조건진술에서 앞의 단순진술은 전건(antecedent), 뒤의 진술은 후건(consequent)이라 부른다.

조건논증은 두 개의 전제와 하나의 결론으로 이루어지는데, 그 중에서도 보통 첫 번째 전제에 조건진술이 등장하고 두 번째 전제에 단순진술이 등장한다. 예를 들면 다음과 같다.

〔논증 8〕

만일 의연이가 대학원에 진학한다면, 그녀는 장차 유학을 갈 것이다.

의연이는 대학원에 진학한다.

∴ 그녀는 장차 유학을 갈 것이다.

이 논증은 두 개의 전제와 하나의 결론으로 이루어졌다. 그 중에서도 첫 번째 전제는 조건진술이고, 두 번째 전제는 단순진술이다.

조건논증 형식은 크게 네 가지 유형이 있다. 이 중 두 개는 타당하고 두 개는 부당하다.

표 16.2　조건논증형식

전건긍정논법	후건부정논법	전건부정오류	후건긍정오류
① $p \supset q$	② $p \supset q$	③ $p \supset q$	④ $p \supset q$
p	~ q	~ p	q
∴ q	∴ ~ p	∴ ~ q	∴ p
타당	타당	부당	부당

①은 위 논증 8의 형식이다. ①은 논증이 아니라 논증의 형식(틀)이다. 문자 p와 q는 진술이 아니라 그저 빈칸을 나타내는 문자일 뿐이다. 그러나 이 두 문자에 진술이 대입되면 논증이 만들어지게 된다. 대입을 할 때는 p의 자리에 하나의 진술이, 그리고 q의 자리에 다른 진술이 한결같이 대입되어야 한다. 이렇게 해서 만들어지는 논증은 p와 q에 어떤 진술이 대입되든 전제가 옳다면 결론이 반드시 옳다. 다시 말해 전제가 옳을 때 결론이 그를 수 없다. 그래서 ①은 타당한 논증 형식이다.

①은 **전건긍정논법**(*modus ponens*)이라 불린다. 이 형식에 따라 만들어진 논증은 첫 번째 전제가 조건진술인데, 이 조건진술의 전건을 두 번째 전제가 긍정하고 있기 때문이다.

②는 후건부정논법(*modus tollens*)이라 불리는 타당한 형식이다. 이 형식에 따라 만들어진 논증 역시 전제가 옳다면 결론이 반드시 옳다. 이 형식에 따라 만들어진 논증은 다음과 같다.

〔논증 9〕

만일 우진이 소진을 좋아한다면, 우진은 소진에게 말을 걸었을 것이다.

우진은 소진에게 말을 걸지 않았다.

∴ 우진은 소진을 좋아하지 않는다.

③ 은 부당한 형식이다. 이 형식은 전제가 옳은데도 결론이 그를 수 있기 때문에 **전건부정오류**라 불린다. 이 형식에 따라 만들어진 논증의 예는 다음과 같다.

〔논증 10〕

만일 경복궁이 전주에 있다면, 경복궁은 한국에 있다.

경복궁은 전주에 있지 않다.

∴ 경복궁은 한국에 있지 않다.

④ 역시 부당한 형식이다. 그래서 이 형식은 **후건긍정오류**라 불린다. 이 형식의 예는 다음과 같다.

〔논증 11〕

만일 경복궁이 전주에 있다면 경복궁은 한국에 있다.

경복궁은 한국에 있다.

∴ 경복궁은 전주에 있다.

4. 선언논증

선언논증 역시 조건논증처럼 두 개의 전제와 하나의 결론으로 이루어진다. 이 중 첫 번째 전제는 선언진술(disjunctive statement)이고 두 번째 전제는 단순진술이다. 선언진술이란 두 개의 단순진술이 "또는"으로 결합된 진술을 말한다. 선언논증은 두 개의 형식이 있는데, 하나는 타당하고 하나는 부당하다.

표 16.3　선언논증

선언논증	선언지긍정오류
① $p \lor q$	② $p \lor q$
~p	p
∴ q	∴ ~q
타당	부당

①은 타당한 형식이다. 이런 형식을 사용하여 만들어지는 모든 논증은 전제가 옳은데 결론이 그를 수 없다. 이 형식의 예는 다음과 같다.

〔논증 12〕
　　민영은 남반구에 있거나 또는 북반구에 있다.
　　민영은 남반구에 있지 않다.
∴ 민영은 북반구에 있다.

반면에 ②는 부당한 형식이다. 이 형식의 예는 다음과 같다.

〔논증 13〕
　　민영은 대학원에 진학하거나 또는 결혼을 한다.
　　민영은 대학원에 진학한다.
∴ 민영은 결혼하지 않는다.

5. 귀류논증

귀류논증(*reductio ad absurdum*)은 널리 사용되는 타당한 논증 형식이다. 이 논증 형식은 어떤 진술의 옳음을 직접 증명하기가 어렵거나 복잡할 때 사용되는데, 특히 토론이나 논쟁 중에 상대방의 주장을 논박하기 위해 흔히 사용된다.

p가 옳다는 것을 증명하려 한다고 해보자. 귀류논증은 p가 그르다는 가정, 즉 "p가 아니다."가 옳다는 가정을 세우면서 시작한다. 이 가정을 근거로 하여 그르다고 이미 밝혀져 있는 진술을 결론으로 연역한다. 이렇게 되면 그른 결론이 "p가 아니다."라고 가정한 전제에서 타당한 연역논증을 통해 나왔기 때문에 "p가 아니다."라는 가정은 그를 수밖에 없게 된다. 따라서 만일 "p가 아니다"라는 가정이 그르다면 p가 옳을 수밖에 없다. 그런데 이 p는 처음에 옳음을 증명하려고 했던 바로 그 진술이다. 가정 "p가 아니다."에서 그른 결론을 연역하는 논증을 부속연역(sub-deduction)이라 하는데, 이 부속연역은 타당한 형식이기만 하면 어떤 형식을 사용해도 무방하다.

귀류논증의 형식은 다음과 같다.

증명대상: p
가   정: p가 아니다.
연   역: 그른 진술(세 가지 경우가 있음)
        1) p(가정의 모순진술)
        2) q이면서 q가 아니다(자체모순진술)
        3) r(그른 것으로 밝혀진 진술)
결   론: ∴ "p가 아니다."는 그르다.
          ∴ p가 옳다.

귀류논증이 효과적으로 사용된 예는 피타고라스가 $\sqrt{2}$가 무리수임을 증명한 것이다.

증명대상: $\sqrt{2}$ 는 무리수다.

가　　정: $\sqrt{2}$ 는 무리수가 아니다(유리수다).

연　　역: 우선 유리수는 단순분수, 즉 정수의 비로 나타낼 수 있는 수다. 유리수는 $\frac{a}{b}$ 로 표현될 수 있는데, 이때 a와 b는 서로 소다. $\sqrt{2}$ 가 유리수라고 가정했으므로 $\sqrt{2} = \frac{a}{b}$ 로 나타낼 수 있다. 양변에 b를 곱하면 $\sqrt{2}b = a$ 가 된다. 양변을 제곱하면 $2b^2 = a^2$ 이 된다. 여기서 a^2 은 b^2 의 2배이므로 짝수다. 그런데 모든 홀수의 제곱은 홀수이기 때문에 제곱수가 짝수인 a는 짝수이어야 한다. 다시 a가 짝수니까 a는 2c로 표현할 수 있다. 그러면 a^2 은 $4c^2$ 이 되므로 앞의 $2b^2 = a^2$ 으로부터 $4c^2 = 2b^2$ 을 얻을 수 있고, 이로부터 다시 $2c^2 = b^2$ 을 얻을 수 있다. b^2 이 짝수이므로 b도 역시 짝수일 수밖에 없다. 이렇게 되면 결국 a와 b 모두 짝수라는 결론이 따라 나온다. 이 결론은 a와 b가 유리수라서 서로 소라는 가정에 모순된다.

결　　론: $\therefore \sqrt{2}$ 는 무리수다.

6. 딜레마논증

딜레마논증은 "양도논증"으로 불리기도 한다. 딜레마란 선택해야 할 길이 두 가지로 정해져 있는데, 이 두 선택지 모두 바람직하지 않은 결과를 낳게 되는 곤란한 상황을 일컫는다. 따라서 토론이나 논쟁 상황에서 딜레마논증을 사용하게 되면 상대방을 꼼짝 못하게 옭아매는 효과가 있다. 딜레마논증 형식은 하나의 선언진술과 두 개의 조건진술을 전제로 하여 이루어진다. 타당한 딜레마논증 형식은 다음과 같다.

$p \lor q$

$p \supset r$

$q \supset s$

$\therefore r \lor s$

이 형식의 예는 다음과 같다.

〔논증 14〕

　　신은 악을 막으려 하지 않거나 또는 악을 막을 수 없다.

　　만일 신이 악을 막으려 하지 않는다면, 신은 전선하지 않다.

　　만일 신이 악을 막을 수 없다면, 신은 전능하지 않다.

∴　신은 전선하지 않거나 전능하지 않다.

　　이 논증은 이른바 "악의 문제"(problem of evil)로 알려진 유명한 논증으로 오랫동안 신학자들을 괴롭혀온 문제다. 이 논증은 이 세계에 악이 있다는 전제에서 출발해 신이 "전선"(오로지 자비로움)과 "전능"(모든 것을 할 수 있는 능력이 있음) 두 가지 속성을 모두 가질 수 없다는 것을 지적하고 있다.

7. 진리치표 방법

　　앞에서 반대사례 방법은 논증 형식의 부당성을 증명하는 데에는 효과적일 수 있지만 타당성을 증명하는 데에는 한계가 있다고 했었다. 이제 타당한 형식이 타당할 수밖에 없는 이유를 진리치표 방법(method of truth-table)으로 증명할 수 있다. 전건긍정논법을 생각해보자.

　　　$p \supset q$

　　　p

∴　q

이 형식은 두 전제인 $p \supset q$와 p 그리고 결론 q의 진리치들이 만들 수 있는 가능한 조합들을 다음과 같이 만들 수 있다

　　이 진리치표에서 두 전제 $p \supset q$와 p가 모두 옳은 경우는 1행뿐인데, 이때 결론

p	q	p⊃q	p	q
T	T	T	T	T
T	F	F	T	F
F	T	T	F	T
F	F	T	F	F

q도 언제나 옳도록 되어 있다. 다시 말해서 전제가 옳다면 결론이 반드시 옳도록 되어 있다. 그런데 형식이 타당하다는 말은 전제가 옳다면 결론이 반드시 옳을 경우에 적용하는 말이므로 전건긍정논법은 타당한 논증 형식임을 알 수 있다.

　반면에 앞에서 오류라 했던 다음의 후건긍정형식은 부당한 형식임을 알 수 있다.

　　p⊃q
　　q
∴　p

이 형식은 위 진리치표에서 전제 p⊃q와 q가 모두 옳은 경우가 1행과 3행이다. 그런데 이때 결론 p는 1행에서는 옳지만 3행에서는 그르다. 이것은 전제가 옳다면 결론이 옳을 수도 있지만 그를 수도 있다는 것을 의미한다. 다시 말해서 전제가 옳을 때 결론이 반드시 옳은 것이 아니다. 따라서 이런 형식은 부당한 형식이다.

　이런 식으로 지금까지 다룬 기본적인 연역논증 형식들이 타당하다는 것을 증명할 수 있다. 진리치표 구성의 기초가 되는 기본 아이디어는 중합진술(compound statement)이 그 구성성분을 이루는 단순진술들로 만들어지는 정확한 방법이 있으므로 중합진술의 진리치는 구성성분을 이루는 단순진술들의 진리치에 의해 완전히 결정된다는 것이다. 달리 말하면 중합진술의 진리치는 구성성분을 이루는 단순진술들의 진리치의 함수라는 것이다. 다음은 중합진술형식과 기호, 그리고 그 형식의 이름이다.

중합진술형식	기호	형식의 이름
p가 아니다.	~ p	부정
p 그리고 q다.	p · q	연언
p 또는 q다.	p ∨ q	선언
만일 p라면, q다.	p ⊃ q	함언
만일 p라면 그리고 오직 그 경우에만 q다.	p ≡ q	동치

이 중합 연결사의 의미는 아래와 같이 편리한 진리치표로 나타낼 수 있다.

p	~p
T	F
F	T

p	q	p⊃q	p · q	p ∨ q	p ≡ q
T	T	T	T	T	T
T	F	F	F	T	F
F	T	T	F	T	F
F	F	T	F	F	T

이제 이처럼 중합진술들에 대한 진리치표를 작성할 수 있으면, 웬만한 논증은 그 형식을 추상해 타당성을 검사할 수 있다. 이제 앞에서 다루었던 기본 연역논증 형식들에 대해 진리치표 방법을 이용해 타당성을 확인해보자.

연습문제

1. 다음 논증들을 연역논증, 귀납논증, 그릇된 논증으로 구분해보라.

(1) 모든 고양이는 날개가 있다.

모든 개는 고양이다.

그러므로 모든 개는 날개가 있다.

(2) 만일 지우가 용준을 좋아한다면, 지우는 용준에게 말을 걸 것이다.
지우는 용준에게 말을 건다.
그러므로 지우는 용준을 좋아한다.

(3) 전주 시민 10명에게 길을 물었는데, 9명이 친절하게 알려주었다.
그러므로 전주 시민은 친절하다.

(4) 소진이가 투덜댄다면, 엄마가 소진이를 야단칠 것이다. 소진은 투덜대고 있지 않으므로 엄마는 소진이를 야단치지 않을 것이다.

2. 연역논리학을 형식논리학이라고 부르는 데에는 논증의 타당성을 내용이 아니라 형식이 결정하기 때문이다. 그런데도 마치 이 점이 논리학의 결점인 것처럼 오해하는 수가 많다. 다음 표현이 나올 법한 상황을 떠올려보고, 형식논리학의 정확한 의미에 대해 생각해보라.

"그렇게 형식논리에만 사로잡히지 말고 문제의 본질을 보란 말이야!"

3. 반대사례 방법에 의거해 다음 논증의 부당성을 증명해보라.
(1) 만일 성호가 야간 근무를 한다면, 그는 특별수당을 요구할 것이다.
성호는 야간 근무를 하지 않았다.
그러므로 그는 특별수당을 요구하지 않을 것이다.

(2) 지현은 대학원에 가거나 또는 취업을 한다.
지현은 대학원에 간다.
그러므로 지현은 취업을 하지 않는다.

(3) 만일 혜수가 중국에 있다면, 혜수는 아시아에 있다.
만일 혜수가 태국에 있다면, 혜수는 아시아에 있다.
그러므로 만일 혜수가 중국에 있다면, 혜수는 태국에 있다.

4. 다음 논증들의 형식을 추상(기호화)하고, 진리치표 방법을 통해 타당성 여부

를 검사해보라.

(1) 슬기는 아마데우스를 보거나 또는 엄마를 기다릴 것이다. 그는 아마데우스를 보지 못할 것이며, 그래서 엄마를 기다릴 것이다.

(2) 의연이가 정말로 용기가 있다면, 저 잘생긴 한빛이에게 말을 걸었을 것이다. 말을 걸지 않았으므로 의연이는 용기가 없다.

(3) 우진이와 소진이 둘 다 피자를 먹지는 못한다. 우진이가 먹게 될 것이므로 소진이는 피자를 먹지 못할 것이다.

(4) 지구가 다른 행성들의 중심에 있다면, 지구에서 다른 행성들까지의 거리는 언제나 일정해야 하는데, 지구에서 다른 행성들까지의 거리는 관측 시간마다 달라지므로 지구가 다른 행성들의 중심에 있지 않다는 것은 분명하다.

(5) 생각해봐. 능선으로 가면 급경사 길로 5시간이 걸리고, 계곡으로 가도 험해서 역시 5시간이 걸리지. 여기서는 능선과 계곡 길밖에 없지 않나? 그러니 5시간 산행을 이겨내야 하네.

5. 다음 논증 형식들의 타당성을 진리치표 방법을 통해 증명해보라.

(1) $p \lor q$

    $q \supset r$

∴ $p \lor r$

(2) $p \cdot (q \lor p)$

∴ $q \lor p$

(3) $p \supset q$

∴ $p \supset (p \supset q)$

(4) $p \cdot q$

∴ p

(5) $p \supset q$

    $q \supset r$

∴ $p \supset r$

제17장

연역논증 2: 술어논리의 논증

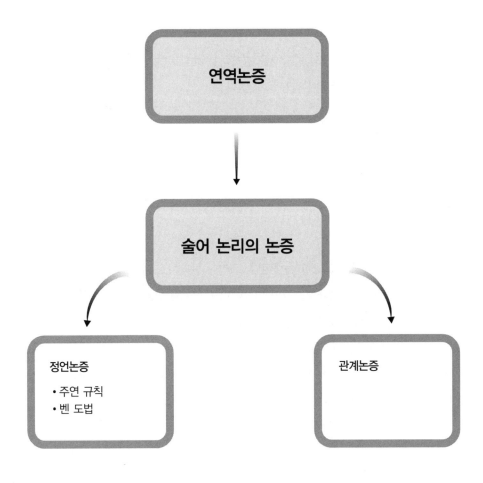

1. 정언진술

진리치표 방법이 논증의 타당성을 검사하는 효과적인 방법이지만 다음과 같은 논증에 대해서는 이 방법이 적용될 수 없다.

〔논증 1〕

　　모든 포유류는 심장이 있다.

　　모든 말은 포유류다.

∴　모든 말은 심장이 있다.

〔논증 1〕은 명백히 타당한 논증이다. 그러나 진리치표 방법으로는 이런 논증의 타당성을 검사할 수 없다. 앞 장의 명제논리 논증들은 "명제"를 논증의 최소단위로 보고 그 형식을 추상하였었다. 이제 〔논증 1〕과 같은 논증은 명제를 최소단위로 보는 것이 아니라 각 명제의 내부 구조까지 감안하여 그 타당성 여부를 파악해야 한다. 이처럼 논증에서 사용되는 명제들의 내부 구조에 관심을 갖는 논리학의 분야를 술어논리학(predicate logic)이라 한다.

〔논증 1〕은 전제와 결론이 모두 정언진술(categorical statement)로 이루어진다는 것이 특징이다. 정언진술은 모두 네 가지 형태가 있다. 따라서 그 네 가지 형

태 중 하나로 되어 있는 진술은 정언진술이다. 정언진술의 네 가지 형태는 라틴어 낱말 *affirmo*(긍정)와 *nego*(부정)의 첫째 모음과 둘째 모음, 즉 A, I와 E, O를 이용해 표시한다.

정언진술 형식
A진술: 모든 S는 P다.
E진술: 모든 S는 P가 아니다.
I진술: 약간의 S는 P다.
O진술: 약간의 S는 P가 아니다.

모든 정언진술은 두 개의 명사(term), 즉 주어(subject term)와 술어 (predicate term)를 갖고 있다. 위 정언진술 형식에서 S와 P는 각각 주어와 술어를 나타낸다. 이 주어와 술어 명사들은 각각 집합을 나타낸다. 예를 들어 "모든 포유류는 심장이 있는 동물이다."에서 주어는 포유류 집합을, 술어는 심장이 있는 동물 집합을 나타낸다. 이 집합은 "모든"(all)이나 "약간의"(some)라는 표현에 의해 수식되고 있다. 그리고 주어와 술어는 긍정이나 부정을 뜻하는 "이다" (is)와 "아니다"(is not)로 연결된다. 여기서 주어를 수식하는 표현이 "모든"으로 되어 있는 진술은 "보편진술", "약간의"로 되어 있는 진술은 "특수진술"이라 한다. 그리고 주어와 술어가 "이다"로 연결된 진술은 "긍정진술", "아니다"로 연결된 진술은 "부정진술"이라 한다. 따라서 정언진술은 다음과 같이 정리된다.

A: 보편긍정진술
   모든 S는 P다.
E: 보편부정진술
   모든 S는 P가 아니다.
I: 특수긍정진술
   약간의 S는 P다.
O: 특수부정진술

약간의 S는 P가 아니다.

2. 정언논증

1) 정언논증 형식

정언논증(categorical syllogism)은 정언진술들로만 구성되는 논증으로 보통 두 개의 전제와 하나의 결론으로 이루어진다.

〔논증 2〕

　　모든 전주시민은 한국인이다.

　　모든 한국인은 아시아인이다.

∴ 모든 전주시민은 아시아인이다.

〔논증 2〕는 전형적인 정언논증이다. 전제와 결론에 등장하는 각각의 진술은 모두 정언진술이다. 각각의 진술에는 두 개의 명사, 즉 주어명사와 술어명사가 등장하지만, 논증 전체에는 세 개의 명사가 등장한다. 이 세 개의 명사 가운데 하나는 두 전제에 한 번씩 나타나는데, 이 명사를 매개명사(middle term)라 한다. 그리고 다른 두 개의 명사는 각각 전제에 한 차례, 결론에 한 차례 나타나는데, 이 두 명사를 종결명사(end term)라 한다. 따라서 〔논증 2〕에서 매개명사는 "한국인"이고, 종결명사는 "전주시민"과 "아시아인"이다.

정언논증의 형식은 많이 있는데, 그 중에는 타당한 형식도 있고 부당한 형식도 있다. 정언논증의 형식을 추상할 때에는 두 가지를 고려해야 한다. 하나는 정언진술의 유형이고, 다른 하나는 매개명사와 종결명사의 위치다. 〔논증 2〕는 두 전제 모두 A진술이고, 결론도 A진술이다. 두 개의 종결명사 중 하나인 "전주시민"은 첫 번째 전제의 주어명사이면서 결론의 주어명사다. 또 다른 종결명사 "아시아인"은 두 번째 전제의 술어명사이면서 결론의 술어명사다. 매개명사 "한국인"은 첫 번째 전제의 술어명사이면서 두 번째 전제의 주어명사다. 이제 결론의 주어가

되는 종결명사를 "S", 결론의 술어가 되는 종결명사를 "P", 매개명사를 "M"으로
나타내기로 하면, 〔논증 2〕의 형식은 다음과 같다.

〔논증 2〕의 형식
    S　A　M
    M　A　P
∴ S　　A　P

이제 다음 논증의 형식을 추상해보기로 하자.

〔논증 3〕
    모든 새는 깃털이 있다.
    약간의 새는 애완동물이다.
∴ 약간의 애완동물은 깃털이 있다.

이 논증의 첫 번째 전제와 결론의 술어는 그 자체로는 명사로 표현되어 있지 않
다. 하지만 약간 수정해 "모든 새는 깃털이 있는 동물이다."와 "약간의 애완동물은
깃털이 있는 동물이다."로 표현하게 되면 정언진술들로 바뀌면서 전체적으로 정언
논증으로 간주할 수 있을 것이다. 그렇게 되면 〔논증 3〕의 형식은 다음과 같다.

〔논증 3〕의 형식
    M　A P
    M　I S
∴ S　I　P

2) 주연 개념과 타당성 검사 규칙
정언논증의 타당성은 간단한 세 개의 규칙을 이용하면 편리하다. 하지만 이 규
칙을 적용하기 위해서는 먼저 주연(distribution) 개념에 대한 이해가 필요하다.

하나의 명사는 여러 가지 정언진술에 나타날 수 있는데, 주어명사로 나타나기도 하고 술어명사로 나타나기도 한다. 어떤 정언진술에 등장하는 명사는 만일 그 진술이 그 명사가 지시하고 있는 집합의 모든 원소 하나 하나에 대해서 어떤 점을 언급하고 있으면 그 정언진술에서 주연되어 있다고 한다. 정언진술에 등장하는 명사는 그 진술에서 주연될 수도 있고 주연되지 않을 수도 있다. 그 명사가 해당 진술에서 주연되었는가 주연되지 않았는가는 그 명사가 나타난 진술의 유형과 그 명사가 주어인지 술어인지에 달려 있다.

주연과 대비되는 개념은 **집합**이다. 그래서 어떤 명사가 지시하는 집합을 집합으로서 대하고 그에 관하여 어떤 진술을 하는 일과, 그 집합을 이루는 모든 원소 하나 하나에 관하여 어떤 진술을 하는 일은 다른 일이다. 집합은 원소들의 집단이다. 그래서 집합 자체에 관하여 말할 때는 **집합적으로 언급한다**고 말할 수 있고, 집합의 원소 하나 하나에 대하여 주연적으로 언급할 때와는 구별해야 한다.

"모든 전주시민은 한국인이다."라는 A진술은 개개의 전주시민 모두에 대하여 한국인이라는 점을 언급하고 있지만 개개의 한국인 모두에 대해서는 아무 것도 주장하고 있지 않다. 따라서 A진술에서 주어명사는 주연되고 술어명사는 주연되지 않는다.

"모든 전주시민은 미국인이 아니다."라는 E진술은 주어와 술어 모두 주연된다. 이런 진술은 개개의 전주시민 모두가 미국인이 아니며, 또 개개의 미국인 모두가 전주시민이 아니라고 주장하고 있다.

"약간의 한국인은 전주시민이다."라는 I진술은 주어와 술어 모두 부주연된다. 이 진술은 개개의 한국인 모두에 대해 무언가를 언급하고 있지 않으며, 개개의 전주시민 모두에 대해서도 무언가를 언급하고 있지 않다.

"약간의 한국인은 전주시민이 아니다."라는 O진술은 "전주시민이 아닌 한국인이 적어도 한 사람은 있다."는 뜻이다. 이 진술은 개개의 전주시민 모두에 관해 언급하는 바가 없으므로 주어명사는 주연되지 않았다. 하지만 술어명사는 주연되었다. 이 진술은 전주시민이 아닌 한국인, 예컨대 하지원과 같은 서울시민이 적어도 한 사람은 있다는 뜻이다. 그렇다면 이 진술은 개개의 전주시민 모두가 하지원은 아니라고 주장하고 있다. 따라서 O진술에서 술어명사는 주연된다.

이제 네 가지 유형의 정언진술에 나타나는 명사들의 주연, 부주연 관계를 정리하면 다음과 같다.

	주어	술어
A: 보편긍정진술	주연	부주연
E: 보편부정진술	주연	주연
I: 특수긍정진술	부주연	부주연
O: 특수부정진술	부주연	주연

이 표의 내용을 간추리자면 다음과 같다. 보편진술에서는 주어명사가 주연되고, 부정진술에서는 술어명사가 주연되며, 그 밖의 명사는 모두 주연되지 않는다 (보주부술).

이제 정언논증의 타당성을 검사하는 규칙을 소개할 차례다.

정언논증 타당성 검사 규칙

1. 매개명사는 한 번만 주연되어야 한다.
2. 종결명사는 한 번만 주연되어서는 안 된다.
3. 부정 전제의 수효는 부정 결론의 수효와 같아야 한다.

이 세 규칙을 만족시키는 정언논증은 모두 타당하다. 반면에 하나라도 어기면 그 논증은 부당하다. 규칙 1은 매개명사가 두 전제에서 한 번은 주연되고 한 번은 주연되지 않아야 한다는 뜻이다. 그래서 매개명사가 두 번 주연되어 있거나, 한 번도 주연되어 있지 않은 논증은 부당하다. 규칙 2는 종결명사가 전제 속에서 주연되었는데 결론에서는 부주연되거나, 결론에서는 주연되었는데 전제 속에서 부주연되면 안 된다는 것을 말하고 있다. 규칙 3은 부정 전제가 전혀 없는데 부정 결론이 있어서는 안 된다는 것을 말하고 있다. 다시 말해 전제가 둘 다 긍정진술인데 결론이 부정진술이면 안 된다. 전제가 하나는 긍정진술이고 다른 하나는 부정진술이라면, 결론은 당연히 부정진술이라야 한다. 그리고 두 전제가 모두 부정진술이라면 그 논증은 부정 결론의 수가 두 개가 나올 수 없으므로 무조건 부당한 논증이 된다.

이제 이 규칙을 앞의 〔논증 2〕에 적용해보자. 명사의 주연(distribution)과 부주연(undistribution)을 나타내는 기호로 "d"와 "u"를 아래와 같이 각 문자의 옆에 아래첨자로 쓰면 편리하다.

〔논증 2〕
   모든 전주시민은 한국인이다.
   모든 한국인은 아시아인이다.
∴ 모든 전주시민은 아시아인이다.

〔논증 2〕의 형식
   S_d A M_u
   M_d A P_u
∴ S_d A P_u

규칙 1 : 매개명사 M이 첫 번째 전제에서 부주연되고 두 번째 전제에서 주연되었으므로 만족시켰다.
규칙 2 : 종결명사 S는 둘 다 주연되고 P는 둘 다 부주연되었기 때문에 만족시켰다.
규칙 3 : 부정 전제가 없고 부정 결론이 없기 때문에 만족시켰다.

세 가지 규칙을 모두 만족시켰기 때문에 〔논증 2〕는 타당하다.
   〔논증 3〕역시 이런 식으로 타당성 여부를 검사할 수 있다. 〔논증 3〕의 형식은 다음과 같다.

〔논증 3〕의 형식
   M_d A P_u
   M_u I S_u
∴ S_u I P_u

규칙 1: 매개명사 M이 첫 번째 전제에서 주연되고 두 번째 전제에서 부주연되
　　　 었으므로 만족시켰다.

규칙 2: 종결명사 S는 둘 다 부주연되고 P도 둘 다 부주연되었기 때문에 만족
　　　 시켰다.

규칙 3: 부정 전제가 없고 부정 결론이 없기 때문에 만족시켰다.

따라서 [논증 3] 역시 세 규칙을 모두 만족시키기 때문에 타당한 논증이다.

3. 벤 도법과 집합논리

　정언논증의 타당성을 검사하는 세 가지 규칙은 매우 편리하다. 하지만 이 방법
외에 정언논증의 타당성은 벤 도법(Venn diagram)을 이용하여 검사할 수도 있
다. 벤 도법의 기본 발상은 정언진술의 주어명사와 술어명사가 집합에 관하여 언
급하는 것으로 해석될 수 있다는 사실에서 나온다. 주어명사와 술어명사가 집합
에 관하여 언급하는 것이라면, 정언진술 자체는 두 집합 사이의 관계에 관한 진술
로 해석될 수 있기 때문이다. 각 명사가 나타내는 집합들 사이의 포함, 배척, 중첩
관계를 도표로 그린 것이 바로 벤 도법이다.

　이제 "모든 전주시민은 한국인이다."라는 A진술을 생각해보자. 이 진술은 전
주시민이면서 한국인이 아닌 사람이 하나도 없다는 주장이다. 따라서 이 영역이
원소를 전혀 갖고 있지 않다는 것을 나타낼 필요가 있는데, 그 영역에 해당하는
부분을 지우면 된다. 그렇게 해서 그려진 A진술 표준도는 다음과 같다.

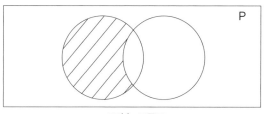

A진술 표준도

"모든 한국인은 미국인이 아니다."라는 E진술의 경우에는 한국인이면서 미국인인 경우가 전혀 없다는 뜻이다. 따라서 두 집합의 중첩 부분에 원소가 전혀 없다는 것을 빗금으로 나타내면 된다. E진술의 표준도는 다음과 같다.

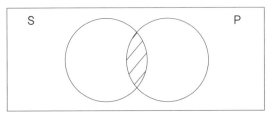

E진술 표준도

"약간의 한국인은 전주시민이다."라는 I진술의 경우에는 한국이면서 전주시민인 사람이 적어도 하나는 있다는 뜻이므로 중첩되는 영역에 "x"를 넣으면 된다. I진술의 표준도는 다음과 같다.

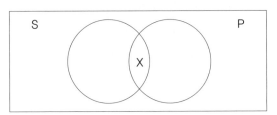

I진술 표준도

"약간의 한국인은 전주시민이 아니다."라는 O진술의 경우에는 한국이면서 전주시민이 아닌 사람이 적어도 하나는 있다는 뜻이므로 술어와 겹치지 않는 주어 부분에 "x" 표를 넣으면 된다.

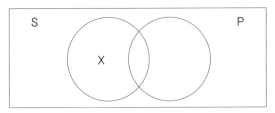

O진술 표준도

정언논증은 세 개의 정언진술로 구성되는데, 이 논증 속에는 세 개의 명사, 즉 매개명사 "M"과 종결명사 "S"와 "P"가 포함되어 있다. 그래서 정언논증을 벤 도법으로 처리하기 위해서는 일부분씩 중첩하는 세 개의 원으로 그려지는 삼원표준도를 작성해야 한다.

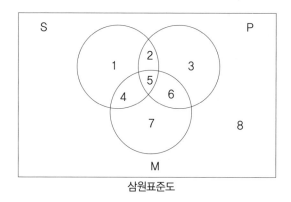

삼원표준도

이제 정언논증의 타당성을 벤 도법을 이용해 검사할 준비가 된 셈이다. 정언논증은 두 개의 전제를 가지고 있는 논증이다. 정언논증의 타당성을 검사하려면 우선 전제로 제시된 두 진술의 주장을 벤 도법에 표현하는 일에서 시작한다. 그런 다음에 이미 그려진 그림 속에 결론의 내용이 나타나 있는지 살펴보면 된다. 이 절차를 정리하면 다음과 같다.

벤 도법을 이용한 정언논증 타당성 검사

1. 두 전제의 내용을 그린다(전제가 보편진술과 특수진술로 되어 있는 경우에는 보편진술을 먼저 그린다).
2. 그려진 그림 속에 결론의 내용이 나타나 있는지 살핀다.
3. 결론의 내용이 나타나 있다면 그 논증은 타당하고, 나타나 있지 않다면 그 논증은 부당하다.

이 절차를 뒷받침하는 근거는 17장에서 연역논증에 대해 제시했던 정의의 두 번째 특징을 참조하면 된다. 연역논증이란 결론 속의 내용이 이미 전제 속에 포함되어 있는 논증이라고 했다. 바로 이 점 때문에 두 전제를 그린 다음 그 속에 결론 내용이 들어 있는지 보면 되는 것이다.

이제 세 가지 규칙을 통해 이미 증명한 바 있는 논증 2의 타당성을 벤 도법으로 다시 한 번 확인해보자.

〔논증 2〕

모든 전주시민은 한국인이다.

모든 한국인은 아시아인이다.

∴ 모든 전주시민은 아시아인이다.

〔논증 2〕의 형식

   S A M

   M A P

∴ S A P

이 논증의 두 전제를 그리면 다음과 같다.

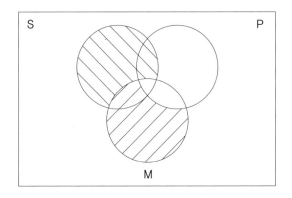

첫 번째 전제는 S(전주시민)를 주어, M(한국인)을 술어로 하는 A진술이므로 M과 중첩하지 않는 S의 부분을 지웠다. 두 번째 전제는 M(한국인)을 주어, P(아시아인)를 술어로 하는 A진술이므로 P와 중첩하지 않는 M의 부분을 지웠다. 이렇게 해서 그려진 것이 바로 위의 그림이다. 이제 결론의 내용을 검토해보자. 결론은 S(전주시민)를 주어, P(아시아인)를 술어로 하는 A진술이므로 P와 중첩하지 않는 S의 부분을 지우면 된다. 이제 전제의 내용을 검토해보니 그 부분

이 이미 지워져 있다. 따라서 이 논증은 결론의 내용이 전제 속에 이미 포함되어 있으며, 그래서 타당한 논증이다.

이제 부당한 논증을 하나 검토해보자.

[논증 4]

　　모든 유명 연예인은 성형수술을 했다.

　　모든 프로야구 선수는 유명 연예인이 아니다.

∴ 모든 프로야구 선수는 성형수술을 하지 않았다.

[논증 4]의 형식

　　M A P

　　S E M

∴ S E P

이 논증의 전제를 그리면 다음과 같다.

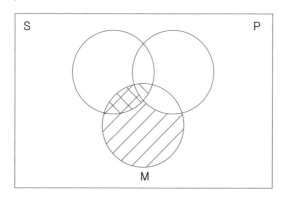

　첫 번째 전제는 원 M의 내부에서 원 P의 밖에 있는 부분을 지웠다. 그리고 두 번째 전제는 원 S와 M이 공유하는 영역을 모두 지웠다. 이제 결론의 내용이 전제에 들어 있는지 보자. 결론은 원 S와 P의 중첩 부분에 원소가 없다고 주장하고 있는데, 그 부분이 일부는 지워져 있지만 일부는 지워져 있지 않다. 따라서 이 논증은 결론의 내용이 전제에 포함되어 있다고 할 수 없고, 그래서 부당한 논증이다.

세 가지 규칙과 벤 도법은 둘 다 정언논증의 타당성을 증명하는 방법이다. 어느 방법이 더 나은가는 기본적으로 개인적 선호의 문제다. 세 규칙이 기억하고 활용하기 쉽다는 특징이 있지만, 벤 도법은 시각적 명료성을 지니고 있다. 게다가 규칙 방법이 세 명사로 이루어진 정언논증에만 적용되는 데 비해 벤 도법은 명사들 사이의 집합 관계를 적절히 나타낼 수만 있다면, 네 개 이상으로 이루어진 논증들에도 적용될 수 있다. 어쨌든 우리는 상황에 따라 적절하다고 생각되는 방법을 이용하면 될 것이다.

4. 관계논증

정언논증에서 사용되는 정언진술들은 사물과 속성에 관한 진술이라고 할 수 있다. 예컨대 "모든 전주시민은 한국인이다."라는 진술은 모든 전주시민의 속성에 관해 진술하는 것이라고 할 수 있다. 그런데 사물들은 속성을 갖고 있을 뿐만 아니라 서로 관계(relation)를 맺고 있다. "충한은 보람을 사랑한다.", "소진이는 우진이보다 키가 크다."에서 나타나듯이 우리말 속에는 관계를 나타내는 표현이 가득하다. 우리 인생사에서 중요한 일은 바로 이 관계와 관련이 있는 경우가 많기 때문에 관계와 관련된 논증들을 살펴볼 필요가 있다.

〔논증 5〕

　남숙은 남편 영관보다 돈을 많이 번다.

　만일 x가 y보다 돈을 많이 번다면, y는 x보다 돈을 많이 벌지 못한다.

∴　영관은 남숙보다 돈을 많이 벌지 못한다.

〔논증 6〕

　영관은 아내 남숙에게 열등감을 느낀다.

　만일 x가 y에게 열등감을 느낀다면, y는 x에게 열등감을 느끼지 않는다.

∴　남숙은 남편 영관에게 열등감을 느끼지 않는다.

[논증 5]는 타당한 논증이다. 이는 전제가 모두 옳다고 할 경우에 결론이 반드시 옳기 때문이다. 첫 번째 전제를 옳다고 해보자. 두 번째 전제는 x와 y 사이에 성립하는 반대칭 관계(asymmetrical relation)를 나타내는 진술로 역시 옳다. 반대칭 관계란 a에서 b쪽으로 성립하는 관계가 b에서 a쪽으로는 성립하지 않는 관계이다. 이 경우에 "…보다 돈을 많이 번다."는 관계는 반대칭 관계다.

이에 비해 [논증 6]은 과오를 범하고 있다. 우선 [논증 6]도 타당한 논증이다. 전제가 옳다고 할 경우에 결론이 반드시 옳기 때문이다. 하지만 [논증 6]은 그른 전제가 들어 있다. 즉 두 번째 전제가 그른 진술이다. 왜냐하면 "…에게 열등감을 느낀다."라는 관계가 반대칭 관계가 아니기 때문이다. x가 y에게 열등감을 느낀다 하더라도, y 역시 x에게 열등감을 느끼는 일이 얼마든지 가능하고, 실제로 그런 일이 빈번하기 때문이다.

관계논증에서는 두 대상 사이의 관계, 즉 이항관계가 포함된 진술들이 많이 사용된다. 이항관계의 특징을 표현할 때에는 간단한 기호표현체계를 도입하면 편리하다. 그래서 어떤 관계 R이 두 대상 x와 y 사이에 성립한다는 것을 나타낼 때에는 "xRy"로 쓸 수 있다. 예를 들어 만일 "x"가 충한, "R"이 "…의 남편이다." "y"가 보람을 나타낸다면, "xRy"는 "충한은 보람의 남편이다."로 읽을 수 있다. 대표적인 이항관계는 다음과 같다.

① 대칭 관계(symmetrical relation)

　만일 xRy⊃yRx라면, R은 대칭 관계다.

　만일 xRy⊃~yRx라면, R은 반대칭 관계(asymmetrical relation)다.

　만일 R이 대칭 관계도 아니고 반대칭 관계도 아니라면, R은 비대칭 관계(nonsymmetrical relation)다.

② 반사 관계(reflexive relation)

　만일 xRx라면, R은 반사 관계다.

　만일 ~xRx라면, R은 반반사 관계(irreflexive relation)다.

　만일 R이 반사 관계도 아니고 반반사 관계도 아니라면, R은 비반사 관계(nonreflexive relation)다.

③ 이행 관계(transitive relation)

만일 (xRy · yRz)⊃xRz라면, R은 이행 관계다.

만일 (xRy · yRz)⊃ ~xRz라면, R은 반이행 관계(intransitive relative)다.

만일 R이 이행 관계도 아니고 반이행 관계도 아니라면, R은 비이행 관계 (nontransitive relation)다.

연습문제

1. 일상에서 사용되는 정언진술들은 정언진술의 표준형식대로 진술되지 않는 일이 많다. 다음 진술들을 정언진술의 표준형식으로 바꾸어보라.

   예: 모든 전주시민은 친절하다. → 모든 전주시민은 친절한 사람이다.

   (1) 고래는 어미의 젖을 먹는다.

   (2) 중국인 아닌 사람만이 한국인이다.

   (3) 어떤 사자도 커피를 마시지 않는다.

   (4) 어떤 네 발 짐승도 휘파람을 불지 않는다.

   (5) 약간의 멧돼지는 거칠다.

2. 다음 정언논증들을 세 가지 규칙에 의거해 타당성을 검사해보라.

   (1) 지리산 등반을 하는 모든 학생은 문학에 관심이 있다.

   　　모든 인문대생은 문학에 관심이 있다.

   ∴　모든 인문대생은 지리산 등반을 하는 학생이다.

   (2) 길진의 친구들 중 약간은 여자다.

   　　길진의 모든 친구는 축구를 좋아한다.

   ∴　약간의 여자는 축구를 좋아한다.

   (3) 기아 타이거즈의 모든 선수는 겨울에 해외전지훈련을 한다.

   　　약간의 20대 선수는 겨울에 해외전지훈련을 하지 않는다.

   ∴　약간의 20대 선수는 기아 타이거즈 선수가 아니다.

(4) 모든 사냥개는 야생의 성질을 가지고 있다.

모든 사냥개가 멧돼지를 사냥하는 것은 아니다.

∴ 야생의 성질을 가진 모든 것이 멧돼지를 사냥하는 것은 아니다.

(5) 모든 야구선수는 운동선수다.

약간의 운동선수는 축구선수다.

∴ 약간의 야구선수는 축구선수다.

(6) 모든 중국인은 차를 마신다.

차를 마시는 모든 사람은 차를 좋아하는 사람이다.

∴ 모든 중국인은 차를 좋아하는 사람이다.

3. 다음 정언논증들을 벤 도법을 이용해 타당성을 검사해보라.

(1) 어떠한 고래도 어류가 아니다.

어떠한 어류도 새가 아니다.

∴ 어떠한 고래도 새가 아니다.

(2) 애국심이 있는 모든 사람은 조국을 위해 몸을 바친다.

약간의 평화주의자는 조국을 위해 몸을 바치지 않는다.

∴ 약간의 평화주의자는 애국심이 있는 사람이 아니다.

(3) 지구상의 모든 물은 달의 인력의 영향을 받는다.

우리 몸속의 모든 피도 지구상의 물이다.

∴ 우리 몸속의 모든 피도 달의 인력의 영향을 받는다.

(4) 결코 실수를 인정하지 않는 완고한 사람은 어느 누구도 훌륭한 선생이
아니다.

제 욕심에 눈이 어두운 약간의 사람은 실수를 결코 인정하지 않는 완
고한 사람이다.

∴ 약간의 훌륭한 선생은 제 욕심에 눈이 어두운 사람이 아니다.

(5) 노조 간부는 모두 노동지도자다.

보수주의자 약간은 노조간부다.

∴ 약간의 노동지도자는 보수주의자다.

(6) 선거에서 이기는 데만 몰두하는 어떤 사람도 진정한 민주주의자가 아
니다.

모든 열성적 정치인은 선거에서 이기는 데만 몰두하는 사람이다.

∴ 어떠한 진정한 민주주의자도 열성적 정치인이 아니다.

4. 다음 관계논증들에서 관계를 나타내는 진술을 전제로 추가한 다음 그 논증
들을 평가해보라.

(1) 우진은 소진보다 작다.

소진은 다혜보다 작다.

∴ 우진은 다혜보다 작다.

(2) 이창호가 창하오를 이겼다.

창하오는 최철한을 이겼다.

∴ 이창호가 최철한을 이길 것이다.

제 18장

귀납논증

귀납논증

- 만일 전제가 옳다면 결론이 옳음직하지만 반드시 옳지는 않다.
- 결론의 내용은 전제에 없는 새로운 내용을 포함한다.

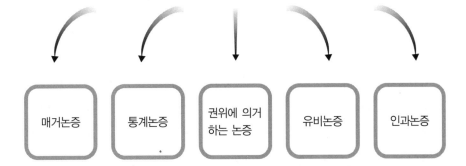

| 매거논증 | 통계논증 | 권위에 의거하는 논증 | 유비논증 | 인과논증 |

연역논증은 우리가 알고 있거나 옳다고 가정하고 있는 전제들로부터 필연적으로 따라 나오는 결론을 이끌어내는 형태의 논증이다. 그래서 전제가 옳다면 결론은 반드시 옳다. 반면에 귀납논증은 우리가 알고 있거나 옳다고 가정하고 있는 전제들로부터 그 전제들에 의해 뒷받침되지만 필연적으로 따라 나오지 않는 결론을 이끌어내는 형태의 논증이다. 그래서 귀납논증은 전제가 옳다면 결론은 옳음직할 뿐 반드시 옳지는 않다. 귀납논증은 연역논증과 달리 전제가 결론에 대해 뒷받침 근거를 제공하기는 하지만 결정적 근거가 아니라 어느 정도의 개연적 근거를 제공할 뿐이다. 그런데도 일상에서 우리는 연역논증보다 귀납논증을 훨씬 더 많이 사용한다. 이제 이 장에서는 기본적인 형태의 귀납논증 몇 가지를 살펴보기로 하자.

1. 매거논증

귀납논증 가운데 가장 기본적인 유형은 매거에 의한 귀납논증(inductive argument by enumeration, 줄여서 "매거논증")이다. 이 논증은 어떤 집합의 일부 원소에서 관찰된 사실을 보고하는 전제를 근거로 삼고, 그 집합에 속하는 모든 원소에 관한 결론을 주장하는 논증이다. 이러한 일반화를 통해 도달한 결론

중에 약간은 어떤 특성을 해당 집합의 개개의 원소 모두에 귀속시키거나 어떤 원소에도 귀속시키지 않는 **보편적 일반진술**(universal generalization)이다. 그러나 어떤 결론은 어떤 특성을 해당 집합의 원소들에 일정 비율로 귀속시키는 **통계적 일반진술**(statistical generalization)인 경우도 많다.

매거 논증의 표준형식은 다음과 같다.

매거논증 표준형식

S의 관찰된 원소들 가운데 N%가 P다.

∴ N%의 S가 P다.

추곡 수매 현장에서는 판정관들이 쌀자루에 특등, 1등, 2등 하는 식으로 등급을 매긴다. 이렇게 등급을 매길 때 판정관들은 쌀자루마다 구멍을 내어 일부의 쌀을 꺼내보고 쌀의 품질을 확인한 다음 그렇게 판정을 내린다. 이때 판정관들은 표본으로 관찰한 쌀이 모두 특등이니까 그 쌀자루의 모든 쌀이 특등이라고 판정을 내리는 것이다.

이 논증을 위 표준형식에 맞추어 정리하면 다음과 같다.

〔논증 1〕

표본으로 관찰한 모든 쌀이 특등이다.

∴ 이 쌀자루의 모든 쌀이 특등이다.

이 경우는 매거논증 표준형식에서 N%가 100%인 경우다. 이처럼 논증 형식의 결론이 "100%의 S가 P다."(즉 "모든 S는 P다.")이거나, "0%의 S가 P다."(즉 "모든 S는 P가 아니다.")라는 형식을 취하면, 그 결론은 보편적 일반진술이다. 하지만 표본으로 관찰한 쌀의 80%가 특등임을 발견하고 나서 쌀자루 속의 쌀 중 80%가 특등이라고 결론을 내리는 경우처럼, 결론이 "어떤 비율의 S는 P다." 형식을 취하는 수도 있다. 이런 경우 N의 값은 100도 0도 아니며, 해당 결론은 통계적 일반진술이 된다.

매거논증과 관련하여 통계학에서는 흔히 표본(sample)과 모집단(population)이라는 용어가 사용된다. 모집단이란 일반화하고 있는 것의 전체집합을 의미한다. 표본이란 해당 집합의 원소들 가운데 실제로 관찰된 원소들이나 실제로 이루어진 관찰을 의미한다. 이 표본과 모집단의 관계는 부분 대 전체의 관계다. 그래서 일반화를 할 때 우리는 표본으로부터 모집단에 이르는 추리를 한다. 공개적인 여론조사는 물론이고 TV 시청률 조사 등은 모두 바로 이런 식의 일반화에 의거한 것이다.

매거논증을 사용할 때 주의해야 할 사항은 다음과 같다.

1) 표본이 충분한가?

매거논증의 신뢰성에 대한 첫 번째 척도는 표본의 크기다. 표본은 전체로서의 그 집단의 정확한 특성을 제시하기에 충분할 정도로 커야 한다. 다른 조건이 같다면 전체적으로 표본이 크면 클수록 결론의 신뢰성도 커진다. 예컨대 쌀자루의 쌀을 검사할 때 쌀알 4~5개 정도를 검사하고 전체에 대해 결론을 내리는 것은 표본의 크기가 너무 작다고 할 수 있다. 이처럼 일반화를 보증할 정도로 충분한 자료가 모아지기 전에 귀납적 일반화를 시도할 때 발생하는 오류를 불충분한 통계의 오류(fallacy of insufficient statistics)라 한다.

2) 표본이 대표적인가?

매거논증의 신뢰성에 대한 또 하나의 척도는 표본의 대표성이다. 만일 표본으로부터 모집단에 대해 신뢰할 만한 결론을 끌어내고자 한다면, 표본은 관련 있는 모든 점에서 모집단과 유사해야 한다. 다시 말해 표본은 모집단의 특성을 반영하는 대표적 표본이라야 한다. 예컨대 선거를 앞둔 여론조사에서 표본을 추출할 때는 유권자들의 종교, 성, 학력, 지역과 같은 특성은 결론과 관련 있는 특징이기 때문에 모집단과 똑같은 비율을 반영해야 한다. 표본이 모집단을 더 잘 반영하면 할수록 그만큼 일반화된 결론의 신뢰도도 높아진다. 대표적 표본일 수 없는 표본을 근거로 삼고 귀납적 일반화를 시도할 때 발생하는 오류는 편향통계의 오류(fallacy of biased statistics)로 알려져 있다.

일반화를 시도할 때 주의해야 할 이 두 가지 사항은 표본의 양과 질에 관련된 것이라 할 수 있다. 다시 말해 표본이 양적으로 너무 작아서 불충분하거나, 질적으로 편향되어 있어서 대표성을 띠기 어려운 경우를 말하고 있다. 이처럼 표본이 충분히 크지 않거나(불충분한 통계) 표본이 편향되어 있어서 대표성이 없는 경우(편향통계) 모두를 통칭하여 보통 성급한 일반화의 오류(fallacy of hasty generalization)를 범했다 한다.

2. 통계논증

통계논증은 매거논증(귀납적 일반화)과는 반대로 귀납적 개별화 논증이라고 할 수 있다. 이 논증은 일반화를 통해 도달한 결론을 다른 논증의 전제로 삼고 진행된다. 예컨대 추곡수매 현장에서 판정관이 표본을 근거로 쌀을 판정하면서 쌀자루 속의 쌀 80%가 특등이라고 판정을 내렸다고 하자. 그러면 그는 다음과 같은 일반화를 통해 그런 결론에 도달했을 것이다.

〔논증 2〕
　　표본으로 관찰한 쌀 80%가 특등이다.
∴ 이 쌀자루의 쌀 80%가 특등이다.

이제 그는 이 논증의 결론을 전제로 하여 다음과 같은 논증을 구성할 수 있다.

〔논증 3〕
　　이 쌀자루의 쌀 80%가 특등이다.
　　이 쌀자루에서 꺼내는 다음 번 쌀은 이 쌀자루 속에 있다.
∴ 이 쌀자루에서 꺼내는 다음 번 쌀은 특등이다.

이 논증의 결론은 전제가 모두 옳다 하더라도 그를 수 있다. 따라서 이 논증은

"만일 전제가 옳다면 결론은 옳음직할 뿐 반드시 옳지는 않은 논증"이라고 정의
했던 귀납논증에 딱 맞아떨어진다. 통계논증의 표준형식은 다음과 같다.

통계논증 표준형식

　　N%의 S가 P다.

　　x는 S다.

∴　x는 P다.

　통계논증은 다른 모든 귀납논증이 그렇듯이 정도 문제가 발생한다. 전제들이
결론에 부여하는 입증의 정도에 차이가 생기는 것이다. 이 통계논증의 정도는 N
의 값의 크기에 달려 있다. N의 값이 100에 가까우면 매우 강한 논증이 된다. 다
시 말해 전제가 결론을 매우 강하게 입증하는 논증이 된다. 그러나 N의 값이 50
에 가까우면 전제가 결론을 거의 입증하지 못하고, 아예 50보다 작게 되면 전제
가 결론을 입증하지 못하는 것은 물론이고 오히려 "x는 P가 아니다."라는 결론을
입증하게 된다.

3. 권위에 의거하는 논증

　우리가 자신의 결론을 뒷받침하기 위해 시도하는 한 가지 방법은 그 결론을 주
장하는 사람이나 기관이나 저작을 인용하는 것이다. 우리는 단군이 우리 민족의
조상이라는 것, 에스키모인은 이글루를 짓는다는 것, 아인슈타인이 상대성이론을
주장했다는 것 등을 아는데, 이는 다른 사람들이 그렇다고 말해주었기 때문이다.
우리 중에 단군이 생존할 때 살아 있었던 사람은 없으며, 에스키모인이나 아인슈
타인을 직접 알고 있는 사람도 거의 없다. 이처럼 넓은 의미에서 권위(authority)
를 승인하는 것은 지식을 얻는 유용한 방법이다.

　우리는 흔히 권위에 호소하는 것은 불합리하다고 생각하기 쉽다. 하지만 이는
참다운 권위와 권위주의를 혼동하는 데서 비롯된 과오다. 권위를 올바르게 사용

하는 것은 어찌 보면 지식을 얻는 데 없어서는 안 될 필수불가결한 요소다. 모든 것을 자신의 직접 경험을 통해 확인해야 한다고 생각해보라. 그렇게 할 수도 없고 그렇게 하는 것이 바람직하지도 않다. 암에 걸린 환자가 전문가인 의사를 제쳐놓고 자신의 병의 상태를 직접 확인한다는 것은 불가능한 일은 아닐지 몰라도 대단히 비효율적인 일임에 틀림없다.

권위에 의거하는 논증은 일단 다음과 같은 형식을 띤다.

> x가 p를 주장한다.
> ∴ p다.

하지만 이런 형식의 논증은 그 자체로는 명백히 올바르지 못한 논증이다. 아무나 p를 주장한다고 해서 그것이 옳다고 할 수는 없을 것이기 때문이다. 이를테면 암이라는 질병과 관련해 전문의가 말하는 경우와 일반인이 말하는 경우는 다를 수밖에 없는 것이다. 따라서 x가 해당 분야의 전문가이거나 권위자라는 사실이 전제되어야만 한다. 그렇다면 이제 권위에 의거하는 논증은 이렇게 바꾸어 쓸 수 있다.

> x는 p에 관해 신뢰할 만한 권위다.
> x가 p를 주장한다.
> ∴ p다.

여기서 "신뢰할 만한 권위"란 해당 권위가 정직하고 해당 주제에 대해 조예가 깊음을 가리킨다. 그래서 권위에 의거하는 논증의 표준형식은 최종적으로 다음과 같이 정리할 수 있다.

권위에 의거하는 논증 표준형식
> x가 주제 S에 관해 주장한 대부분의 진술이 옳다.
> p는 x가 주제 S에 관해 주장하는 진술이다.
> ∴ p다.

이렇게 보면 권위에 의거하는 논증은 2절에서 다룬 통계논증의 특별한 변형임을 알 수 있다. 이 논증은 일반화를 통해 도달한 결론을 다른 논증의 전제로 삼고 진행되는 통계논증의 변형인 것이다. 그렇다면 이 논증 역시 기본적으로 전제가 옳아도 결론이 그를 수 있는 귀납논증임을 주목할 필요가 있다. 따라서 우리가 권위에 의거하는 논증의 결론을 받아들일 때는 신중해야 한다. 권위에 의거하는 논증이 잘못 쓰일 수 있는 방식이 많기 때문이다. 때로 권위는 잘못 인용되거나 잘못 해석될 수 있고, 권위가 단지 매력이나 명성이나 인기만 이용하는 경우도 있고, 전문가가 자신의 전문 분야가 아닌 일을 판정하는 수도 있고, 자신이 증거를 확보할 수 없는 일에 대해 의견을 발표하는 수가 있고, 똑같이 유능한 권위들이 서로 의견이 다른 경우도 있을 수 있다. 따라서 권위에 호소하는 논증을 접할 때에는 면밀한 주의가 필요한데, 이른바 6하 원칙─누가, 언제, 어디서, 무엇을, 어떻게, 왜─에 입각해 검토해보는 것도 한 가지 방법이다. 즉 해당 전문가가 누구인지, 그 주장을 언제 했는지, 어디서 했는지, 무엇을 주장했는지, 어떻게 주장했는지, 그리고 왜 그런 주장을 했는지 등을 꼼꼼히 살피는 것이다.

4. 유비논증

유비논증(argument by analogy)은 유용하지만 때로 위험스러운 귀납논증이다. 이 논증은 일상에서 아주 널리 사용되며, 두 대상 사이의 유사성을 근거로 하고 있다. 전제는 우선 어떤 종류의 대상이 다른 종류의 대상과 몇 가지 점에서 비슷하다고 진술한다. 그 다음에 첫 번째 종류의 대상이 그 밖의 어떤 특성을 갖고 있음을 진술한다. 그런 다음 첫 번째 종류의 대상과 두 번째 종류의 대상이 비슷하니까 두 번째 종류의 대상도 그 특성을 지녔다고 결론짓는다. 예를 들어보자.

> 많은 사람이 흡연과 폐암이 관련이 있을 것이라고 추정하지만, 그 직접적 인과관계에 대해서는 명확히 알려진 바가 없다. 담배에는 적어도 16가지의 발암성 물질이 함유되어 있는 것으로 알려졌지만, 이런 물질들이 폐에 미치는 영향에 대한 심도 있

는 연구가 이루어지지 않았다. 흡연과 폐암의 관계를 밝히려는 실험이 여러 가지 장애 요인, 이를테면 사람을 실험대상으로 했을 때 발생할 수 있는 윤리적 문제, 실험에 소요되는 엄청난 액수의 비용, 장기간의 시간 등의 장애 요인이 있어 실험 자체가 쉽지 않은 까닭이다. 이런 상황을 타개하기 위해 일부 과학자들은 밀폐된 용기 속에 쥐들을 집어넣고 담배 연기를 주입한다. 장기간에 걸쳐 지속적으로 담배 연기를 흡입한 쥐들 중에서 일정한 정도의 비율로 폐암을 비롯한 폐 질병이 나타난다는 것을 확인할 수 있었다고 하자. 이런 경우 과학자들은 흡연이 인간에게도 비슷한 증상을 일으킬 것이라고 결론짓는다.

이 논증은 다음과 같이 정리할 수 있다.

〔논증 4〕
　쥐와 사람은 생리적으로 유사하다.
　장기간에 걸쳐 담배 연기를 흡입한 쥐는 일정 비율로 폐 질환을 일으켰다.
∴ 장기간에 걸쳐 흡연을 한 사람도 일정 비율로 폐 질환을 일으킬 것이다.

이러한 유비논증의 표준형식은 다음과 같다.

유비논증 표준형식
　X는 a, b, c 등에서 Y와 유사하다.
　X가 속성 p를 갖고 있다.
∴ Y도 속성 p를 갖고 있다.

유비논증 역시 귀납논증이므로 강한 논증이 될 수도 있고 약한 논증이 될 수도 있다. 유비논증의 강도는 표준형식의 첫 번째 전제의 내용, 즉 비교되는 두 대상 사이의 유사성에 달려 있다. 그것도 해당 논증과 관련 있는 점에서 얼마나 유사한가 하는 것이 관건이 된다. 예를 들어 추운 겨울 아침에 영관의 차가 시동이 안 걸린다고 했을 때 같은 제조사, 같은 모델, 같은 연도에 나온 차를 구입한 인광의 차도 시동이 잘 안 걸릴 수 있다는 결론은 그런대로 승인할 만하다. 하지만 회사, 모델, 연도가 아니라 차의 색깔이나 창문 수가 같다는 등의 특징을 들어 그런 결론을 내린다면, 그 논증은 상당히 약한 논증이 될 것이다. 요컨대 유비논증은 관련 있는 유사성이 많을수록 강화되고, 관련 있는 차이성이 적을수록 그만큼 약화된다.

좁은 계단으로 피아노를 옮기려 할 때 피아노와 같은 크기의 모형 종이 피아노를 만들어 옮겨본 다음 실제 피아노를 옮기는 경우처럼, 유비논증은 우리가 여러 가지 이유로 실제 직접 관찰이나 실험이 불가능한 경우에 유용하게 사용된다. 그런가 하면 유비논증은 설교나 훈화 등에서 새로운 원리를 이해시키기 위하여 익히 아는 예를 이용함으로써 가르침에 사용되기도 한다.

5. 인과논증

우리 주변에서 일어나는 일을 이해하려 할 때 우리는 흔히 "왜 그 일이 일어났지?"라는 질문을 던진다. 예컨대 추운 겨울 아침에 자동차 시동이 잘 안 걸리면, 우리는 "왜 차 시동이 안 걸리지?"와 같은 질문을 던진다. 이런 경우에 우리는 일어나고 있는 일의 원인이 되는 어떤 요인, 즉 우리가 관찰한 결과를 낳는 어떤 원인이 있다고 가정한다. 이처럼 인과 관계에 관한 정보를 토대로 직접 관찰한 사건이나 대상으로부터 직접 관찰할 수 없는 사건이나 대상을 알아내려 할 때 우리는 인과논증(causal argument)을 사용한다고 한다.

> 얼마 전 탤런트 정다빈 씨의 자살 사건은 그를 아끼는 팬들은 물론 많은 사람에게 충격을 던져주었다. 남자친구 집에서 목을 매어 자살한 것으로 알려진 정다빈 씨는 가족들의 자살 의혹 제기로 결국 국과수에서 부검을 실시하였다. 이런 경우 담당 의사는 폐와 위장 속의 물질을 조사하고, 혈액을 분석하고, 다른 여러 기관을 검사하고, 신체 여러 부위를 면밀히 검사한다. 정다빈 씨의 경우에 이런 절차를 거친 후에 담당 의사는 별다른 타살 흔적을 찾을 수 없다는 결론을 내렸고, 결국 이 사건은 정다빈 씨의 자살로 결론지어졌다.

이 예는 관찰된 결과를 근거로 하여 원인을 추리하고 있는 인과논증의 예다. 이와 반대로 원인을 관찰한 다음 이를 근거로 결과를 추리하는 경우도 있다.

> 오전부터 푹푹 찌는 무더위가 계속되면서 사람을 짜증나게 한다. 지현은 자신이 알고 있는 인과적 지식을 근거로 하여 비가 올 것 같다고 추리한다.

일반적으로 말하면 인과논증은 우리에게 설명력(explanatory power)과 예측력(predictive power)을 제공해준다. 우리는 인과논증을 통해 일어난 일들이 왜 일어나는지를 이해할 수 있고, 앞으로 어떤 일이 일어날지를 예측할 수 있다. 그래서 원하는 결과나 바람직한 결과를 이루고 싶으면 우리는 그런 결과를 만들어낼 수 있도록 원인 조건들을 어느 정도 조절할 수 있다. 반면에 바람직하지 못한 결과는 사전에 원인 조건들을 조절해 그런 결과를 방지할 수 있다. 이런 경우 모두에 바로 우리는 인과논증을 이용해 그렇게 한다.

인과논증은 그 논증의 신뢰성 여부가 그 논증을 전개하는 사람의 목적에 관계없이 어떤 인과 관계가 실제로 있는가 없는가에 달려 있다. 그래서 실제로는 인과관계가 없는데도 인과관계가 있는 것처럼 착각할 때 발생하는 오류를 흔히 선후인과의 오류(*post hoc fallacy*)라 한다. 이 오류는 두 사건이 어쩌다 우연의 일치로 시간적 선후 관계에 있다는 것을 알고 나서 두 사건 사이에 필연적 인과관계가 있다고 결론내릴 때 발생하는 오류이다. 잘못된 미신이나 속설, 잘못된 의학상식 등은 바로 이 선후인과의 오류에 바탕을 두고 있다.

예컨대 고대 마야족은 그들의 위대한 신 차크(Chaac)가 비를 지배한다고 믿었다. 마야족은 옥수수 수확이 비에 달려 있다는 것을 알았다. 반복된 관찰을 통해 그들은 비가 내리지 않으면 옥수수도 거의 나지 않는다는 것을 알았다. 그렇다면 비가 내리지 않을 때 그들은 어떻게 행동했을까? 마야족의 사제들은 인간 제물을 가지고 실험을 했다. 그리하여 가뭄이 닥칠 때마다 인간 제물, 특히 처녀들을 세노테(cenote, 연못과 우물의 중간쯤 되는 저수시설로 비의 신 차크가 이곳에 산다고 믿음)에 던져 익사시켰다. 기본 발상은 차크를 달래어 처녀들을 취하도록 하고, 그 처녀들의 특수한 물 항아리를 이용하여 그들 아래로 물을 쏟아 붓게 한다는 것이었다. 그래서 어떤 일이 일어났는가? 약간의 제물을 바친 후에는 비가 내렸다. 그래서 그들은 제물이 효과가 있었다고 했다. 따라서 그 뒤에도 비가 오지 않을 때는 사람을 제물로 바치라는 것이 방책이 되었다. 그들은 한 사건 다음에 다음 사건이 이어지기 때문에 두 사건이 원인과 결과로 관계를 맺고 있음에 틀림없다고 가정한 것이다. 비가 전혀 내리지 않았다. 그래서 그들은 사람들을 세노테에 던졌다. 그러자 마침내 비가 내렸다. 그래서 마야족은 다음과 같은 일반 원칙을 끌어냈다. 즉 가뭄이 닥치면 사람을 죽여라.

한편 설령 어떤 인과 관계가 실제로 성립해 있다 할지라도 원인과 결과의 관계에 대해 잘못 생각할 경우에도 오류가 발생할 수 있다. 이 오류는 A와 B가 인과적으로 관계가 있다는 사실을 근거로 삼고, A가 B를 일으킨다는 결론을 내리는 형태를 취한다. 이 오류는 보통 인과 혼동의 오류(fallacy of confusing an effect with a cause)라 한다. 이 인과 혼동의 오류는 인과관계로 연결된 두 사건 사이의 유형이 다음과 같은 세 가지 형태가 있을 수 있다는 사실에서 기인한다.

① A가 B를 일으킨다.
② B가 A를 일으킨다.
③ A와 B 둘 다 공통 원인 C에 의해 일어난다.

인과 혼동의 오류는 두 가지 방식으로 일어난다. 첫 번째 방식은 두 사건 사이에 직접 인과관계가 있다 하더라도 원인을 결과로 혼동하거나 결과를 원인으로 혼동하는 경우다. 예컨대 20대의 결혼율을 조사하다가 결혼율이 저조할수록 20대의 저조한 취업률이 나타나는 현상을 관찰했다고 하자. 이때 조사자는 결혼율 저조가 저조한 취업의 원인이라고 결론내릴 수 있는데, 이는 오류일 것이다. 왜냐

표 18.1　인과관계의 유형

하면 조사자는 결과(저조한 결혼율)를 원인(낮은 취업률)으로 착각했을 수 있기 때문이다.

인과 혼동의 오류의 두 번째 방식은 두 사건이 인과적으로 관련이 있긴 하지만 서로 원인, 또는 서로 결과의 관계는 아닐 때 발생한다. 즉 두 사건 사이에 인과관계가 있는 것이 아니라 두 사건 모두 제3의 사건의 결과일 수 있다. 세찬 비가 쏟아지면서 찬바람이 불 때의 기상 조건은 온도계 눈금이 내려가는 일과 강물이 불어나는 일의 원인일 수 있다. 온도계 눈금이 내려가는 사건은 강물이 불어나는 사건의 원인이 아니며, 강물이 불어나는 사건이 온도계 눈금이 내려가는 사건의 원인도 아니다. 그런데도 마치 강물이 불어난 것이 온도계 눈금이 내려간 것의 원인이라거나, 또는 온도계 눈금이 내려간 것이 강물이 불어난 것의 원인인 것처럼 생각하면 인과 혼동의 오류를 범하는 것이다.

지금까지 살펴본 형태의 논증들은 귀납논증의 몇 가지 기본적 형태에 불과하다. 명심할 것은 연역논증과 달리 귀납논증이 필연성이 아니라 개연성을 가질 뿐이라는 것이다. 그래서 전제가 옳다고 해도 결론은 옳음직할 뿐 반드시 옳지는 않다는 것이 귀납논증의 특징임을 알아야 한다. 따라서 우리는 전제가 결론에 부여하는 입증력에 정도가 발생한다는 것을 기억하면서 이 전제들의 신뢰성에 대해 각별한 주의를 기울일 필요가 있다고 하겠다.

연습문제

1. 다음 진술들은 귀납논증을 통해 도달한 결론들이다. 어떤 형태의 귀납논증을 통해 도달했는지 말해보라.
   (1) 최근 한 여론조사기구는 한국의 20대 남녀 51%가 혼전 성 경험이 있다고 보고했다.
   (2) 이번 학기 학과 MT 행사에서 10명 학생의 식중독 사건은 점심 때 먹은 상한 돼지찌개 때문일 것이다.

(3) 끔찍한 질병 에이즈는 치료 불가능한 복합 바이러스에 의해 야기된다.

(4) 대학 졸업자가 고등학교 졸업자보다 평생 동안 평균적으로 5억 원 정도를 더 벌 것이다.

(5) 로마 가톨릭에서 낙태를 금하는 것을 보니 낙태는 잘못된 일임에 틀림없다.

2. 다음 논증들에 대해 논평해보라. 논증이 올바르다고 생각하는가? 왜 그런가, 또는 왜 안 그런가?

(1) 내 주변의 남학생들은 나의 감정에 대해 진심으로 관심을 갖고 있지 않는 것 같다. 그러니 남자는 모두 둔감하고 이기적이다.

(2) 나는 자동차의 용량과 주행거리의 관계에 대해 나 자신의 경험은 물론이고 많은 자동차 관련 서적들을 조사했다. 그래서 나는 큰 차들이 작은 차들보다 주행거리가 짧다고 결론짓는다.

(3) 아인슈타인은 상대성 이론을 주장하여 일약 세계적 물리학자가 된 사람이다. 그는 모든 것이 상대적이라는 것을 증명했다. 따라서 우리나라의 오랜 관습이랄 수 있는 개고기 먹는 문화에 대해서도 우리의 특수한 문화를 고려해 판단하지 않는 한 잘못된 일이라고 말할 수 없다.

(4) 세계의 어떠한 문화와 문명 속에서도 인류는 어떤 종류의 신이 실제로 있다고 믿어 왔다. 그러므로 초자연적 존재로서의 신이 실제로 있음에 틀림없다.

(5) 선사시대 인류 주거지를 발굴하던 고고학자들은 모양이 비슷한 돌들을 발견하였다. 그 돌들은 사람의 손으로 가공하지 않았다면 이루어질 수 없는 모양을 하고 있었다. 그 돌들에는 자루는 없었지만 오늘날 원시인들이 사용하는 도끼의 머리와 비슷했다. 그래서 고고학자들은 이 돌들이 우리의 원시 조상들이 도끼로 사용했던 돌이라고 결론짓는다.

3. 다음 상황에서 어떤 논증들이 전개되었는지 찾아보고, 어떤 오류를 범했는지 말해보라.

(1) 1692년 세일럼 마녀재판에서 다음과 같은 일이 일어났다. 한 농부의 마차가 괴상한 어떤 노파의 집을 지나 3마일 떨어진 지점에서 바퀴가 빠졌기 때문에 법원은 그 노파를 마녀라고 추정했다. 법원은 그 노파가 어쨌든 마차의 바퀴를 빠지게 했다고 추정했다. 3마일 떨어져 있었으므로 그런 짓을 할 때 노파는 마법을 이용했음에 틀림없었다. 그리고 만일 노파가 마법을 사용했다면, 그녀는 마녀임에 틀림없었다. 따라서 법원은 노파에게 사형을 선고했다.

(2) 의사들이 진단을 내리고 치료책을 처방한 뒤에 환자의 증상이 사라지는 경우가 많다. 하지만 어떤 약을 복용하고 그에 이어 치료가 되었다는 단순한 사실은 한 사건이 다른 사건 뒤에 일어났다는 것 외에는 아무 것도 증명하는 것이 없다. 약은 전혀 쓸모가 없는 경우도 많으며, 건강이 회복된 것은 자연적 요인 탓일 수도 있다. 많은 경우에 중시되던 의학적 치료가 효과가 없을 뿐만 아니라 해롭기까지 하다. 미국의 16대 대통령 링컨은 자신이 우울증 치료제로 복용하고 있는 푸른색 알약이 자신을 더 아프게 하고 있다고 생각했으며, 그래서 약 복용을 중단했다. 그 약은 수은염이었다. 이제 우리는 그 약이 독성이 있으며, 링컨의 병에 대해 아무 효과도 없다는 것을 안다.

(3) 현대 도시생활의 외양 배후에는 오래된 똑같은 털 없는 원숭이가 있다. 이름만 바뀌었을 뿐이다. '사냥'은 '노동'으로, '본거지'는 '집'으로, '짝짓기'는 '결혼'으로, '짝'은 '아내' 등으로 해석된다.

                                   —데즈먼드 모리스, 『털 없는 원숭이』

제 **19**장

그릇된 논증: 일상적 오류

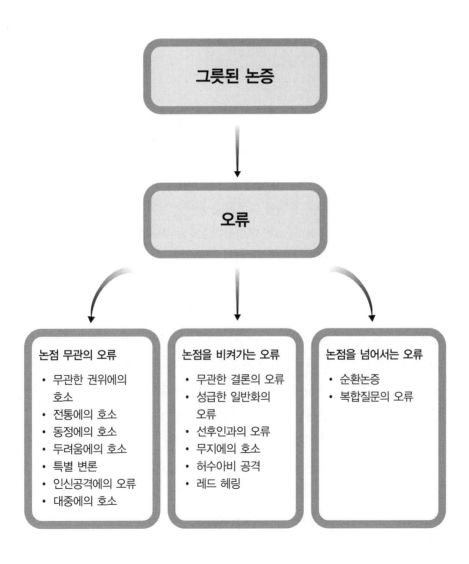

그릇된 논증

↓

오류

논점 무관의 오류
- 무관한 권위에의 호소
- 전통에의 호소
- 동정에의 호소
- 두려움에의 호소
- 특별 변론
- 인신공격에의 오류
- 대중에의 호소

논점을 비켜가는 오류
- 무관한 결론의 오류
- 성급한 일반화의 오류
- 선후인과의 오류
- 무지에의 호소
- 허수아비 공격
- 레드 헤링

논점을 넘어서는 오류
- 순환논증
- 복합질문의 오류

1. 그릇된 논증: 오류

16장에서 우리는 논증을 연역논증, 귀납논증, 그릇된 논증으로 분류했었다. 연역논증이란 연역적으로 타당한 논증의 줄임말이고, 귀납논증이란 귀납적으로 올바른 논증의 줄임말이었다. 반면에 그릇된 논증이란 전제가 결론을 거의 또는 전혀 입증하지 못하는 논증이다. 그래서 연역적으로는 부당하고 귀납적으로는 올바르지 못한 논증을 지칭한다. 이제 여기서는 이 그릇된 논증들 가운데 특별히 오류(fallacy)로 알려진 그릇된 논증을 살펴볼 차례다.

그릇된 논증은 전제가 결론을 거의 또는 전혀 입증하지 못하는 논증이다. 이런 논증들 가운데 겉보기에 그럴듯해 보이는 논증을 일컬어 오류라 한다. 겉보기에 그럴듯해 보인다는 말은 실제로는 좋은 논증이 못되지만 얼핏 보기에 타당하거나 올바른 것처럼 보이기 때문에 설득력 있어 보인다는 말이다. 이런 오류들 가운데 일부는 앞에 나오는 장들에서 이미 몇 가지를 소개했었다.

오류와 관련하여 우선 지적할 사항은 오류가 일상의 어법과 달리 "논증"이라는 사실이다. 그래서 어떤 오류에 대해 "그르다"거나 "틀렸다"라고 말하는 것은 의미가 없다. 이는 논증에 대해 그렇게 말하는 것이 무의미한 것과 마찬가지 이유에서다. "그르다"는 말은 진술에 대해 적용되는 말이지 논증에 대해 적용되는 말이 아니기 때문이다. 논증에 대해서는 어디까지나 "부당하다"거나 "올바르지 않다"고 해야 하는데, 오류가 바로 이에 해당한다. 그래서 오류란 기본적으로 부당하거나 올바르지 못한 논증으로 겉보기에만 타당하거나 올바른 것처럼 보이는 논증이다. 겉보기에 그럴듯하다는 점으로 인해 우리는 이런 오류 논증의 결론을 받아들이기 쉽다. 따라서 비판적인 논리적 사고를 위해서는 중요한 유형의 오류를 알아두면 편리하다.

그렇지만 오류를 체계적으로 분류하기란 실제로는 매우 어렵다. 최초로 논리학을 체계적으로 연구한 것으로 전해지는 그리스 철학자 아리스토텔레스는 우리가 흔히 범하는 오류들의 목록을 작성하기 시작하였다. 그 후 많은 논리학자가 아리스토텔레스를 모방하여 그런 목록을 작성하였다. 하지만 논리학자들의 그런 목록 대부분은 학자들마다 서로 다를 뿐만 아니라 쉽게 다룰 수 없을 정도로 길게 나열되어 있고, 별로 체계적으로 조직화되어 있지도 못하다. 어떤 목록은 논증적 오류가 아닌 것까지 포함시키고 있고, 어떤 목록은 서로 중복되어 있는 경우도 있다. 그래서 여기서는 완벽한 분류를 제시하는 일을 포기하고, "논점"을 기준으로 논점 무관의 오류, 논점을 비켜가는 오류, 논점을 넘어서는 오류로 나누어 몇 가지 기본 형태를 설명하기로 하겠다.

2. 논점 무관의 오류

논점 무관의 오류는 전제와 결론 사이에 아무런 실제적 연관 관계가 없는데도 관계가 있는 것처럼 내세워지기 때문에 발생하는 오류다. 논점 무관의 오류들 중에는 우리의 감정에 호소하는 것이 많다.

1) 무관하거나 의심스러운 권위에의 호소

권위에 의거하는 논증을 잘 이용하면 괜찮다. 하지만 권위자나 전문가의 권위를 해당 분야가 아닌 다른 분야에까지 연장하면 오류가 발생한다. 유명 연예인이나 운동선수가 그들의 전문 분야와 관련 없는 어떤 제품의 광고에 등장하거나, 핵물리학자가 종교적 주장을 입증하는 데 거명되는 경우에 이런 오류가 발생한다. 아인슈타인은 물리학에서는 뛰어난 권위지만, 물리학 이외의 영역에서까지 훌륭한 권위인 것은 아니다. 실제로 아인슈타인은 물리학을 벗어나 사회 윤리적 문제에 대해서도 많은 발언을 했는데, 물리학자로서의 그의 권위가 이런 문제에까지 연장되는 것은 아니다.

2) 전통에의 호소

이 오류는 어떤 관행이나 사고방식이 단지 더 오래되었기 때문에, 전통적이기 때문에, 또는 "언제나 그런 식으로 행해졌기" 때문에 "더 좋다" 또는 "더 올바르다"고 주장한다. 이 오류는 적절한 증거를 제시하는 것이 아니라 자기의 주장이나 관점을 지지해 주는 전통에 대한 존중심에 호소함으로써 다른 사람을 설득하려 하는 오류다.

> 충실아, 우리 가족은 지금도 그렇지만 언제나 기독교도였단다. 너의 할아버지는 목사이셨고, 너의 두 삼촌도 모두 목사란다. 또 너의 외가 식구 역시 모두 교회에 나가지 않니? 나는 네가 감히 어떻게 교회를 그만 다니겠다고 하는지 이해할 수가 없구나.

3) 동정에의 호소

증거를 제시하는 대신 동정심에 호소해서 다른 사람을 어떤 관점으로 설득하고자 하는 논증이다. 동정에 호소하는 논증은 결론을 뒷받침하기 위해 제시된 이유들이 실제로 옳을 수 있다. 하지만 그 이유들은 결론과 관련이 없다. 결론을 뒷받침하는 증거를 제시하는 대신 그 이유들은 우리로 하여금 당사자에 대해 가엾게 느끼도록 만들고, 그래서 동정심에서 결론에 동의하게 만든다.

> 제가 과제물을 완성하지 못했다는 걸 알지만 정말이지 교수님께서 너그러이 봐 주셨으면 합니다. 이번 학기가 제게는 특히 힘들었습니다. 오랫동안 병석에 계시던 아버지가 돌아가셨고, 저는 저대로 학비를 벌기 위해 아르바이트로 정신이 없었지요. 몸도 안 좋아 학기 내내 감기를 달고 살았습니다. 게다가 형은 음주운전 사고로 구속되었어요.

4) 두려움에의 호소

증거를 제시하는 대신 바람직하지 않은 결말을 초래하게 되리라고 위협함으로써 결론을 받아들이게 하려는 논증이다.

> 나는 이대리가 임금을 인상해달라고 할 자격이 있는지 의심스럽네. 누가 뭐라고 해도 이대리가 받는 봉급으로 만족할 사람들은 많지 않은가. 이대리가 정말로 저임금을 받고 있다고 생각한다면, 나는 기꺼이 이런 사람들을 면담해볼 작정이네.

5) 특별 변론

이 오류는 합리적인 정당성 없이 누군가가 표준이나 원칙의 적용에 대해 자신을 특별한 예외로 만들려 할 때 발생한다. "어쩌면 나는 나 자신의 개인 용도로 금고의 돈을 쓰면 안 되겠지만, 누가 뭐라고 해도 나는 이 단체의 회장 아닌가." 와 같은 경우에 바로 이 오류를 범하고 있다.

6) 인신공격의 오류

인신공격의 오류는 상대방의 입장이나 논증을 그 근거가 부실하다는 이유로 비판하는 것이 아니라 상대방의 인품, 성격, 직업, 과거 행적 등 개인 신상을 공격함으로써 발생하는 오류다.

> 새롬: 김환경 교수님께서 그러시는데, 우리가 제대로 생존하려면 지구의 환경 문제를 최우선으로 생각해야 한 대.
> 나라: 그 자식이 뭘 알아? 그 자식은 자기 옷도 빨아 입지 않잖아. 그 집 가봤니? 방이고 거실이고 온통 쓰레기 투성이야.

이 논증은 환경 문제가 최우선으로 중요하다는 주장에 대해 답하고 있는 것이 아니라 김환경 교수의 개인 습관을 들어 공격하고 있다.

7) 대중에의 호소

대중에의 호소는 어떤 주장에 대한 타당한 이유를 제시하는 대신 대중의 편견, 군중심리, 열광에 호소하여 그 주장을 옳다고 주장하거나, 많은 사람이 그 주장을 받아들인다는 이유로 그 주장을 옳다고 주장하는 오류다. 우리는 대중적이지 못한 견해를 지녔을 때 많은 "사회적 압력"을 경험한다. 예컨대 친구들로부터 조롱을 받거나 퇴짜를 받게 되는 상황에서 우리는 종종 의견을 바꾼다. 이런 경우에 우리는 "밴드왜건에 올라타려는"(시류에 영합하려는) 욕구나 충동에 의해 영향을 받게 되고, 급기야 자신이 길 한켠으로 방치되는 것을 피하려 한다. 이런 일은 선거를 앞두고 행해지는 여론조사에서 그 예를 쉽게 찾아볼 수 있다. 한 후보가 후보 대열의 맨 선두에 있음을 보여주는 여론조사는 밴드왜건 효과를 강화시킨다. 유권자들은 이기는 편에 서기를 좋아하며, 결정을 못 내린 유권자들은 재빨리 선두 주자라고 생각되는 후보 쪽으로 옮기는 일이 많다. 따라서 대중에의 호소 오류는 밴드왜건 효과 오류(fallacy of bandwagon effect)라고도 불린다.

- 나는 보신탕이 내가 가장 좋아하는 음식이라고 생각했다. 하지만 내 친구들은 모두 미개인만이 보신탕을 즐긴다고 말하곤 했다. 그래서 나는 보신탕 먹는 것을 중단했다.
- 최근 각 여론조사 기관들의 조사를 보면 피조사자 중 70%가 앞으로 6개월 내에 경제가 회복되지 않을 것이라고 믿는다. 그러니 내가 틀렸음에 틀림없다.

3. 논점을 비켜가는 오류

이 오류에서는 전제가 어떤 결론을 증명하지만 전제가 증명하는 것처럼 보이는 것은 그 결론이 아니다. 이런 논증은 흔히 실제로 증명된 것과 증명되었다고 가정된 것을 혼동하기 쉽기 때문에 설득력이 있다. 이 오류는 논점 전환의 오류라고도 할 수 있다.

1) 무관한 결론의 오류

누군가가 여성이 착취 받고 있으며, 차별대우를 받고 있다고 주장한다고 하자. 이에 대한 반론으로 많은 여성이 자신이 착취를 받거나 차별대우를 받고 있다고 느끼지 않는다는 것을 증명하는 조사 결과와 증거를 제시했다고 하자. 이 대답은 두 가지 점에서 논점을 비켜가고 있다. 첫째, 많은 여성이 착취를 받거나 차별대우를 받는다고 느끼지 않는다는 사실은 다른 많은 여성이 그렇게 느낀다는 사실의 가능성을 열어놓고 있다. 둘째, 설령 대부분의 여성이 착취를 받거나 차별대우를 받고 있지 않다고 느낀다 할지라도, 그들의 느낌은 그들이 실제로 착취를 받거나 차별대우를 받고 있지 않다는 사실에 대한 증명은 못된다. 이런 경우 증거로 제시된 전제는 결론의 옳음과 무관하다.

2) 성급한 일반화의 오류

이 오류는 귀납적 일반화와 관련하여 이미 설명한 바 있다. 이 오류는 흔히 어떤 집합의 약간의 원소에 관한 사실만을 입증해놓고 그 집합의 모든 원소에 관한 사실을 입증한다고 주장할 때 발생한다. 성급한 일반화의 오류가 발생하는 방식은 두 가지인데, 하나는 양적으로 매우 작은 표본에 의존하거나(불충분한 통계의 오류), 질적으로 대표성이 없이 편향된 표본을 추출할 때(편향 통계의 오류) 발생한다.

3) 선후인과의 오류

이 오류도 앞 장에서 이미 설명한 바 있다. 이 논증은 기껏해야 결론이 옳을 개연성(확률)을 입증하는 정도의 논증인데도 마치 확실성을 보증하는 것처럼 취급할 때 발생한다. 이 오류는 우연히 시간적 선후 관계에 있는 두 사건을 필연적인 인과관계에 있는 것으로 취급할 때 발생한다. 아기는 거의 모두 걷는 걸 배우기 전에 이가 나지만 이가 나는 것이 걷는 것의 원인은 아니다.

4) 무지에의 호소

너는 신을 믿지 않는다고 했지? 하지만 신이 실존하지 않는다는 것을 증명할 수

> 있어? 증명할 수 없다면, 너는 신이 실존한다는 결론을 받아들여야 해.

이 오류는 기껏해야 결론이 반증되지 않았다는 것을 증명하는 논증을 가지고 그 결론이 옳다는 것을 증명하기 위하여 사용하는 오류다. 이 논증은 결론을 증명하는 것이 그 논증을 제시한 사람의 책임이기 때문에 올바르지 않다. 누군가가 "백두산 천지에 괴물이 없다는 것을 증명하려는 모든 시도가 실패하였다. 그러므로 백두산 천지에 괴물이 있다."고 주장한다고 하자. 이 경우 백두산 천지에 괴물이 있다는 것을 반증하려는 모든 시도가 성공하지 못했다 하더라도, 우리가 내려야 할 결론은 여전히 의심의 여지가 있다는 것이지 괴물의 존재가 증명되었다는 것이 아닌 것이다.

5) 허수아비 공격

이 오류는 그 이름을 시각적으로 떠올리면 쉽게 이해가 된다. 상대방의 원래 논증을 살아 있는 인간이라고 한다면, 허수아비는 그 논증 대신에 제시된 논증을 풍자적으로 표현하는 은유다. 진짜 논증 대신 가짜 논증에 해당하는 허수아비를 무너뜨려놓고 진짜 논증이 무너진 것처럼 만들려는 오류다. 하지만 어떤 입장을 비판할 때는 그 입장을 제시한 상대방의 입장에서 그 입장을 가능한 한 강하게 대변하는 것이 공평하다.

> 열우: 나는 돈 낭비라고 생각하기 때문에 북한의 핵에 대항하는 미사일 방어체제에 반대해.
>
> 한나: 그럼 너는 국가 안보를 해치고 나라를 무방비 상태로 두고 싶어 하는구나. 진담이야?

이 오류에 대처하는 방법은 허수아비가 나의 입장의 정확한 대변자가 아님을 지적하는 것이다. 예를 들어 한나는 "오히려 나는 국가 안보에 관심이 많아. 거의 쓸모가 없는 미사일 방어체제에 낭비할 돈을 조직폭력배의 위협에 대처하는 데 쓸 수 있는데, 이것은 미사일 공격보다 훨씬 더 심각한 위협이야."라고 말할 수 있을 것이다.

6) 레드 헤링

이 오류는 관련 없는 주제를 끌어들임으로써 원래 논점으로부터 주의를 흩뜨리거나 전환시키기 위해 사용되는 오류다. 레드 헤링(red herring)은 훈제 청어란 뜻으로 18세기 유럽에서 냄새가 지독한 이 생선을 사냥개를 훈련시킬 때 여우가 다니는 길에 놓아두어 개를 훈련시키는 데 썼던 데서 유래했다. 한편으로는 사냥감을 쫓던 개가 그 냄새를 맡고 나면 사냥감을 놓친다고 해서 논쟁에 휘말린 사람이 위기를 모면하기 위해 엉뚱한 데로 상대방의 관심을 돌려 논점을 흐리게 하는 기법이다.

> 한명근: 우동근 의원, 당신이 대통령에 당선되면 같이 일해야 할 국회가 별로 협조적이지 않을 것 같은데요.
>
> 우동근: 글쎄요. 내가 당선되면 의원들 중 절반은 심장마비로 쓰러질 겁니다. 내 문제의 절반은 해결되는 셈이지요.

4. 논점을 넘어서는 오류

논점을 넘어서는 오류는 논점이 증명되었다고 가정한 다음 이 가정을 근거로 하여 또 다른 결론을 도출해내는 오류다. 이 오류는 결론이 전제에 의해 명확하게 증명되지 않았는데도 불구하고 실제로는 결론의 옳음을 가정하고 상대방으로 하여금 어떤 방식으로든 그 결론을 승인하도록 '구걸' 한다. 따라서 이처럼 논점을 넘어서는 오류는 흔히 선결문제 요구의 오류(begging the question)라 불린다.

1) 순환논증

순환논증(circular argument)은 명시적으로나 암암리에 논증의 결론 자체를 전제의 일부로 사용한다. 따라서 순환논증은 증명을 제시하는 것이 아니라 결론을 다른 방식으로 주장하고 있을 뿐이다. 이렇게 함으로써 상대방으로 하여금 증명되지 않은 것을 증명된 것처럼 승인하도록 유도한다. 순환논증에서는 결론이 전제로 나타날 때 그 전제가 대개는 결론과 다른 말로 진술되기 때문에 결론이 전제로 사용되었다는 사실을 알아차리기가 쉽지 않다. 하지만 아무리 복잡한 순환논증이라 하더라도 기본 구조는 "p가 옳다. 왜냐하면 p이기 때문이다."로 되어 있다.

> "저쪽에는. …" 고양이가 오른발을 돌려 흔들면서 말했다. "모자 장사가 살고 있지. 그리고 저쪽에는 3월 토끼가 살고 있어. 가고 싶은 대로 가보렴. 둘 다 미치광이지만."
>
> "하지만 난 미치광이들이 있는 곳엔 가고 싶지 않아." 앨리스가 말했다.
>
> "어쩔 수 없을 걸." 고양이가 말했다. "여기서는 우리 모두가 미치광이니까 말이야. 나도 미치광이, 너도 미치광이야."
>
> "내가 미치광이라는 걸 어떻게 알아?" 앨리스가 말했다.
>
> "미치광이임에 틀림없어." 고양이가 말했다. "그렇지 않았으면 여기 오지 않았을 테니까."
>
> 앨리스는 그 말이 증명되었다고는 전혀 생각하지 않았다.
>
> ― 루이스 캐럴, 『이상한 나라의 앨리스』

여기서 고양이는 다음과 같이 주장하고 있다.

여기 있는 모든 동물은 미치광이다.
앨리스는 여기 있는 동물이다.
∴ 앨리스는 미치광이다.

하지만 고양이의 말을 잘 살펴보면 "여기 있는 동물"은 곧 "미치광이"를 뜻하고 있음을 알 수 있다. 따라서 위 논증은 다음과 같이 재구성할 수 있다.

모든 미치광이는 미치광이다.

앨리스는 미치광이다.

∴ 앨리스는 미치광이다.

첫 번째 전제는 하나마나한 주장이다. 그래서 두 번째 전제와 결론을 가지고 생각하면 고양이의 논증은 결국 "p, 그러므로 p."라는 형식을 띠게 되어 전형적인 순환논증이 된다. 다시 말해서 고양이는 앨리스가 왜 미치광이인지 전혀 증명하지 않은 채로 같은 주장을 반복하고 있을 뿐이다.

2) 복합질문

복합질문의 오류(fallacy of complex question)는 엄밀히 말하면 논증적 오류는 아니다. 이 오류는 어떻게 대답하든 대답하는 사람이 수긍할 수 없거나 수긍하고 싶지 않은 내용을 수긍하는 결과를 낳는 것을 목적으로 한다. 이 오류는 의심스럽거나 불확실한 가정을 옳다고 가정한다는 점에서 선결문제 요구의 오류를 범하고 있는 것이다.

이 오류의 가장 흔한 형태는 하나의 질문을 통해 두 가지를 묻는 것이다. 소진이 진규를 만나 묻는다. "너는 요즘도 동생을 때리니?" 이런 경우 소진은 과거에 진규가 동생을 때렸었다는 것을 가정하고 있는데, 진규 입장에서 과거에 그런 적이 없다면 황당한 질문이 될 것이다. "왜 부모가 이혼한 가정의 어린이는 이혼하지 않은 가정의 어린이보다 정서적으로 불안정한가?"와 같은 질문 역시 복합질문의 오류를 범하고 있다.

연습문제

1. 다음 논증들이 어떤 오류를 범했는지 말해보라.

   (1) 이회창 씨가 왜 대통령 선거에서 졌나요?

   그것도 몰라? 표를 충분히 못 얻었기 때문이지.

(2) 결국 빌라도가 밖으로 나와 그들에게 "너희는 이 사람을 무슨 죄로 고발하느냐?"라고 물었다. 그들은 빌라도에게 "이 사람이 죄인이 아니라면 우리가 총독님께 넘기지 않았을 것입니다."라고 대답하였다.(요한복음 18장 29~30절)

(3) 소득이 있는 곳은 어디서나 세금을 내야 합니다. 물론 우리 의사들도 당연히 세금을 내야 하지요. 하지만 우리 의사들이 그 동안 국민의 건강과 생명을 지키기 위해 한 일을 생각해 보셨나요? 의사들이 없었다면 수많은 국민들이 지금처럼 건강하고 편안하게 지낼 수 없었을 것입니다. 열악한 근무 환경에서도 묵묵히 환자를 돌보고, 한밤중에도 호출되어 달려 나가는 일이 허다하지요. 가족과의 안락한 시간이란 거의 생각할 수도 없단 말입니다. 그러니 우리 의사들에게는 세금을 어느 정도 감면해주는 것이 당연하단 말씀입니다.

(4) 만일 선탠이 정말로 안전하지 않다면, 무수히 많은 사람이 그토록 선탠을 하지는 않을 것이다. 그러니 선탠은 안전하다.

(5) 우리의 제안을 거절한다고? 난 자네가 어디 사는지 알고 있어. 자네 귀여운 아들놈이 다니는 유치원도 알고 있지. 자네 집으로 들어가는 골목길이 인적이 드문 곳이더구먼. 잘 생각해보더라고.

(6) 이번 달에 팔아야 할 물건을 너무 못 팔고 있는 상태입니다. 나는 매상을 올려야 합니다. 제발 부탁이니 이 TV를 좀 사 주세요. 아내가 병석에 있고, 아들놈 유치원 보낼 돈도 없답니다.

(7) 기자: A 후보님, 북한 핵문제를 처리하기에는 후보님께서 나이가 너무 드신 것 아닙니까?
대통령: 천만에요. 그리고 나는 상대 후보의 젊음과 미숙함을 이용하지 않을 생각입니다.

(8) 「리터러리 다이제스트」(Literary Digest)는 1936년 공화당의 대통령후보 란든(Alf Landon)이 민주당 후보 루즈벨트(Franklin D. Roosevelt)를 압도적으로 패배시킬 것이라고 예측했다가 결국 문을 닫았다. 압도적 승리가 반대쪽에 돌아갔던 것이다. 리터러리 다이제스

트는 선거인들에게 1,000만 장의 설문용지를 우송했는데, 그 중 약 230만 장이 돌아왔다. 이때 표본으로 선택된 1,000만 명은 주로 자동차 등록자와 전화 가입자 명부에서 골랐다. 나중에 조사해보니 전화가입자의 59%와 자동차 소유자의 56%가 란든을 지지했던 반면에 정부 구호를 받고 있는 사람들은 18%만 란든을 지지한 것으로 밝혀졌다.

(9) 에이즈에 걸린 사람 중에는 미혼 남성보다 기혼 남성이 더 많다. 그러므로 기혼 남성이 에이즈에 더 위험하다.

(10) 나는 생물학 교과서에 어떤 내용이 들어 있든 신경 쓰지 않아. 나는 내가 원숭이에서 유래하지 않았음을 알아.

찾아보기